초등 국어 문해력

- 독해 3원리가 적용된 **지문 써머리 학습**
- 초등 교과 수업의 이해를 돕는 **풍부한 글감 학습**
- 문해력 향상을 위한 **초등 필수 어휘 학습**

워크북 | 자기 주도형 심화 학습 노트

1 단계
실력편

초등 1·2학년

 똑똑 초등 국어 문해력 시리즈 (6종)

3가지 독해 원리를 바탕으로 문해력을 기르는 훈련을 해 보세요.

	1단계	2단계	3단계
기본편			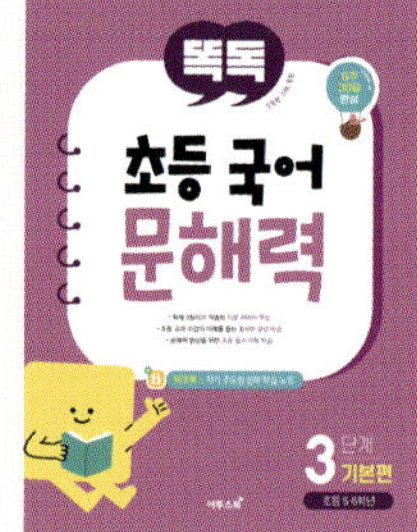
	난도 up	난도 up	난도 up
실력편			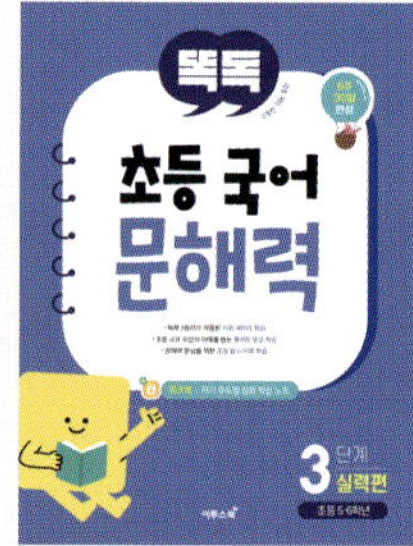
	초등 1·2학년군	초등 3·4학년군	초등 5·6학년군

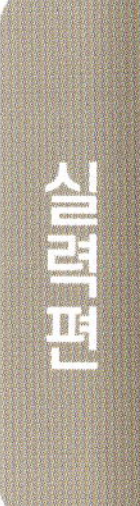

똑똑 초등 국어 문해력 시리즈 독해 3원리 

STEP 1
핵심 내용 정리하기

글의 글감을 확인하고,
문장의 중요한 정보들이
무엇인지 살펴봅니다.

STEP 2
짜임 이해하기

문단 간의 관계를 통해
한 편의 글이
어떤 짜임을 갖추고
있는지 확인합니다.

STEP 3 
내용 요약하기

글 전체의 내용을
한두 문장의 짧은 글로
요약하여 표현할 수
있도록 훈련합니다.

초등 국어 문해력

1단계 | 실력편

초등 1·2학년

STAFF

발행인 정선욱
퍼블리싱 총괄 남형주
개발 김태원 김한길 신영한 김성준 육인선 민소희 권민경
디자인·마케팅 조비호 김정인 강윤정
제작·유통 서준성 신성철

똑독 초등 국어 문해력 1단계 실력편 202209 제1판 1쇄 202404 제1판 2쇄

펴낸곳	이투스에듀㈜ 서울시 서초구 남부순환로 2547
전화	1599-3225
등록번호	제2007-000035호
ISBN	979-11-389-1047-7 [53700]

똑독 초등 국어 문해력

똑독이의 학교 시험은…

친구들 만날 생각에 신이 나서 학교까지 뛰어간 똑독이.
'아, 오늘 국어 단원 평가 보는 날이구나.'
'어쩔 수 없지. 영어도, 수학도 아닌 국어인데, 뭘.'
문제를 몇 번을 읽어도 무엇을 물어보는지 모르겠다.
한참을 고민하며 몇 글자 끄적이다가 결국엔 연필을 내려놓았다.
단원 평가가 끝나고 선생님이 똑독이를 부르셨다.
"똑독이는 글자도 잘 읽고 대답도 잘하는데,
글의 의미를 파악하고 어떤 답을 요구하는지 잘 몰랐나 보구나."
'열심히 풀려고 했는데, 무슨 말인지 알 수가 없더라고요.'

똑독이와 같은 학생에게 필요한 것이 바로 문해력입니다.

문해력은 '글을 읽고 내용을 정확히 이해하고 판단하는 능력'을 말합니다.
문해력을 갖추려면, 낱말의 의미를 익히고 문장과 문단의 내용을 바탕으로
전체 글의 내용을 정확하게 이해하는 연습을 반복해야 합니다.
똑독 초등 국어 문해력 시리즈는
어휘 학습, 문장 독해, 문단 독해, 지문 독해에 대한 해법과
자신의 생각을 표현하는 능력을 길러 주는 문해력 향상 훈련서입니다.

구성과 특징

글을 읽는 방법을 익히고 배우는
똑독 초등 국어 문해력 실력편

독해 원리를 이해해요

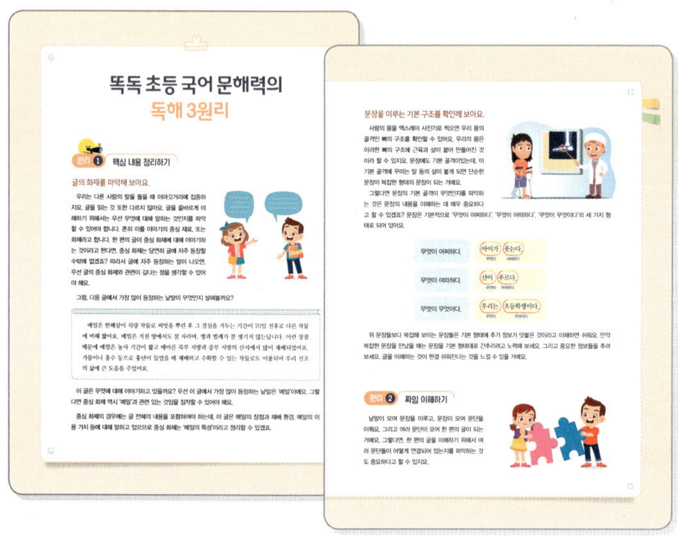

● 똑독 초등 국어 문해력의 독해 3원리

글과 문장의 정보를 이해하는 '핵심 내용 정리하기', 글의 구조를 파악하는 '짜임 이해하기', 이해한 내용을 종합적으로 간추리는 '내용 요약하기'의 3단계 독해 원리를 알기 쉽게 이해할 수 있어요.

독해 원리를 적용해요

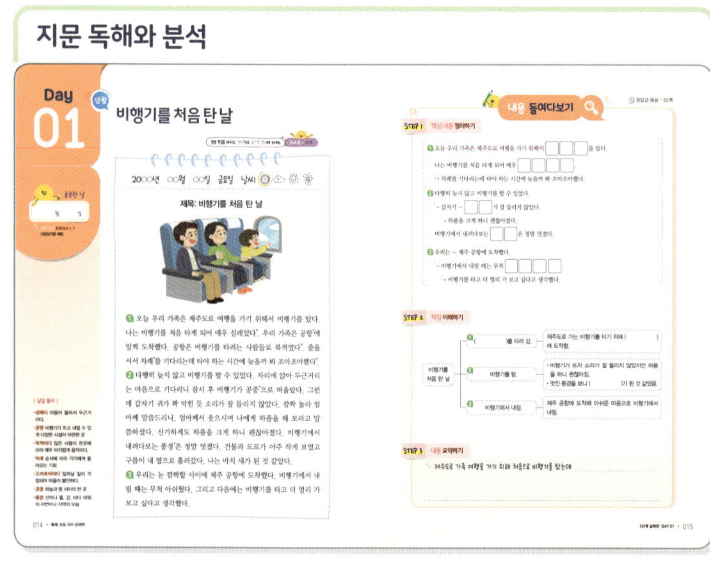

❶ 지문 독해

생활, 사회, 과학, 예체능, 융합, 문학 등 다양한 분야의 재미있고 유익한 정보들을 읽을 수 있어요.

❷ 내용 들여다보기

독해 3원리에 따라 지문의 내용을 단계별로 완벽하게 분석하고 정리하는 연습을 반복적으로 할 수 있어요.

문제로 확인하기

학교 시험이나 수능에서 출제되는 원리와 유형에 따라 문제를 구성하였어요. 문제 풀이를 통해 이해력과 사고력, 문제 해결 능력을 기를 수 있어요.

어휘력 다지기

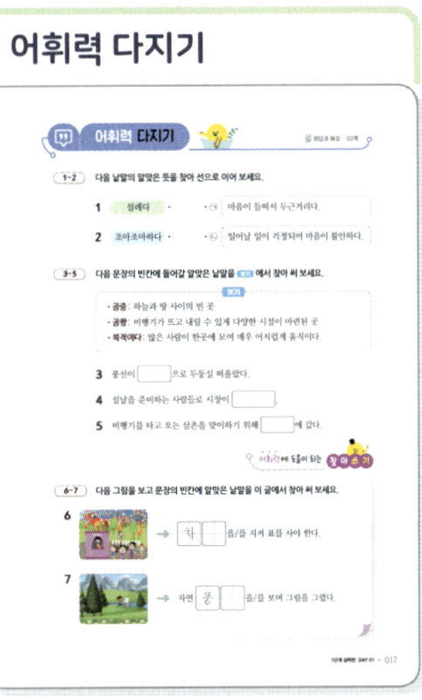

- 앞에서 지문을 읽으면서 학습한 낱말의 의미와 쓰임을 재미있는 문제를 통해 확인할 수 있어요.
- 그림을 보고 알맞은 낱말을 지문에서 찾아 써 보며 함께 익힐 수 있어요.

정답과 해설

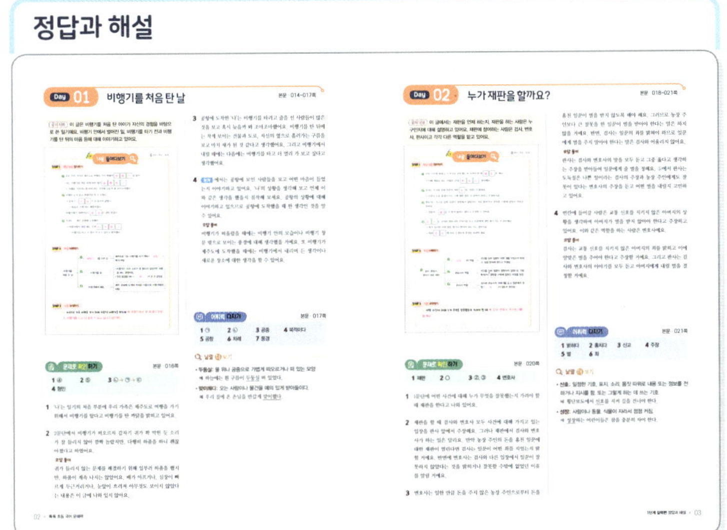

- '내용 들여다보기'의 답안을 한눈에 확인할 수 있어요.
- '문제로 확인하기'와 '어휘력 다지기'의 정답을 확인하고 정답인 이유를 알기 쉽게 이해할 수 있어요.

 워크북 — 자기 주도형 심화 학습 노트

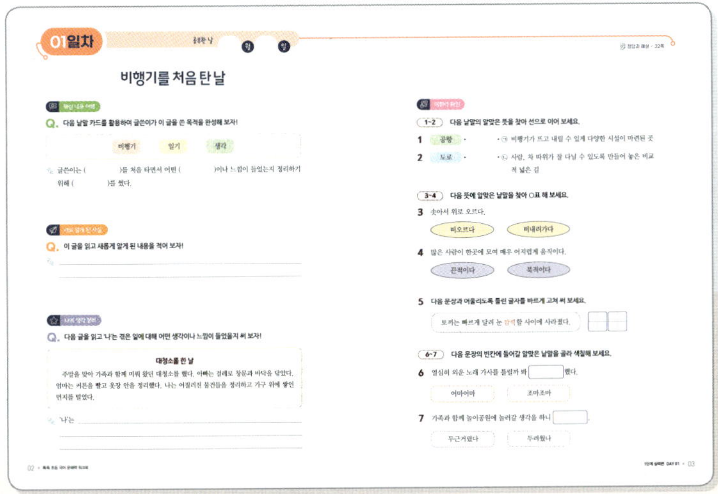

- 일차별 지문에 대한 핵심 내용을 정리하고, 새로 알게 된 사실과, 자신의 생각을 노트에 정리해 보세요.
- 재미있는 문제 풀이로 자신의 어휘력을 테스트해 보세요.

이 책의 차례

1주

2주

3주

똑독 초등 국어 문해력의
독해 3원리

핵심 내용 정리하기

글의 화제를 파악해 보아요.

우리는 다른 사람의 말을 들을 때 이야깃거리에 집중하지요. 글을 읽는 것 또한 다르지 않아요. 글을 올바르게 이해하기 위해서는 우선 무엇에 대해 말하는 것인지를 파악할 수 있어야 합니다. 흔히 이를 이야기의 중심 재료, 또는 화제라고 합니다. 한 편의 글이 중심 화제에 대해 이야기하는 것이라고 한다면, 중심 화제는 당연히 글에 자주 등장할 수밖에 없겠죠? 따라서 글에 자주 등장하는 말이 나오면, 우선 글의 중심 화제와 관련이 깊다는 점을 생각할 수 있어야 해요.

그럼, 다음 글에서 가장 많이 등장하는 낱말이 무엇인지 살펴볼까요?

> 메밀은 한해살이 식량 작물로 씨앗을 뿌린 후 그 결실을 거두는 기간이 70일 전후로 다른 작물에 비해 짧아요. 메밀은 거친 땅에서도 잘 자라며, 병과 벌레가 잘 생기지 않는답니다. 이런 장점 때문에 메밀은 농사 기간이 짧고 메마른 북부 지방과 중부 지방의 산지에서 많이 재배되었어요. 가뭄이나 홍수 등으로 흉년이 들었을 때 재배하고 수확할 수 있는 작물로도 이용되어 우리 선조의 삶에 큰 도움을 주었어요.

이 글은 무엇에 대해 이야기하고 있을까요? 우선 이 글에서 가장 많이 등장하는 낱말은 '메밀'이에요. 그렇다면 중심 화제 역시 '메밀'과 관련 있는 것임을 짐작할 수 있어야 해요.

중심 화제의 경우에는 글 전체의 내용을 포함하여야 하는데, 이 글은 메밀의 장점과 재배 환경, 메밀의 이용 가치 등에 대해 말하고 있으므로 중심 화제는 '메밀의 특성'이라고 정리할 수 있겠죠.

문장을 이루는 기본 구조를 확인해 보아요.

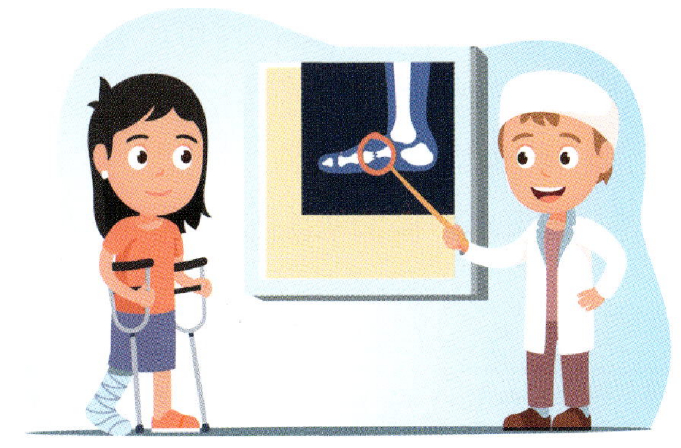

    사람의 몸을 엑스레이 사진기로 찍으면 우리 몸의 골격인 뼈의 구조를 확인할 수 있어요. 우리의 몸은 이러한 뼈의 구조에 근육과 살이 붙어 만들어진 것이라 할 수 있지요. 문장에도 기본 골격이있는데, 이 기본 골격에 꾸미는 말 등의 살이 붙게 되면 단순한 문장이 복잡한 형태의 문장이 되는 거예요.

    그렇다면 문장의 기본 골격이 무엇인지를 파악하는 것은 문장의 내용을 이해하는 데 매우 중요하다고 할 수 있겠죠? 문장은 기본적으로 ‘무엇이 어찌하다’, ‘무엇이 어떠하다’, ‘무엇이 무엇이다’의 세 가지 형태로 되어 있어요.

    위 문장들보다 복잡해 보이는 문장들은 기본 형태에 추가 정보가 덧붙은 것이라고 이해하면 쉬워요. 만약 복잡한 문장을 만났을 때는 문장을 기본 형태대로 간추리려고 노력해 보세요. 그리고 중요한 정보들을 추려 보세요. 글을 이해하는 것이 한결 쉬워진다는 것을 느낄 수 있을 거예요.

원리 ② 짜임 이해하기

    낱말이 모여 문장을 이루고, 문장이 모여 문단을 이뤄요. 그리고 여러 문단이 모여 한 편의 글이 되는 거예요. 그렇다면, 한 편의 글을 이해하기 위해서 여러 문단들이 어떻게 연결되어 있는지를 파악하는 것도 중요하다고 할 수 있지요.

글의 설명 방식을 이해해 보아요.

우선 문단의 짜임을 이해하기에 앞서, 설명하는 글에서 주로 사용하는 설명 방식에 대해 살펴보기로 해요.

1) 대상을 비교하는 글

둘 이상의 대상의 공통점 또는 차이점을 밝혀 설명하는 글을 말해요.

> 호랑이와 사자의 특징을 비교해 볼까요? 호랑이와 사자는 모두 고양잇과 동물이고 육식 동물이라는 공통점이 있어요. 하지만 호랑이는 혼자 생활하는 반면, 사자는 무리를 지어 생활한다는 차이점이 있지요.

2) 대상을 나누어 설명하는 글

어떤 무리를 공통점을 기준으로 나누어 설명하는 글을 말해요.

> 철새는 계절에 따라 서식지를 이동하는 새를 말해요. 철새는 우리나라에 찾아오는 계절에 따라 크게 여름 철새, 겨울 철새, 나그네새로 나눌 수 있어요.

하나의 대상을 그것을 이루는 부분들로 나누어 설명하는 글도 있어요.

> 예부터 우리나라 땅 전체를 팔도강산이라 불러왔어요. 팔도는 조선 시대에 나눈 행정 구역으로, 1413년 태종 때 우리나라를 함경도, 평안도, 황해도와 경기도, 강원도, 충청도, 전라도, 경상도로 구분했어요.

3) 예를 들어 설명하는 글

어떤 사실이나 현상을 구체적 예를 들어 설명하는 글을 말해요.

> 은행은 돈을 빌려간 사람이 나중에 돈을 갚지 않을 것을 걱정해 돈을 빌리는 사람에게 '담보'를 요구하기도 해요. 예를 들어, 어떤 사람이 은행으로부터 백만 원의 돈을 빌리면서 그의 자동차를 담보로 맡겼다고 해 봅시다. 은행은 돈을 갚기로 약속한 날까지 돈을 빌려간 사람이 갚지 않을 경우 담보인 자동차를 팔아 빌린 돈을 대신하려고 할 거예요.

사건이 벌어진 순서에 따라 설명하는 글을 말해요.

> [사건❶] 첩의 자식이라는 이유로 재주를 인정받지 못한 홍길동은 집을 떠나 도적의 우두머리
> 가 됩니다.
> [사건❷] 홍길동은 부패한 관리들의 재산을 털어 가난한 사람을 돕습니다.
> [사건❸] 한편 나라에서는 홍길동을 잡기 위해 모든 수단을 동원하게 됩니다.
> [사건❹] 결국 홍길동은 몸을 피해 바다를 건너가 율도국의 왕이 되었습니다.

글의 흐름을 나타내는 말에 주목해 보아요.

글의 곳곳에는 이와 같은 설명 방법 또는 짜임을 드러내는 표현이 숨어 있기도 해요. 글의 앞부분에 '비교해 볼까요?', '나누어 볼 수 있어요' 등의 표현이 사용되었다면, 그 글은 공통점과 차이점을 비교하는 글이거나 대상을 나누어 설명하는 글임을 짐작할 수 있어야 해요.

이어 주는 말의 역할을 생각해 보아요.

문단의 짜임을 생각할 때 눈여겨보아야 하는 것 중에 하나가 '이어 주는 말'이에요. 앞 문단과 뒤 문단이 반대되는 내용이라면, '그러나, 하지만' 등의 이어 주는 말이 쓰일 수 있어요. 앞 문단에서 설명한 내용에 덧붙여 뒤 문단에 새로운 내용을 더할 때에는 이어주는 말로 '그리고, 게다가, 또한' 등의 표현이 쓰일 수 있지요.

원리 ❸ **내용 요약하기**

우리의 몸은 음식을 먹고 소화 과정을 통해 그 영양분을 자신의 것으로 만들어요. 글을 읽는 것 또한 다르지 않아요. 우리는 글을 읽고 나서, 그 내용을 자신의 것으로 소화할 수 있어야 해요. 이 과정을 '요약하기'라고 불러요.

글의 내용을 요약하기 위해서는 각 문단의 핵심 내용부터 정리하는 것이 좋아요. 그러고 나서 문단과 문단이 어떻게 연결되고 이어지는지 그 짜임을 이해해야 해요. 이와 같은 과정으로 내용을 잘 간추려 한두 문장으로 짧게 표현하면 돼요.

똑똑 초등 국어 문해력의 써머리 학습법과 효과

step 1 핵심 내용 정리하기

지문에서 중요한 정보를 담은 문장들만을 뽑아 글의 흐름이 보이도록 정리했어요.

- 지문을 참고하여 빈칸을 채워 가며 핵심 내용만을 다시 한번 읽어 보세요.
- 지문의 흐름을 나타내는 말, 이어 주는 말 등을 중심으로 내용의 흐름을 한눈에 확인해 보세요.

핵심 내용 정리하기

① ☐☐ 는 사람들에게 행복한 추억을 만들어 줘요.
 ↳ ☐☐☐ 세계 여러 나라에서는 멋진 축제를 열고 있어요.

② ☐☐ 에서는 매년 4월에 '송끄란'이라는 축제가 열려요.
 ↳ 축제에 참여한 사람들은 축복하는 마음으로 ~ 사람들에게 ☐ 을 뿌려요.

③ ☐☐ 에서는 매년 2월에서 3월 사이에 '리우 카니발'을 열어요.
 ↳ 가장 인기 있는 것은 ☐☐ 퍼레이드예요.
  ↳ 퍼레이드를 하는 사람들은 신나는 연주에 맞춰 화려한 춤을 춰요.

④ ☐☐☐ 의 한 작은 도시에서는 ~ '라 토마티나'라는 축제를 해요.
 ↳ 축제가 시작되면 사람들은 으깬 ☐☐☐ 를 서로에게 던져요.

step 2 짜임 이해하기

문단과 문단의 관계와 구성을 이해할 수 있게 구조도로 나타냈어요.

- 빈칸을 채워 가며 각 문단의 소주제를 확인해 보세요.
- 각 문단의 기능과 역할을 중심으로 전체 구조를 이해해 보세요.

짜임 이해하기

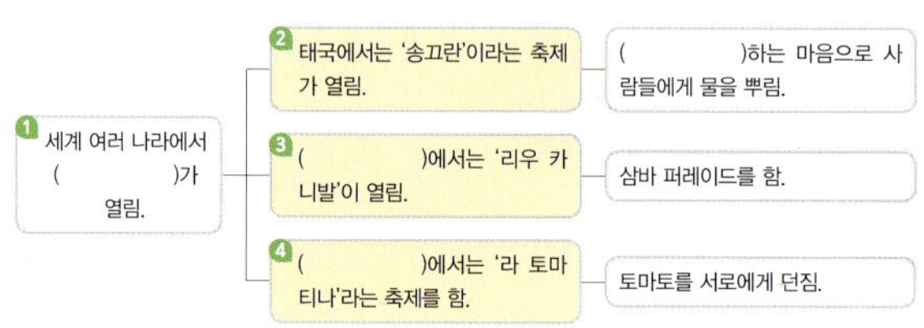

step 3 내용 요약하기

지문 전체의 내용을 짧은 한두 문장으로 간추려 써 볼 수 있도록 했어요.

- 지문의 내용을 자신만의 말로 짧게 간추려서 요약 내용을 완성해 보세요.

내용 요약하기

✎ 태국의 '송끄란', 브라질의 '리우 카니발', 스페인의 '라 토마티나' 등과 같이

1주

비행기를 처음 탄 날

일일 학습을 마치고, 워크북으로 생각을 정리해 보세요. 워크북 • 02쪽

20○○년　○○월　○○일　금요일　날씨

제목: 비행기를 처음 탄 날

1 오늘 우리 가족은 제주도로 여행을 가기 위해서 비행기를 탔다. 나는 비행기를 처음 타게 되어 매우 설레었다˙. 우리 가족은 공항˙에 일찍 도착했다. 공항은 비행기를 타려는 사람들로 북적였다˙. 줄을 서서 차례˙를 기다리는데 타야 하는 시간에 늦을까 봐 조마조마했다˙.

2 다행히 늦지 않고 비행기를 탈 수 있었다. 자리에 앉아 두근거리는 마음으로 기다리니 잠시 후 비행기가 공중˙으로 떠올랐다. 그런데 갑자기 귀가 꽉 막힌 듯 소리가 잘 들리지 않았다. 깜짝 놀라 엄마께 말씀드리니, 엄마께서 웃으시며 나에게 하품을 해 보라고 말씀하셨다. 신기하게도 하품을 크게 하니 괜찮아졌다. 비행기에서 내려다보는 풍경˙은 정말 멋졌다. 건물과 도로가 아주 작게 보였고 구름이 내 옆으로 흘러갔다. 나는 마치 새가 된 것 같았다.

3 우리는 눈 깜짝할 사이에 제주 공항에 도착했다. 비행기에서 내릴 때는 무척 아쉬웠다. 그리고 다음에는 비행기를 타고 더 멀리 가 보고 싶다고 생각했다.

❙ 낱말 풀이 ❙

• **설레다** 마음이 들떠서 두근거리다.

• **공항** 비행기가 뜨고 내릴 수 있게 다양한 시설이 마련된 곳

• **북적이다** 많은 사람이 한곳에 모여 매우 어지럽게 움직이다.

• **차례** 순서에 따라 각각에게 돌아오는 기회

• **조마조마하다** 일어날 일이 걱정되어 마음이 불안하다.

• **공중** 하늘과 땅 사이의 빈 곳

• **풍경** 산이나 들, 강, 바다 따위의 자연이나 지역의 모습

내용 들여다보기

STEP 1 핵심 내용 정리하기

❶ 어떤 사건에 대해 누가 무엇을 잘못했는지 가려야 할 때 ☐☐ 을 해요.

↳ 이때 재판을 하는 사람은 검사, ☐☐☐, 판사예요.

❷ 검사는 신고를 당한 일꾼이 어떤 ☐ 를 지었는지 밝혀요.

↳ 일꾼이 돈을 훔쳤으므로 그에 대한 벌을 꼭 받아야 한다고 주장하지요.

❸ 변호사는 신고를 당한 일꾼이 잘못하지 않았다는 것을 밝히거나 잘못할 수밖에 없었던 이유를 알려요.

↳ 일꾼이 ~ ☐ 을 다 받지 않아도 된다고 주장할 수 있어요.

❹ ☐☐ 는 검사와 변호사의 이야기를 듣고 일꾼에게 정말 죄가 있는지 판단해요.

↳ 죄가 있다면 어떤 벌을 얼마나 받아야 하는지도 정하지요.

↳ 법과 ☐☐ 에 따라 공정하게 판정을 내려야 해요.

STEP 2 짜임 이해하기

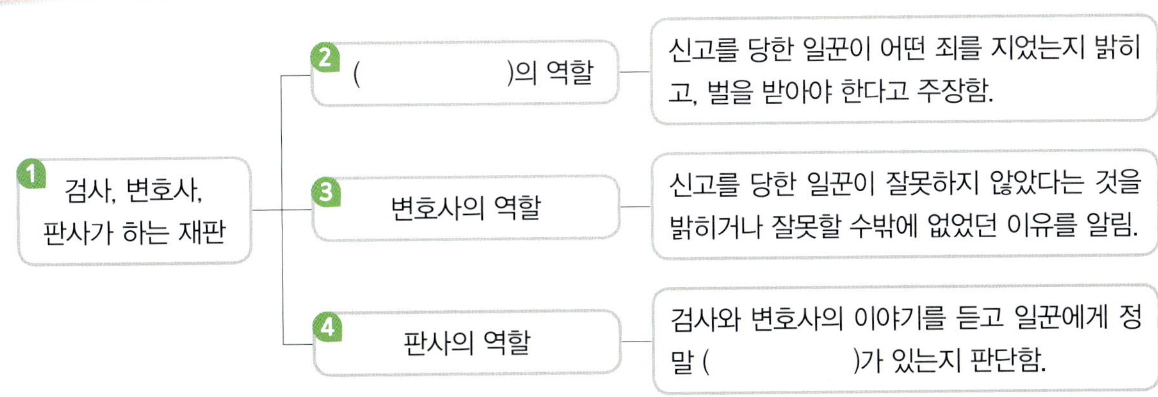

STEP 3 내용 요약하기

✎ 어떤 사건에 대해 누가 무엇을 잘못했는지 가려야 할 때 ____________

____

____

문제로 확인하기

화제 파악 **1** 다음 문장의 빈칸에 들어갈 알맞은 낱말을 이 글에서 찾아 써 보세요.

> 누가 무엇을 잘못했는지 가려야 할 때 (   )을/를 해요.

내용 이해 **2** 다음 설명이 맞으면 ○표, 틀리면 ✕표 하세요.

> 재판을 할 때 검사와 변호사는 서로 다른 편에 서서 주장을 해요.

(   )

내용 추론 **3** 다음 중 각자의 역할에 어울리지 않는 말을 한 사람은 누구인지 <u>모두</u> 고르세요. (   )

① **검사:** 농장 주인의 돈을 훔쳤으니 일꾼은 벌을 받아야 해.

② **변호사:** 일꾼이 농장 주인보다 더 큰 잘못을 했으니 벌을 받아야 해.

③ **검사:** 돈을 받지 못한 일꾼의 사정이 안타까우니 벌을 주지 말아야 해.

④ **변호사:** 농장 주인이 돈을 주지 않아서 생긴 일이니 일꾼이 벌을 다 받을 필요는 없어.

⑤ **판사:** 도둑질은 나쁜 일이야. 하지만 농장 주인도 잘못했으니 그 점을 생각하며 적당한 벌을 내려야겠군.

상황에 적용 **4** 다음 상황에서 빈칸에 들어가기에 알맞은 사람을 찾아 색칠해 보세요.

> 쓰러진 아이를 병원으로 데리고 가던 중 교통 신호를 지키지 않은 아버지에게 벌을 내려야 할지 결정하는 재판이 열렸어요.
> [   ] : 아버지가 교통 신호를 지키지 않았지만 아이를 병원으로 데리고 가기 위해 한 일이니 벌을 주지 말아야 합니다.

검사   변호사   판사

어휘력 다지기

1~2 다음 뜻에 알맞은 낱말을 **보기** 에서 찾아 써 보세요.

보기

훔치다 　　　　　 밝히다

1 [　　　] : 옳은 것과 잘못된 것을 판단하고 알리다.

2 [　　　] : 남의 물건을 몰래 가져다 자기 것으로 하다.

3~4 다음 문장의 빈칸에 들어갈 알맞은 낱말을 골라 색칠해 보세요.

3 엄마가 집 앞을 막고 주차한 차를 [　　　] 하였다.

신호 　　　　　 신고

4 세영이는 자연을 보호해야 한다는 [　　　] 을 했다.

주장 　　　　　 성장

어휘력에 도움이 되는 **찾아 쓰기**

5~6 다음 그림을 보고 문장의 빈칸에 알맞은 낱말을 이 글에서 찾아 써 보세요.

5  → 동생과 다투어서 엄마께 [　　] 을/를 받았다.

6  → 동물을 괴롭히는 [　　] 을/를 지으면 안 된다.

혀는 어떻게 맛을 느낄까요?

일일 학습을 마치고, 워크북으로 생각을 정리해 보세요. **워크북 • 06쪽**

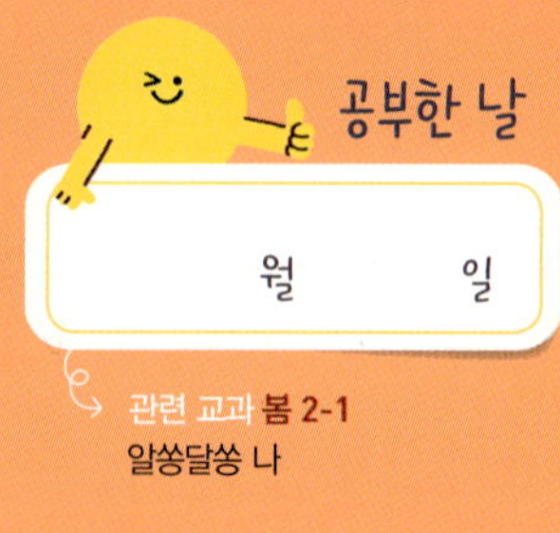
공부한 날
월   일

관련 교과 봄 2-1
알쏭달쏭 나

❶ 혀는 여러 가지 역할을 해요. 말을 할 때 혀가 움직이지 않으면 자신이 원하는 소리를 내기 힘들어요. 혀는 입안의 음식이 목구멍으로 넘어갈 수 있게 도와주기도 해요. 그리고 무엇보다도 혀는 맛을 느끼게 해 주지요.

❷ 혀는 어떻게 맛을 느낄 수 있을까요? 혀에 있는 '맛봉오리'에 그 비밀이 숨어 있어요. '맛봉오리'는 맛을 느끼게 하는 세포들이 모여 있는 곳이에요. 혀에는 1만여 개의 맛봉오리가 있다고 하니 굉장하지요? 우리는 이 맛봉오리를 통해 단맛, 짠맛, 신맛, 쓴맛, 감칠맛의 모두 다섯 가지 맛을 느낄 수 있답니다.

❸ 만약 우리가 맛을 느끼지 못한다면 어떤 상황이 벌어질까요? 아이스크림이나 과자를 먹어도 달콤한 맛을 느끼지 못할 거예요. 음식이 먹고 싶지 않아져서 우리 몸에 필요한 영양분이 부족하게 될 수도 있어요. 또, 상한 음식을 먹었을 때 이상한 맛을 느끼지 못해 위험해질 수도 있지요. 맛을 느끼게 해 주는 혀가 있어 참 다행이에요.

| 낱말 풀이 |

• **역할** 자신이 맡아 해야 할 일
• **비밀** 밝혀지지 않았거나 알려지지 않은 내용
• **세포** 생물의 몸을 이루는 가장 기본적인 단위
• **굉장하다** 보통 이상으로 대단하다.
• **상황** 일이 되어 가는 과정이나 형편
• **영양분** 영양이 되는 성분
• **상하다** 음식이 변하거나 썩어서 먹을 수 없게 되다.

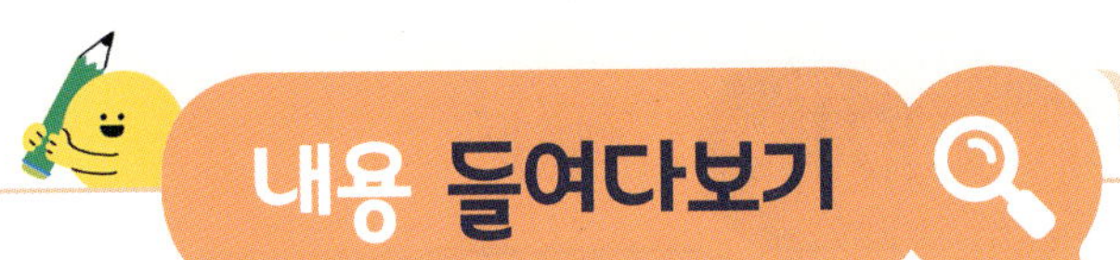

STEP 1 핵심 내용 정리하기

1 ☐ 는 여러 가지 역할을 해요.

↳ 혀가 움직이지 않으면 자신이 원하는 소리를 내기 힘들어요.

↳ 음식이 목구멍으로 넘어갈 수 있게 도와주기도 해요.

↳ 혀는 ☐ 을 느끼게 해 주지요.

2 혀는 어떻게 맛을 느낄 수 있을까요?

↳ '맛봉오리'는 맛을 느끼게 하는 세포들이 모여 있는 곳이에요.

↳ 맛봉오리를 통해 ~ ☐ ☐ 가지 맛을 느낄 수 있답니다.

3 우리가 맛을 느끼지 못한다면 어떤 상황이 벌어질까요?

↳ 달콤한 맛을 느끼지 못할 거예요.

↳ 우리 몸에 필요한 영양분이 부족하게 될 수도 있어요

↳ 이상한 맛을 느끼지 못해 ☐ ☐ 해질 수도 있지요.

STEP 2 짜임 이해하기

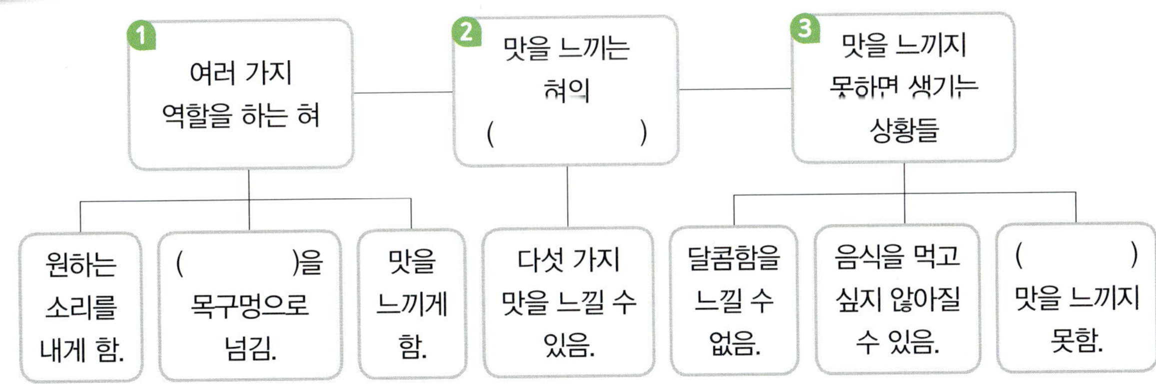

STEP 3 내용 요약하기

✏️ 우리는 ____________________ 맛을 느낄 수 있어요.

주제 파악 **1** 이 글에서 설명하고 있는 것은 무엇인가요? (   )

① 다양한 소리를 내는 방법을 설명하고 있다.

② 자신이 맛있게 먹은 음식을 설명하고 있다.

③ 혀가 어떻게 맛을 느끼는지를 설명하고 있다.

④ 상한 음식을 어떻게 구별하는지를 설명하고 있다.

⑤ 요리할 때 다양한 맛을 내는 방법을 설명하고 있다.

내용 이해 **2** '혀'가 하는 역할로 알맞은 것에 ○표 해 보세요.

(1) 맛을 느끼게 해 준다. ─────────── (   )

(2) 음식을 상하지 않게 해 준다. ────────── (   )

(3) 우리 몸에 필요한 영양분을 만든다. ─────── (   )

내용 이해 **3** '맛봉오리'에 대해 바르게 말한 친구의 이름을 써 보세요.

> **도훈**: 우리 몸 어디에서든 찾을 수 있어.
>
> **재희**: 혀에는 1천여 개의 맛봉오리가 있어.
>
> **하나**: 맛을 느끼게 하는 세포들이 모여 있는 곳이야.

(   )

상황에 적용 **4** 의 상황에서 일어날 수 있는 일을 찾아 기호를 써 보세요.

보기

㉠ 아이스크림의 단맛을 더 잘 느끼게 되었다.

㉡ 빵이 상한 것을 모르고 먹어서 배탈이 났다.

㉢ 유통 기한이 지난 우유를 구별할 수 있게 되었다.

(   )

1~2 다음 뜻풀이에 알맞은 낱말을 골라 ○표 해 보세요.

1 보통 이상으로 대단하다.

  [1] 등장하다 (　　　) **[2]** 굉장하다 (　　　) **[3]** 과장하다 (　　　)

2 음식이 변하거나 썩어서 먹을 수 없게 되다.

  [1] 상하다 　(　　　) **[2]** 싱싱하다 (　　　) **[3]** 건강하다 (　　　)

3~4 다음 빈칸에 들어갈 알맞은 낱말을 보기 에서 찾아 써 보세요.

보기

• **역할**: 자신이 맡아 해야 할 일
• **영양분**: 영양이 되는 성분

3 건강을 위해 ⬚ 이 풍부한 음식을 먹어야 한다.

4 이번 학예회 연극에서 내가 맡게 된 ⬚ 은 도깨비이다.

어휘력에 도움이 되는 **찾아 쓰기**

5~6 다음 그림을 보고 문장의 빈칸에 알맞은 낱말을 이 글에서 찾아 써 보세요.

5 ➡ 아무도 모르게 비⬚(으)로 해야 한다.

6 ➡ 몰래 숨어야 할 상⬚이다.

우리의 소리, 판소리

공부한 날

월   일

관련 교과 겨울 2-2
여기는 우리나라

❶ 판소리는 조선 시대부터 내려오는 우리나라의 전통 음악이에요. 재미있는 이야기의 내용에 가락을 붙여 만들지요. 판소리의 '판'은 '여러 사람이 모인 넓은 장소'라는 뜻이고, '소리'는 '노래'라는 뜻이에요. 이름에서 알 수 있듯이 판소리는 넓은 마당에 모인 관객 앞에서 공연을 해요.

❷ 판소리는 노래하는 사람과 북을 치는 사람이 함께 무대를 만들어요. 노래하는 사람은 '소리꾼', 북을 치는 사람은 '고수'라고 해요. 소리꾼은 고수의 북소리에 맞추어 준비한 노래를 해요.

❸ 소리꾼은 이야기를 노래로 부르는 것뿐만 아니라 직접 말로 들려주기도 해요. 노래는 '창', 말로 하는 부분은 '아니리'라고 해요. 소리꾼은 창과 아니리를 하며 내용에 알맞은 표정과 몸짓으로 연기를 하는데, 이를 '발림'이라고 해요. 고수는 북으로 장단을 맞추며 '얼씨구', '좋다'와 같은 말을 하여 무대를 더욱 신나게 만들어요. 그러면 관객들은 박수도 치고 소리꾼의 말에 대답도 하며 공연을 즐기지요. 참 재미있겠지요? 여러분도 판소리 공연을 보러 가서 우리의 소리를 즐겨 보세요.

| 낱말 풀이 |

• **전통** 어떤 집단이나 공동체에서 지난날부터 이어 내려오는 생각, 행동 등의 양식

• **가락** 소리를 높고 낮게 내거나 길고 짧게 내어 만드는 음의 흐름

• **관객** 운동 경기, 공연, 영화 따위를 보거나 듣는 사람

• **공연** 음악, 무용, 연극 따위를 많은 사람 앞에서 보이는 일

• **연기** 배우가 맡은 역할의 인물, 성격, 행동 따위를 표현해 내는 일

• **장단** 춤, 노래 등의 빠르기나 가락을 이끄는 박자

내용 들여다보기

STEP 1 핵심 내용 정리하기

❶ [ ][ ][ ]는 ~ 우리나라의 전통 음악이에요.
  ↳ 재미있는 이야기의 내용에 가락을 붙여 만들지요.
  ↳ 판소리는 넓은 [ ][ ]에 모인 관객 앞에서 공연을 해요.

❷ 판소리는 [ ][ ]하는 사람과 [ ]을 치는 사람이 함께 무대를 만들어요.
  ↳ 노래하는 사람은 '소리꾼', 북을 치는 사람은 '고수'라고 해요.
  ↳ 소리꾼은 고수의 [ ][ ][ ]에 맞추어 준비한 노래를 해요.

❸ 소리꾼은 이야기를 노래로 부르는 것뿐만 아니라 직접 [ ]로 들려주기도 해요.
  ↳ 노래는 '창', 말로 하는 부분은 '아니리'라고 해요.
  ↳ 내용에 알맞은 표정과 [ ][ ]으로 연기를 하는데, 이를 '발림'이라고 해요.
  고수는 ~ '얼씨구', '좋다'와 같은 말을 하여 무대를 더욱 신나게 만들어요.
  [ ][ ]들은 박수도 치고 소리꾼의 말에 대답도 하며 공연을 즐기지요.

STEP 2 짜임 이해하기

STEP 3 내용 요약하기

✎ 판소리는 우리나라의 전통 음악으로 ________________

____

____

문제로 **확인**하기

내용 이해 **1** 판소리 공연을 하는 사람을 어떻게 부르는지, 이 글에서 찾아 써 보세요.

(1) ⬚　　　　　(2) ⬚

내용 이해 **2** 판소리에서 소리꾼이 표정과 몸짓으로 연기하는 것을 가리키는 낱말을 찾아 색칠해 보세요.

창　　　　아니리　　　　발림

내용 추론 **3** 이 글을 읽고 든 생각으로 알맞지 <u>않은</u> 것은 무엇인가요? (　　　)

① 판소리는 아주 오래된 음악이구나.
② 판소리는 관객들과 함께하는 공연이구나.
③ 판소리는 좁고 조용한 곳에서 하는 공연이구나.
④ 판소리를 할 때에는 북을 치는 사람이 꼭 필요하겠구나.
⑤ 옛날 사람들은 판소리를 보며 즐거운 시간을 보냈겠구나.

비판과 평가 **4** 보기 는 판소리 중 하나인 〈수궁가〉의 내용이에요. 〈수궁가〉를 보고 알맞은 말을 한 친구의 이름을 써 보세요.

> **보기**
>
> 　자라는 용왕의 병을 고치기 위해 토끼의 간이 필요하다는 말을 듣고 육지에 나가 토끼를 꾀어 용궁으로 데리고 왔어요. 그러나 토끼는 꾀를 내어 용왕과 자라를 속이고 무사히 집으로 돌아왔어요.

> **유미**: 토끼가 용궁에 갈 때 나온 피아노 연주가 아름다웠어.
> **지훈**: 토끼가 집으로 돌아온 장면에서 소리꾼이 기쁜 표정을 지어서 실감이 났어.

（　　　　　）

어휘력 다지기

1~2 다음 낱말의 알맞은 뜻을 찾아 선으로 이어 보세요.

1 가락 ·

· ㉠ 춤, 노래 등의 빠르기나 가락을 이끄는 박자

2 장단 ·

· ㉡ 소리를 높고 낮게 내거나 길고 짧게 내어 만드는 음의 흐름

3~4 다음 문장의 빈칸에 들어갈 알맞은 낱말을 **보기** 에서 찾아 써 보세요.

보기

· **전통**: 지난날부터 이어 내려오는 생각, 행동 등의 양식
· **연기**: 배우가 맡은 역할의 인물, 성격, 행동 따위를 표현해 내는 일

3 주인공이 서럽게 우는 [ ]가 실감이 나서 나도 울어버렸다.

4 윷놀이, 제기차기, 널뛰기, 쥐불놀이는 우리나라의 [ ] 놀이이다.

이휘력에 도움이 되는 **찾아 쓰기**

5~6 다음 그림을 보고 문장의 빈칸에 알맞은 낱말을 이 글에서 찾아 써 보세요.

5

→ 친구의 공[ ] 이/가 시작되었다.

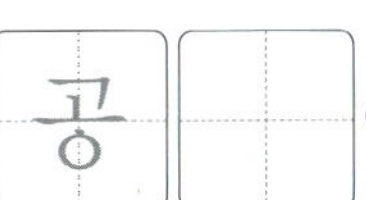

6

→ 내가 생각했던 것보다 관[ ] 이/가 많았다.

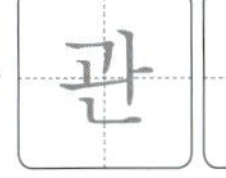

숲속에 건물을 지어도 될까요?

1 푸른 마을에는 커다란 숲이 있어요. 숲에는 나무와 풀이 울창하게 자라고 여러 동물 친구들이 살아요. 사람들은 숲을 보호하기 위해 이곳에 큰 건물을 짓는 것을 법으로 금지했어요.

2 그런데 법이 바뀌었어요. 이제 이 숲에 큰 건물을 지을 수 있게 되었어요. 곧 숲에 쇼핑몰이 생긴다는 소식이 들려왔어요. 이 소식을 들은 푸른 마을 아이들은 한데 모여 자신의 생각을 말했어요.

3 **도아:** 저는 숲을 보호해야 한다고 생각합니다. 숲에는 다양한 동물과 식물이 삽니다. 그런데 숲에 쇼핑몰을 지으면 동물들은 살 곳을 잃어버리게 됩니다. 그리고 식물들도 모두 베어야 합니다. 쇼핑몰이 생기면 편리하겠지만, 생명을 지키는 것이 더 중요합니다.

4 **현욱:** 저는 숲을 개발해야 한다고 생각합니다. 푸른 마을에는 큰 쇼핑몰이 없습니다. 그래서 물건을 살 때 다른 마을까지 가야 합니다. 다른 마을까지 가기 힘든 사람은 원하는 물건을 사기 어렵습니다. 쇼핑몰이 생기면 푸른 마을 사람들이 더욱 편해질 것입니다.

| 낱말 풀이 |

- **울창하다** 나무가 빽빽하게 자라서 푸르다.
- **보호** 위험이나 곤란 따위를 피할 수 있게 잘 보살펴 돌봄.
- **금지** 법이나 규칙, 명령 따위로 어떤 것을 하지 못하도록 함.
- **베다** 칼이나 도끼 등으로 무엇을 끊거나 자르거나 가르다.
- **편리** 편하고 도움이 되며 이용하기 쉬움.
- **개발** 땅 등 자연환경을 쓸모가 있게 만듦.

내용 들여다보기

STEP 1 핵심 내용 정리하기

1 푸른 마을에는 커다란 숲이 있어요.
↳ 숲을 [　][　] 하기 위해 이곳에 큰 건물을 짓는 것을 법으로 금지했어요.

2 [　][　][　] 법이 바뀌었어요.
↳ 이제 이 숲에 큰 건물을 지을 수 있게 되었어요.
↳ 곧 숲에 [　][　][　] 이 생긴다는 소식이 들려왔어요.
푸른 마을 아이들은 한데 모여 자신의 [　][　] 을 말했어요.

3 도아: 저는 숲을 보호해야 한다고 생각합니다.
↳ 숲에 쇼핑몰을 지으면 [　][　] 들은 살 곳을 잃어버리게 됩니다.
↳ 식물들도 모두 베어야 합니다.
↳ [　][　] 을 지키는 것이 더 중요합니다.

4 현욱: 저는 숲을 [　][　] 해야 한다고 생각합니다.
↳ 푸른 마을에는 큰 쇼핑몰이 없습니다.
↳ 쇼핑몰이 생기면 푸른 마을 사람들이 더욱 편해질 것입니다.

STEP 2 짜임 이해하기

1 푸른 마을 숲에 큰 (　　　)을 짓는 것을 법으로 금지함.

2 (　　　)이 바뀌어 숲에 쇼핑몰이 생긴다는 소식에 아이들이 자신의 생각을 말함.

3 도아: (　　　)을 보호해야 한다. / 생명을 지키는 것이 더 중요함.

4 현욱: 숲을 (　　　) 해야 한다. / 사람들이 더욱 편해질 것임.

STEP 3 내용 요약하기

숲에 쇼핑몰을 만든다는 소식에 도아는 생명을 지키는 것이 더 중요하기 때문에 숲을 보호해야 한다고 말했고, 현욱이는 ________________

____

화제 파악 **1** 푸른 마을 숲에 생긴다고 한 것을 찾아 색칠해 보세요.

식물원   동물원   쇼핑몰

내용 이해 **2** 푸른 마을 숲에 큰 건물을 짓는 것을 금지한 까닭은 무엇인가요? ( )

① 숲을 보호하기 위해서

② 숲속에 위험한 동물이 살아서

③ 숲 주인이 건물을 짓는 것에 반대해서

④ 사람들이 큰 건물을 짓는 것을 좋아하지 않아서

⑤ 숲이 너무 작아서 큰 건물을 지을 자리가 없어서

내용 추론 **3** '도아'가 숲을 보호해야 한다고 생각한 까닭을 <u>모두</u> 고르세요. ( )

① 숲속에 도아가 사는 집이 있기 때문에

② 쇼핑몰이 사람들에게 필요하지 않기 때문에

③ 숲을 개발하는 데에는 돈이 많이 들기 때문에

④ 숲에 사는 동물과 식물이 사라질 것이기 때문에

⑤ 쇼핑몰을 짓는 것보다 생명을 지키는 일이 더 중요하기 때문에

상황에 적용 **4** 다음 '연희'의 말을 보고 '연희'가 할 수 있는 생각으로 알맞은 것에 ○표 해 보세요.

> **연희:** 할머니께 따뜻한 장갑을 사 드리고 싶었는데, 쇼핑몰이 너무 멀어서 장갑을 사러 가기가 힘들었어.

[1] 쇼핑몰을 짓지 말고 숲을 보호해야 합니다. ┄┄┄┄┄ ( )

[2] 숲을 개발하여 쇼핑몰을 지으면 편리할 것입니다. ┄┄┄ ( )

1~2 다음 그림에 알맞은 낱말을 보기 에서 찾아 써 보세요.

보기

베다   울창하다

1 

(   )

2

(   )

3~4 다음 문장의 빈칸에 들어갈 알맞은 낱말을 골라 색칠해 보세요.

3 멸종 위기에 처한 동물들을 [   ] 해야 한다.

보호   경호

4 버려져 있던 땅이 [   ] 되어 많은 건물들이 생겨났다.

계발   개발

어휘력에 도움이 되는 **찾 아 쓰 기**

5~6 다음 그림을 보고 문장의 빈칸에 알맞은 낱말을 이 글에서 찾아 써 보세요.

5  ➡ 물건을 배달해 주어서 [편][ ] 하다.

6  ➡ 미술관에서 사진 찍는 것은 [금][ ] 되어 있다.

혀는 어떤 맛을 느끼나요?

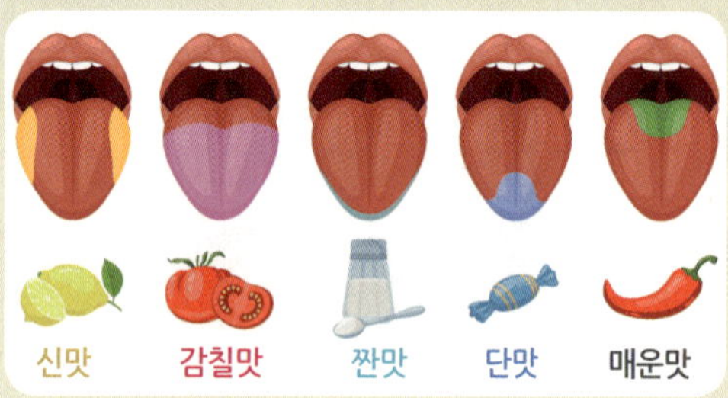

우리는 혀를 통해 다양한 맛을 느껴요. 혀가 느낄 수 있는 미각에는 신맛, 감칠맛, 짠맛, 단맛, 쓴맛이 있어요.

신맛은 레몬이나 식초를 먹었을 때 느껴지는 맛, 감칠맛은 음식을 먹고 싶을 때 입맛을 돌게 하는 맛, 짠맛은 소금이나 간장을 먹었을 때 느껴지는 맛, 단맛은 사탕이나 설탕을 먹었을 때 느낄 수 있어요. 그런데 매운 음식을 먹었을 때 느낄 수 있는 매운맛은 미각이 아니라, 혀가 아프다고 보내는 통각이라고 해요.

법원은 무슨 일을 하나요?

법원은 국가 기관으로, 법을 바탕으로 재판을 하여 판결을 하는 일을 해요. 일상생활에서 생긴 크고 작은 갈등을 해결해 주고, 피해를 입은 사람들을 도와줘요. 다른 사람에게 피해를 준 사람에게는 처벌을 내리기도 하지요. 죄를 지으면 누구나 처벌을 받기 때문에 사람들은 죄를 짓지 않으려고 노력해요. 이를 통해 사회의 질서가 유지되지요.

판소리가 재미없다고요?

판소리의 내용은 우리나라 전통 이야기에요. 춘향이가 변사또로 인한 고난을 이겨내고 이몽룡과 혼인하여 행복하게 사는 이야기, 토끼가 자라의 꼬임에 넘어가 용왕에게 간을 빼앗길 뻔하다가 간신히 살아 돌아온 이야기, 심청이가 아버지를 위해 인당수에 몸을 던졌지만 다시 살아나는 이야기 등이 있어요. 이런 판소리를 감상하면서 이야기에 빠져 들어 토끼가 되어 보았다가, 심청이가 되어 보기도 하면서 판소리의 재미를 느낄 수 있어요.

2주

Day 06

도서관에서는 어떻게 해야 할까요?

공부한 날

월 　 일

관련 교과 **초등국어 1-2**
무엇이 중요할까요

❶ 도서관에는 다양한 책과 자료ˑ가 있어요. 그래서 필요한 책이나 자료가 있을 때에는 도서관을 가면 이용할 수 있어요. 그런데 도서관을 이용하기 전에 우리가 꼭 알아 두어야 할 점이 있어요.

❷ 먼저, 책을 깨끗이 보아야 해요. 낙서를 하거나 책을 찢어서는 안 돼요. 책이 더러워지면 다음에 그 책을 읽을 사람들이 내용을 제대로 감상ˑ할 수 없어요.

❸ 다음으로 다 보고 난 책들은 제자리에 꽂아 두거나 책을 반납ˑ하는 곳에 갖다 주어야 해요. 책을 읽고 아무 데나 놓아두면 다른 사람들이 그 책을 찾기 힘들 거예요.

❹ 또, 도서관에서는 조용히 해야 해요. 소란스럽게ˑ 떠들거나 발소리를 크게 내면 독서를 하는 사람들에게 방해ˑ가 돼요. 친구와 이야기를 하고 싶을 때에는 휴게실ˑ과 같이 쉬는 공간을 찾아가도록 해요.

❺ 도서관은 여러 사람이 함께 이용하는 곳이에요. 모두가 편하게 도서관을 이용하기 위해서는 서로를 배려ˑ하는 마음을 가져야 해요. 도서관에서 지켜야 할 예절을 기억해 두고, 꼭 실천하도록 해요.

▎낱말 풀이 ▎

• **자료** 연구나 조사 따위의 바탕이 되는 재료
• **감상** 주로 예술 작품을 이해하여 즐기고 평가함.
• **반납** 도로 돌려줌.
• **소란스럽다** 시끄럽고 어수선한 데가 있다.
• **방해** 남의 일을 간섭하고 막아 해를 끼침.
• **휴게실** 잠깐 동안 머물러 쉴 수 있도록 마련해 놓은 방
• **배려** 도와주거나 보살펴 주려고 마음을 씀.

내용 들여다보기 🔍

STEP 1　핵심 내용 정리하기

❶ [　][　][　] 에는 다양한 책과 자료가 있어요.
　↳ [　][　][　] 도서관을 이용하기 전에 우리가 꼭 알아 두어야 할 점이 있어요.

❷ [　][　], 책을 [　][　][　] 보아야 해요.
　↳ 책이 더러워지면 ~ 사람들이 내용을 제대로 감상할 수 없어요.

❸ [　][　][　][　] 다 보고 난 책들은 ~ 책을 [　][　] 하는 곳에 갖다 주어야 해요.
　↳ 아무 데나 놓아두면 다른 사람들이 그 책을 찾기 힘들 거예요.

❹ [　], 도서관에서는 조용히 해야 해요.
　↳ 떠들거나 발소리를 크게 내면 독서를 하는 사람들에게 [　][　] 가 돼요.

❺ 도서관은 여러 사람이 함께 이용하는 곳이에요.
　↳ 서로를 [　][　] 하는 마음을 가져야 해요.

STEP 2　짜임 이해하기

❶ 도서관을 이용하기 전에 알아 두어야 할 점이 있음.

❷ (　　　　)을 깨끗이 보아야 한.

❸ 보고 난 책들은 (　　　　) 꽂아 두거나 반납하는 곳에 갖다 주어야 함.

❹ 도서관에서는 (　　　　) 해야 함.

❺ (　　　　)은 여러 사람이 함께 이용하는 곳이므로 서로를 배려하는 마음을 가져야 함.

STEP 3　내용 요약하기

✏️ 도서관을 이용할 때에는 _______________

화제 파악 1 이 글은 무엇에 대하여 알려 주는 글인가요? (　　　)

① 서점에서 지켜야 할 것　　　② 도서관을 찾아가는 방법
③ 책을 재미있게 읽는 방법　　④ 도서관을 이용할 때 알아 둘 점
⑤ 책을 사기 전에 알아 두어야 할 정보

내용 이해 2 이 글은 도서관을 이용할 때 어떤 마음을 가지라고 하였나요? (　　　)

① 책을 좋아하는 마음
② 서로를 배려하는 마음
③ 나만 편하면 된다는 마음
④ 도서관을 더 자주 이용하겠다는 마음
⑤ 다른 사람보다 책을 많이 읽겠다는 마음

내용 추론 3 이 글을 읽고 도서관에서 할 행동으로 알맞은 것에 ○표 하세요.

[1] 책을 읽고 난 뒤 책상에 그대로 놓아둔다. ─────── (　　　)
[2] 책을 읽으며 친구들과 느낀 점을 이야기한다. ────── (　　　)
[3] 이야기를 나누고 싶을 때에는 휴게실을 찾아간다. ───── (　　　)

상황에 적용 4 보기 의 친구에게 알맞은 말을 해 준 친구의 이름을 써 보세요.

보기

동준: 꼭 기억하고 싶은 부분은 책을 찢어 집에 가져가도 좋아.
수아: 책을 찢는 것보다 형광펜으로 밑줄을 그으며 보는 게 좋아.
재민: 책을 찢으면 다른 사람들이 그 내용을 알 수 없게 되니까 찢으면 안 돼.

(　　　　　)

어휘력 다지기

1~2 다음 뜻에 알맞은 낱말을 보기 에서 찾아 써 보세요.

보기

방해   배려

---

1 ☐ : 남의 일을 간섭하고 막아 해를 끼침.

2 ☐ : 도와주거나 보살펴 주려고 마음을 씀.

3~4 다음 빈칸에 들어갈 알맞은 말을 보기 에서 골라 써 보세요.

보기

· **반납**: 도로 돌려줌.
· **감상**: 주로 예술 작품을 이해하여 즐기고 평가함.

---

3 그림을 ☐ 하기 위해 그림에 대한 정보를 알아보는 것이 좋다.

4 도서관에서 빌린 책은 다른 사람을 위해 늦지 않게 ☐ 해야 한다.

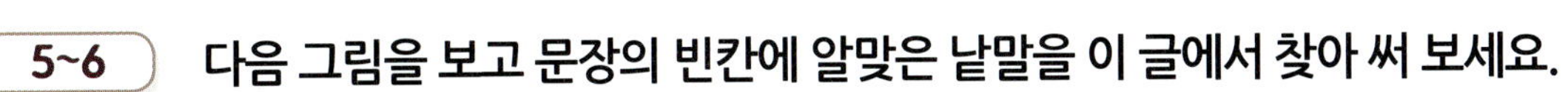

어휘력에 두움이 되는 찾아 쓰기

5~6 다음 그림을 보고 문장의 빈칸에 알맞은 낱말을 이 글에서 찾아 써 보세요.

5 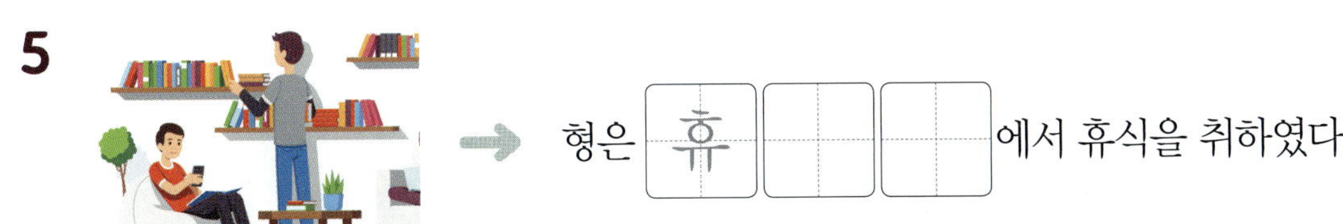

형은 휴 ☐ ☐ 에서 휴식을 취하였다.

6 수업 시간에 발표하기 위해 자 ☐ 을/를 찾았다.

세계의 재미있는 축제들

일일 학습을 마치고, 워크북으로 생각을 정리해 보세요. 워크북 · 14쪽

공부한 날
월 일

관련 교과 겨울 2-2
두근두근 세계 여행

❶ 축제는 사람들에게 행복한 추억을 만들어 줘요. 그래서 세계 여러 나라에서는 멋진 축제를 열고 있어요. 세계의 여러 나라에서는 어떤 축제가 벌어질까요?

❷ 태국에서는 매년 4월에 '송끄란'이라는 축제가 열려요. 3일 동안 가족과 친구들이 모여 시간을 보내지요. 이때 축제에 참여한 사람들은 축복하는 마음으로 가족이나 이웃, 지나가는 사람들에게 물을 뿌려요. 그래서 '물의 축제'라고도 불린답니다.

❸ 브라질에서는 매년 2월에서 3월 사이에 '리우 카니발'을 열어요. 이 축제에서 가장 인기 있는 것은 삼바 퍼레이드예요. '삼바'는 브라질의 전통 음악인데, 그 음악에 맞춰 추는 춤을 가리키는 말이기도 해요. 퍼레이드를 하는 사람들은 신나는 연주에 맞춰 화려한 춤을 춰요.

❹ 스페인의 한 작은 도시인 부뇰에서는 매년 8월 마지막 주 수요일에 '라 토마티나'라는 축제를 해요. 축제가 시작되면 사람들은 으깬 토마토를 서로에게 던져요. 토마토를 맞은 사람들이 온통 빨갛게 변하는 모습을 떠올려 보세요. 참 재미있을 것 같지 않나요?

낱말 풀이

- **축제** 축하하여 벌이는 큰 규모의 행사
- **추억** 지난 일을 돌이켜 생각함. 또는 그런 생각이나 일
- **열다** 모임이나 회의 따위를 시작하다.
- **매년** 해마다
- **화려하다** 환하게 빛나며 곱고 아름답다.
- **으깨다** 굳은 물건이나 덩이로 된 물건을 눌러 부스러뜨리다.

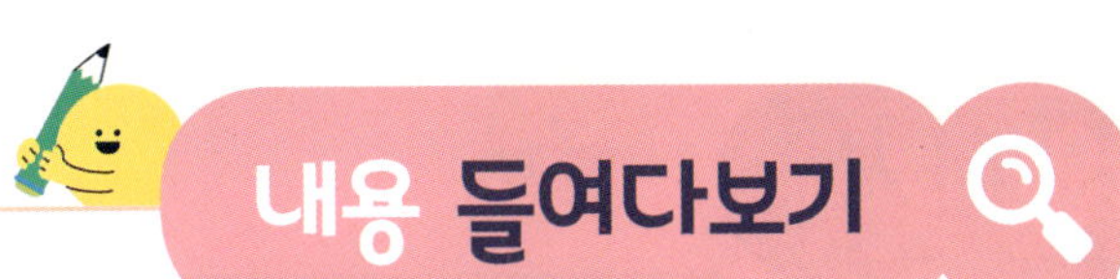

STEP 1 　핵심 내용 정리하기

❶ ☐☐ 는 사람들에게 행복한 추억을 만들어 줘요.
　↳ ☐☐☐ 세계 여러 나라에서는 멋진 축제를 열고 있어요.

❷ ☐☐ 에서는 매년 4월에 '송끄란'이라는 축제가 열려요.
　↳ 축제에 참여한 사람들은 축복하는 마음으로 ~ 사람들에게 ☐ 을 뿌려요.

❸ ☐☐☐ 에서는 매년 2월에서 3월 사이에 '리우 카니발'을 열어요.
　↳ 가장 인기 있는 것은 ☐☐ 퍼레이드예요.
　　↳ 퍼레이드를 하는 사람들은 신나는 연주에 맞춰 화려한 춤을 춰요.

❹ ☐☐☐ 의 한 작은 도시에서는 ~ '라 토마티나'라는 축제를 해요.
　↳ 축제가 시작되면 사람들은 으깬 ☐☐☐ 를 서로에게 던져요.

STEP 2 　짜임 이해하기

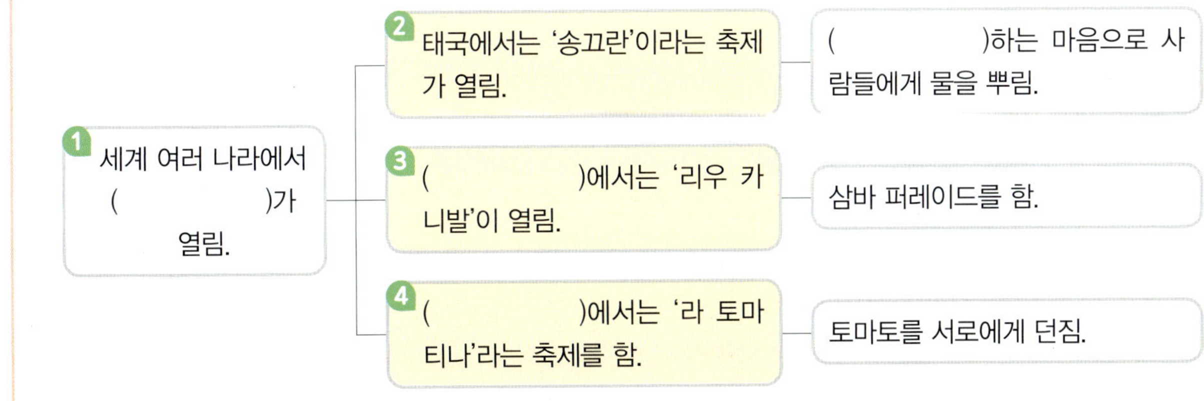

STEP 3 　내용 요약하기

✎ 태국의 '송끄란', 브라질의 '리우 카니발', 스페인의 '라 토마티나' 등과 같이 ___________

____

____

문제로 확인하기

정답과 해설 • 08쪽

내용 이해 **1** 나라와 각 나라에서 열리는 축제를 알맞게 선으로 이어 보세요.

(1) 태국 • • ㉠ 라 토마티나

(2) 브라질 • • ㉡ 리우 카니발

(3) 스페인 • • ㉢ 송끄란

내용 이해 **2** 다음 중 '물의 축제'라고 불리는 축제에 색칠해 보세요.

송끄란 | 리우 카니발 | 라 토마티나

내용 추론 **3** '스페인'에서 열리는 축제에 참여한 뒤 알맞게 말한 친구의 이름을 써 보세요.

규진: 엄청 더웠는데 물을 맞아서 시원해졌어.
동혁: 가지를 이용한 다양한 요리를 먹을 수 있어서 좋았어.
예슬: 토마토를 맞고도 즐거워하는 사람들의 모습이 인상적이었어.

(   )

상황에 적용 **4** 다음의 성빈이가 참여한 축제에 대한 설명으로 알맞은 것을 모두 고르세요. (   )

성빈: 거리에 흥겨운 삼바 음악이 울려 퍼지고 그 음악에 맞춰 춤을 추는 사람들의 행진이 끊임없이 이어졌어. 구경을 하던 사람들도 신이 나서 함께 춤을 추었어.

① 브라질에서 열리는 축제이다.
② 축제의 이름은 '라 토마티나'이다.
③ 매년 8월 마지막 주 수요일에 열리는 축제이다.
④ 삼바 퍼레이드는 이 축제에서 가장 인기 있는 행사이다.
⑤ 이 축제에는 아무나 참여할 수 없으므로 미리 예약을 해야 한다.

1~2 다음 낱말의 알맞은 뜻을 찾아 선으로 이어 보세요.

1 축제 ·

· ㉠ 축하하여 벌이는 큰 규모의 행사

2 추억 ·

· ㉡ 지난 일을 돌이켜 생각함. 또는 그런 생각이나 일

3~4 다음 문장의 빈칸에 들어갈 알맞은 낱말을 골라 색칠해 보세요.

3 친구들과 함께 독서 모임을 ☐.

열었다   닫았다

4 꽃과 보석으로 꾸민 왕관이 매우 ☐.

화목하다   화려하다

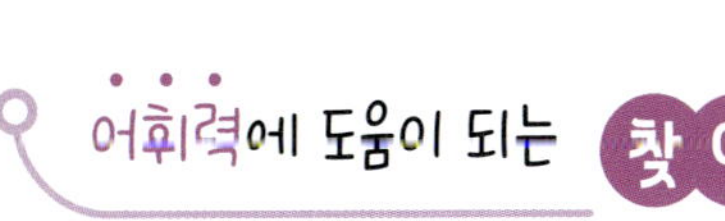

5~6 다음 그림을 보고 문장의 빈칸에 알맞은 낱말을 이 글에서 찾아 써 보세요.

5  ➡ 요리를 하기 위해 감자를 ☐☐☐.

6  ➡ 매☐ 휴가를 즐기기 위해 여행을 간다.

단풍나무와 늘푸른나무

일일 학습을 마치고, 워크북으로 생각을 정리해 보세요. 워크북 · 16쪽

❶ 겨울이 되면 나무들이 옷을 벗어요. 잎이 떨어지고 앙상한˙ 가지들이 드러나지요. 그런데 날이 추워진다고 모든 나무가 잎을 떨어뜨리는 것은 아니에요.

❷ 먼저 겨울이 찾아오면 잎이 떨어지는 나무를 살펴보아요. 은행나무나 단풍나무는 봄이 되면 가지에 작고 여린˙ 잎이 나요. 여름에는 잎이 더욱 푸르게˙ 변하고, 가을에는 노란색이나 붉은색으로

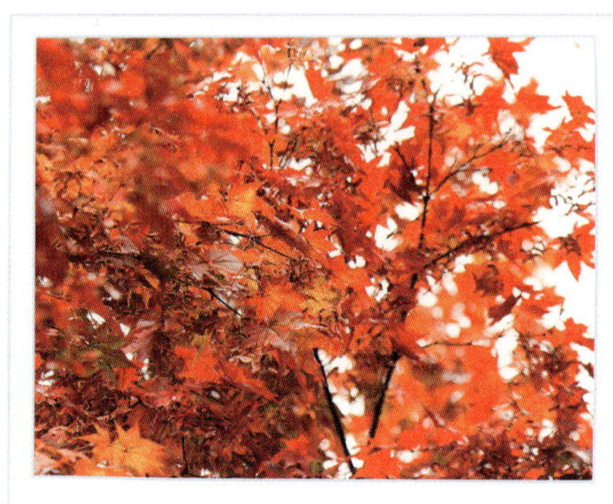

물든˙ 뒤 가지에서 떨어져 낙엽˙이 되어요. 잎이 1년밖에 살지 못하거든요. 그렇지만 잎이 모두 떨어졌다고 해도 걱정할 필요는 없어요. 다시 봄이 찾아오면 연둣빛 새 잎사귀˙가 돋아날 거니까요.

❸ 그런데 어떤 나무들은 겨울에도 계속 잎을 달고 있어요. 크리스마스 트리를 만들 때 쓰는 전나무를 생각해 보세요. 늘 푸른빛을 띠는 소나무는 어떤가요? 눈 내리는 겨울이 되어도 여전히 잎이 달려 있지요? 이 나무들의 잎은 오랫동안 살아요. 만약 잎이 떨어지더라도 그 자리에 금방 다른 잎이 돋아나고요. 그래서 늘 푸른 나무의 모습을 하고 있답니다.

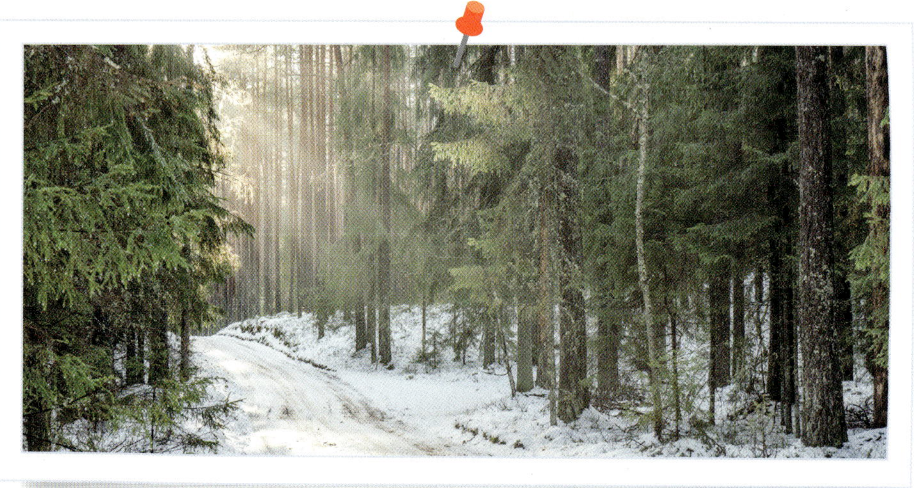

낱말 풀이

- **앙상하다** 나뭇잎이 지고 가지만 남아서 쓸쓸하다.
- **여리다** 단단하거나 질기지 않아 부드럽거나 약하다.
- **푸르다** 맑은 가을 하늘이나 깊은 바다, 풀의 빛깔과 같이 밝고 선명하다.
- **물들다** 빛깔이 스미거나 옮아서 묻다.
- **낙엽** 말라서 떨어진 나뭇잎
- **잎사귀** 여럿 가운데의 하나하나의 잎

내용 들여다보기

STEP 1 핵심 내용 정리하기

1 겨울이 되면 ☐☐들이 옷을 벗어요.

↳ ☐☐☐ 날이 추워진다고 모든 나무가 잎을 떨어뜨리는 것은 아니에요.

2 먼저 ☐☐이 찾아오면 잎이 떨어지는 나무를 살펴보아요.

↳ 은행나무나 단풍나무는 봄이 되면 ~ ☐이 나요.

↳ 여름에는 잎이 ~ 푸르게 변하고, 가을에는 ~ 물든 뒤 가지에서 떨어져 낙엽이 되어요.

↳ 다시 봄이 찾아오면 ~ 새 잎사귀가 돋아날 거니까요.

3 ☐☐☐ 어떤 나무들은 겨울에도 계속 잎을 달고 있어요.

↳ ☐☐☐ (나) ~ 소나무는 ~ 겨울이 되어도 여전히 잎이 달려 있지요?

↳ 만약 잎이 떨어지더라도 ~ 금방 다른 잎이 돋아나고요.

↳ 그래서 늘 푸른 나무의 모습을 하고 있답니다.

STEP 2 짜임 이해하기

1 (   )이 되면 나뭇잎이 떨어지지만 모든 나무가 그러는 것은 아님.

2 겨울에 (   )이 떨어지는 나무가 있음.
→ 은행나무나 단풍나무는 봄이 되면 잎이 나고 여름에는 잎이 푸르게 변하고 (   )에는 떨어져 (   )이 됨.

3 겨울에도 계속 잎이 달려 있는 (   )가 있음.
→ 전나무나 소나무는 겨울이 되어도 늘 (   ) 나무의 모습을 하고 있음.

STEP 3 내용 요약하기

✎ 겨울마다 잎이 떨어지는 나무들도 있지만, __________

화제 파악 **1** 다음 빈칸에 모두 들어가기에 알맞은 낱말을 **보기** 에서 찾아 써 보세요.

> 나무는 겨울이 찾아오면 (　　　　)을/를 떨어뜨리는 나무와 겨울에도 항상 (　　　　)을/를 매달고 있는 나무로 구분할 수 있습니다.

보기

| 잎 | 가지 | 열매 | 뿌리 |

(　　　　　　　)

내용 이해 **2** 다음 중 가을이 지나면 잎이 떨어지는 나무를 찾아 ○표 해 보세요.

▲ 소나무

▲ 전나무

▲ 은행나무

내용 이해 **3** 다음 중 이 글의 내용으로 알맞은 것은 어느 것인가요? (　　　　)

① 모든 나무가 겨울에 잎을 떨어뜨립니다.
② 모든 나무가 1년 내내 푸른빛을 띠고 있습니다.
③ 겨울에 잎이 모두 떨어지면 다시 잎이 나지 않습니다.
④ 은행나무의 잎은 가을이 되면 노랗게 물들어 낙엽이 됩니다.
⑤ 단풍나무의 잎은 겨울이 되어도 나뭇가지에 매달려 있습니다.

상황에 적용 **4** 다음에서 말하고 있는 나무에 대한 설명으로 알맞은 것에 ○표 해 보세요.

> 지난 겨울에 마당에 있는 나무를 크리스마스 장식으로 꾸몄습니다. 푸른 나뭇잎에 알록달록한 장식을 다니 참 예뻤습니다.

[1] 가을에는 잎이 노랗거나 붉게 물들어 낙엽이 된다. ······ (　　　)
[2] 봄마다 가지에 새 잎이 나고 겨울에는 옷을 벗는다. ······ (　　　)
[3] 만약 잎이 떨어지더라도 금방 다른 잎이 돋아난다. ······ (　　　)

어휘력 다지기

1~2 다음 낱말의 알맞은 뜻을 찾아 선으로 이어 보세요.

1 낙엽 •　　　　　• ㉠ 여럿 가운데의 하나하나의 잎

2 잎사귀 •　　　　　• ㉡ 말라서 떨어진 나뭇잎

3~4 다음 문장의 빈칸에 들어갈 알맞은 낱말을 보기 에서 찾아 써 보세요.

보기

- **앙상하다**: 나뭇잎이 지고 가지만 남아서 쓸쓸하다.
- **여리다**: 단단하거나 질기지 않아 부드럽거나 약하다.

3 새로 돋아난 싹이 매우 작고 ⬚⬚⬚.

4 강한 바람에 잎이 모두 떨어져서 가지가 ⬚⬚⬚.

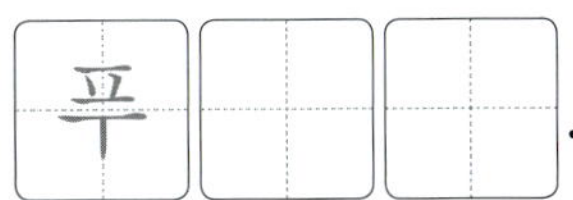

5~6 다음 그림을 보고 문장의 빈칸에 알맞은 낱말을 이 글에서 찾아 써 보세요.

5  ➡ 파란 하늘 아래 바닷빛이 푸 ⬚ ⬚ .

6 ➡ 해가 저물 즈음 하늘이 붉게 물 ⬚ ⬚ .

자연을 닮은 건축물

1 건축가는 무엇을 위한 건물인지, 그 건물의 주변 환경은 어떠한지 등을 생각하며 건축물을 만들어요. 이때 자연에서 아름다운 색과 모양을 찾아 본뜨기도 하지요. 자연만큼 조화로운 예술 작품은 없으니까요. 자연을 닮은 건축물에는 어떤 것들이 있을까요?

2 스페인의 건축가 가우디가 설계한 사그라다 파밀리아 성당의 천장은 잎사귀를 닮았어요. 나뭇가지가 생각나게 하는 기둥에서는 옹이도 찾을 수 있어요. 그 외에도 야자수, 곤충, 새, 동물의 뼈 등 자연을 떠올리게 하는 모양이 건물 곳곳에 숨어 있지요.

3 미국의 구겐하임 미술관은 밖에서 보면 꼭 달팽이 껍데기를 엎어 놓은 것 같아요. 미술관 안으로 들어가면 올라가는 길이 소라 껍데기처럼 빙글빙글 이어져 있지요. 관람객들은 이 길을 따라가며 작품을 감상할 수 있어요.

4 호주 시드니에 있는 오페라 하우스는 독특한 모양의 지붕으로 유명해요. 지붕이 꼭 조개껍데기를 닮았거든요. 그 모양만으로도 아름답지만, 건물 주변에 푸르게 펼쳐져 있는 바다와도 멋지게 어울린답니다.

낱말 풀이

- **건축가** 건축에 대한 전문적인 지식이나 기술을 가진 사람
- **건축물** 지붕, 기둥, 벽이 있는 건물을 통틀어 이르는 말
- **본뜨다** 이미 있는 대상을 그대로 좇아 만들다.
- **조화롭다** 서로 잘 어울려 어긋남이 없다.
- **설계** 건축물이나 기계 등을 만들 때 그 목적에 따라 계획을 세워 그림, 글로 적어 두는 일
- **옹이** 나무의 몸에 박힌 가지의 밑부분

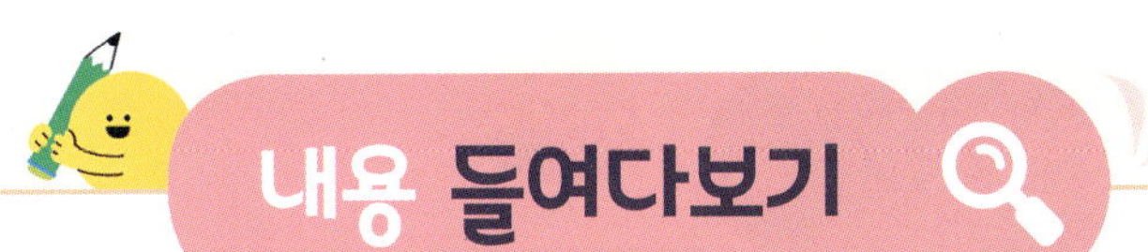

내용 들여다보기

STEP 1   핵심 내용 정리하기

1 건축가는 무엇을 위한 건물인지, ~ 주변 환경은 어떠한지 등을 생각하며 건축물을 만들어요.

↳ ☐☐에서 아름다운 색과 모양을 찾아 본뜨기도 하지요.

2 사그라다 파밀리아 성당의 천장은 ☐☐☐를 닮았어요.

↳ 나뭇가지가 생각나게 하는 ☐☐에서는 옹이도 찾을 수 있어요.

↳ 야자수, 곤충, 새, 동물의 뼈 등 자연을 떠올리게 하는 모양이 건물 곳곳에 숨어 있답니다.

3 구겐하임 미술관은 ~ 달팽이 껍데기를 엎어 놓은 것 같아요.

↳ 올라가는 길이 소라 껍데기처럼 ☐☐☐☐ 이어져 있지요.

4 ☐☐☐☐☐☐는 독특한 모양의 ☐☐으로 유명해요.

↳ 지붕이 꼭 조개껍데기를 닮았거든요.

STEP 2   짜임 이해하기

STEP 3   내용 요약하기

✏️ 건축물을 만들 때 자연을 본뜨기도 하는데, 그 예로 ________________

____

____

화제 파악 **1** 이 글을 읽고 바르게 말한 친구의 이름을 써 보세요.

> **지은**: 세계에서 가장 유명한 건축물에 대해 알려 주고 있어.
> **원우**: 자연을 닮은 건축물에는 어떤 것이 있는지 알려 주고 있어.
> **지형**: 건물을 많이 지으면 자연이 파괴된다는 사실을 알려 주고 있어.

( )

내용 이해 **2** '사그라다 파밀리아 성당'에 대한 설명으로 알맞지 <u>않은</u> 것을 <u>모두</u> 고르세요. ( )

① 건물 주변에 펼쳐진 바다와 잘 어울린다.
② 스페인의 건축가 가우디가 만든 건축물이다.
③ 천장은 잎사귀를, 기둥은 나뭇가지를 닮았다.
④ 자연을 떠올리게 하는 모양을 건물 곳곳에서 찾을 수 있다.
⑤ 관람객들은 빙글빙글 이어진 길을 따라 건물의 안쪽을 구경할 수 있다.

내용 추론 **3** 다음 중 자연을 닮은 건축물을 모두 찾아 ○표 해 보세요.

[1] 거미줄을 닮은 통신탑 ⋯⋯⋯⋯⋯⋯⋯⋯⋯⋯ ( )
[2] 한쪽으로 기울어진 피사의 사탑 ⋯⋯⋯⋯⋯ ( )
[3] 새 둥지를 닮은 베이징 내셔널 스타디움 ⋯⋯⋯ ( )

상황에 적용 **4** 다음의 건축물에 대한 설명으로 알맞은 것은 무엇인가요? ( )

> 건물을 보고 나니 지붕의 생김새가 가장 기억에 남았다. 마치 푸른 바다 위에 하얀 조개껍데기가 떠 있는 것 같아 인상적이었다.

① 미국에 있는 구겐하임 미술관이다.
② 이 건축물은 아직 완성이 되지 않았다.
③ 이 건축물은 호주 시드니에서 볼 수 있다.
④ 밖에서 보면 달팽이 껍데기를 엎어 놓은 것 같다.
⑤ 야자수, 곤충, 새, 동물의 뼈 등의 모양이 건물 곳곳에 숨어 있다.

1~2 다음 그림에 알맞은 낱말을 보기 에서 찾아 써 보세요.

보기

건축가   건축물

1

(   )

2

(   )

3~4 다음 문장의 빈칸에 들어갈 알맞은 낱말을 보기 에서 찾아 써 보세요.

보기

본뜨다   조화롭다

3 합창을 하는 아이들의 목소리가 [   ].

4 궁전 모형을 만들기 위해 프랑스의 유명한 궁전을 [   ].

어휘력에 도움이 되는 찾아 쓰기

5~6 다음 그림을 보고 문장의 빈칸에 알맞은 낱말을 이 글에서 찾아 써 보세요.

5
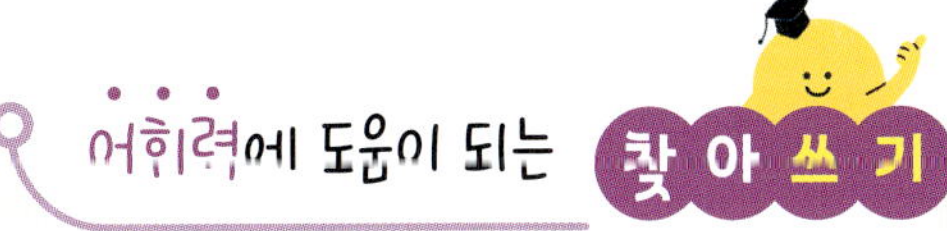

→ 이 나무에는 [옹] [ ] 가 많다.

6
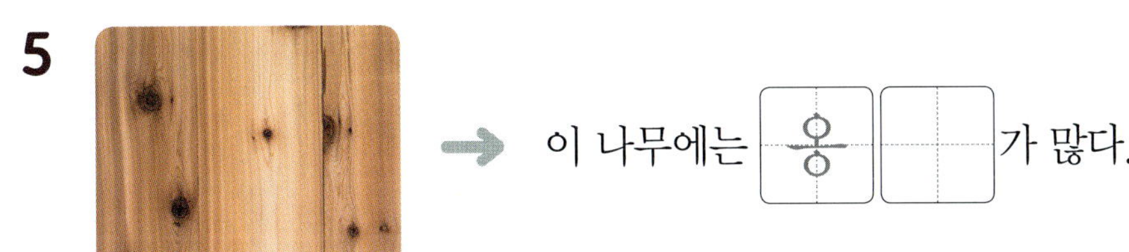

→ 기계를 만들려면 [설] [ ] 를 꼼꼼히 해야 한다.

소가 된 게으름뱅이

1 옛날, 어느 마을에 게으름뱅이 총각이 살았어요. 어느 날, 어머니가 총각에게 소를 돌보라고 했어요. 총각은 풀밭에 소를 풀어놓고는 벌러덩 드러누워 중얼거렸지요.

"저 소는 일도 안 하고 풀만 먹네. 나도 소가 되고 싶군."

2 그때 지나가던 노인이 총각에게 소 모양의 탈을 건네며 써 보라고 했어요. 총각은 탈을 써 보았어요. 그런데 탈을 벗으려고 하니 좀처럼 탈이 벗겨지지 않는 거예요. 총각은 그대로 소가 되고 말았어요.

3 노인은 총각이 변한 소를 끌고 장으로 갔어요. 그리고 한 농사꾼에게 다음과 같은 주의를 주며 소를 팔아 버렸어요.

"이 소는 무를 먹으면 죽으니 조심해야 하오."

소가 된 총각은 농사꾼의 집에서 종일 일만 했어요. 일이 너무 고되어서 눈물을 흘리던 총각은 노인의 말을 떠올렸어요.

"무를 먹으면 죽는다고 했지? 소로 살 바에는 차라리 죽는 게 낫지."

4 총각은 농사꾼 몰래 밭에 난 무를 뽑아 먹었어요. 그러자 방귀가 뿡 나오며 다시 사람으로 변했어요. 집으로 돌아온 총각은 앞으로 성실하게 살기로 결심했답니다.

낱말 풀이

- **돌보다** 관심을 가지고 보살피다.
- **벌러덩** 발이나 팔을 활짝 벌린 상태로 기운 없이 느리게 뒤로 자빠지거나 눕는 모양
- **좀처럼** 여간하여서는
- **장** 많은 사람이 모여 여러 가지 물건을 사고파는 곳
- **고되다** 하는 일이 매우 힘들어 고단하다.
- **차라리** 두 사실이 모두 마음에 들지 않을 때 상대적으로 저리 하는 것보다 이리하는 것이 나음을 이르는 말
- **성실** 정성스럽고 참됨.

내용 들여다보기

STEP 1 핵심 내용 정리하기

1 옛날, 어느 마을에 ☐☐☐☐☐ 총각이 살았어요.

↳ 총각은 ~ "저 소는 일도 안 하고 풀만 먹네. 나도 소가 되고 싶군."

2 지나가던 노인이 총각에게 ☐ 모양의 탈을 건네며 써 보라고 했어요.

↳ 총각은 탈을 써 보았어요. ~ 총각은 그대로 소가 되고 말았어요.

3 노인은 ~ 한 ☐☐☐에게 다음과 같은 주의를 주며 소를 팔아 버렸어요.

↳ "이 소는 ☐를 먹으면 죽으니 조심해야 하오."

소가 된 총각은 농사꾼의 집에서 종일 일만 했어요.

↳ "소로 살 바에는 차라리 죽는 게 낫지."

4 총각은 ~ 무를 뽑아 먹었어요.

↳ 방귀가 뿡 나오며 다시 ☐☐으로 변했어요.

총각은 앞으로 성실하게 살기로 결심했답니다.

STEP 2 짜임 이해하기

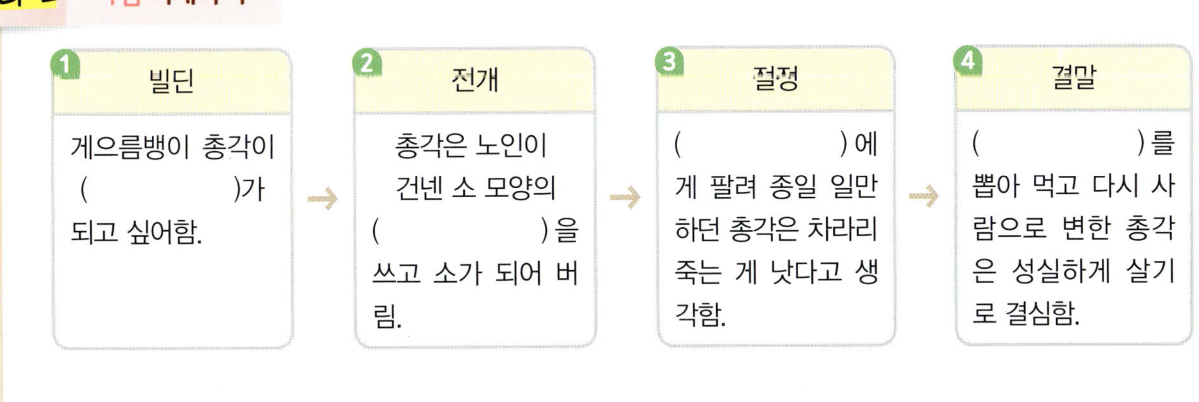

STEP 3 내용 요약하기

✎ 소가 되고 싶어 하던 게으름뱅이 총각은 ________________________________

주제 파악

1 이 글에서 알 수 있는 교훈을 알맞게 말한 친구의 이름을 써 보세요.

> **태영**: 성실하게 살아야 한다는 교훈을 전하고 있어.
>
> **효정**: 주의 사항을 안 지키면 벌을 받는다는 교훈을 전하고 있어.

(   )

구조 이해

2 이 글에서 게으름뱅이 총각에게 일어난 일의 차례대로 기호를 써 보세요.

> ㉠ 무를 먹은 게으름뱅이 총각은 사람이 되었다.
>
> ㉡ 게으름뱅이 총각이 소가 되어 놀고 싶어 했다.
>
> ㉢ 게으름뱅이 총각이 소 모양의 탈을 쓰고 소가 되었다.
>
> ㉣ 농사꾼에게 팔려간 게으름뱅이 총각은 종일 일만 했다.

(   ) → (   ) → (   ) → (   )

내용 추론

3 이 글에서 소가 된 총각이 무를 먹은 까닭은 무엇인가요? (   )

① 밭에 난 무가 맛있어 보였기 때문에

② 무를 먹으면 죽을 거라고 생각했기 때문에

③ 무를 먹으면 사람이 될 거라고 생각했기 때문에

④ 농사꾼이 밥을 주지 않아 몹시 배가 고팠기 때문에

⑤ 무를 먹는 동안에는 일을 하지 않아도 되었기 때문에

상황에 적용

4 이 글의 내용으로 연극을 꾸미려 할 때, 다음 빈칸에 들어갈 말을 순서대로 쓴 것은 무엇인가요? (   )

> • **일이 일어난 시간과 장소**: 옛날 (   )
>
> • **이야기에 나오는 인물**: (   ), 어머니, 노인, 농사꾼

① 어느 마을, 무 장수   ② 어느 마을, 탈 만드는 사람

③ 깊은 숲속, 탈 만드는 사람   ④ 어느 마을, 게으름뱅이 총각

⑤ 깊은 숲속, 게으름뱅이 총각

1~2 다음 낱말의 알맞은 뜻을 찾아 선으로 이어 보세요.

1 돌보다 •

• ㉠ 관심을 가지고 보살피다.

2 고되다 •

• ㉡ 하는 일이 매우 힘들어 고단하다.

3~4 다음 문장의 빈칸에 들어갈 알맞은 낱말을 골라 색칠해 보세요.

3 열심히 준비했지만 ☐ 기회가 오지 않았다.

좀처럼 슬그머니

4 거짓말을 하느니 ☐ 아무 말도 하지 않는 것이 낫다.

어차피 차라리

어휘력에 도움이 되는 찾아 쓰기

5~6 다음 그림을 보고 문장의 빈칸에 알맞은 낱말을 이 글에서 찾아 써 보세요.

5 동생이 벌☐☐ 미끄러졌다.

6 ☐에 가셨던 엄마가 물건을 가득 사 왔다.

우리나라의 축제에는 어떤 것들이 있을까?

단오는 음력 5월 5일로 설, 한식, 추석과 함께 우리나라 4대 명절 중의 하나에요. 조상들은 단오를 양(陽)의 기운이 가장 왕성한 날로 보고 으뜸 명절로 여겼어요. 강릉 단오제는 이러한 역사를 바탕으로 음력 4월부터 5월 초까지 강릉에서 펼쳐지는 대한민국 최대 규모의 축제이지요. 강릉 단오제는 2005년에 유네스코 인류 무형 문화유산으로 선정되었어요.

가을에 단풍이 드는 이유는 무엇일까?

날씨가 추워지면 식물은 물과 햇빛이 부족해져서 살아가기 힘들어요. 그래서 물과 영양분 등의 에너지를 절약하기 위해서 나뭇잎을 떨어뜨리는 거죠. 우리가 보는 단풍은 이렇게 낙엽이 만들어지는 과정에서 나뭇잎의 색깔이 노랑, 빨강 등의 여러 가지 색으로 변하는 현상을 말해요. 잎에는 녹색의 엽록소 말고도 다양한 색소가 있어요. 이들 색소는 평소에는 눈에 띄지 않다가 엽록소가 파괴되면 드러나 단풍의 색을 만들어요.

가우디의 다른 건축물은 무엇이 있을까?

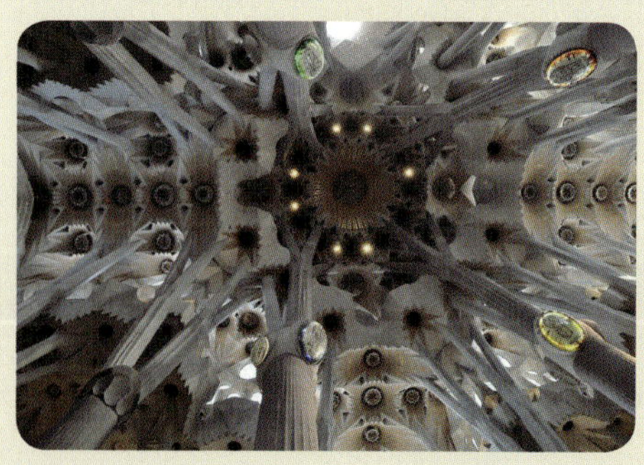

안토니 가우디는 19세기 말에 바르셀로나에서 활동했던 건축가예요. 그는 나무, 하늘, 바람, 땅, 동물 등 자연을 관찰해서 건축물을 설계했어요. 그래서 그의 건축물은 곡선들이 어우러진 모습을 볼 수 있어요. 특히 사그라다 파밀리아 성당의 내부로 들어가면 마치 신비한 숲에 들어온 느낌이지요. 천장을 향해 곧게 뻗은 기둥들은 마치 커다란 나무들이 하늘을 향해 자라난 것처럼 보여요.

3주

필통의 주인을 찾아 주세요

일일 학습을 마치고, 워크북으로 생각을 정리해 보세요. 워크북 • 22쪽

❶ 어느 날, 나는 수업을 마치고 집으로 돌아가는 길에 1층 복도에 무언가 떨어져 있는 것을 발견*했다. 다가가서 살펴보니 귀여운 강아지 모양의 필통이었다. 나는 그 필통이 탐*이 났다.

'몰래 가져가면 아무도 모르지 않을까?'

마침 복도에는 아무도 없었다. 나는 주변을 살피며 슬쩍* 필통을 주웠다.

❷ 그런데 그때, 잃어버린 필통을 찾고 있을 친구의 마음이 생각났다.

'필통을 잃어버려서 얼마나 슬퍼하고 있을까?'

나는 나쁜 마음을 억누르고* 필통의 주인을 찾아 보기로 했다. 그런데 필통에는 이름이 쓰여 있지 않았다. 이름이 적혀 있었다면 주인을 쉽게 찾을 수 있었을 텐데. 잠시 고민을 하는데 2층 교무실 앞에 놓인 상자가 떠올랐다. 물건의 주인이 찾아갈 수 있도록 분실물*을 모아 두는 상자였다. 나는 교무실 앞으로 가서 필통을 상자 안에 넣어 두었다.

❸ 다음 날, 우리 반 민지가 밝은 얼굴로 친구들에게 이야기하는 것을 들었다. 민지는 잃어버렸던 필통을 분실물 상자에서 되찾았다*고 말했다. 활짝 웃는 민지를 보니 마음이 뿌듯했다.

내용 들여다보기

STEP 1   핵심 내용 정리하기

① 나는 ~ 1층 복도에 무언가 떨어져 있는 것을 발견했다.
   ↳ 귀여운 강아지 모양의 ☐☐이었다.
   ↳ 나는 그 필통이 탐이 났다.

② ☐☐☐ 그때, 잃어버린 필통을 찾고 있을 친구의 ☐☐이 생각났다.
   ↳ 나는 나쁜 마음을 억누르고 필통의 주인을 찾아 보기로 했다.
   2층 교무실 앞에 놓인 상자가 떠올랐다.
   ↳ ☐☐☐을 모아 두는 상자였다.
   ↳ 나는 교무실 앞으로 가서 필통을 상자 안에 넣어 두었다.

③ ☐☐☐, 우리 반 민지가 ~ 친구들에게 이야기하는 것을 들었다.
   ↳ 민지는 잃어버렸던 필통을 분실물 상자에서 되찾았다고 했다.
   ↳ 활짝 웃는 민지를 보니 마음이 ☐☐☐☐.

STEP 2   짜임 이해하기

① 1층 복도에 떨어져 있는 ( )을 발견함.	② 잃어버린 필통을 찾고 있을 친구의 마음이 생각남.	③ 다음 날, ( )에서 필통을 찾고 활짝 웃는 민지를 봄.
필통이 탐이 나서 주움.	( )을 찾아 주기로 하고 분실물 상자에 필통을 넣어 둠.	( ) 마음이 듦.

STEP 3   내용 요약하기

✏️ '나'는 복도에 떨어져 있는 필통을 발견하고 탐이 났지만 _______________

내용 이해 1 '나'가 필통을 발견한 곳은 어디인지 알맞은 장소에 색칠해 보세요.

> 교실 안 　　　 1층 복도 　　　 2층 교무실 앞

내용 이해 2 '나'가 필통의 주인을 찾아 주어야겠다고 생각한 까닭은 무엇인가요?

(　　)

① 나와 가장 친한 친구의 필통이었기 때문에

② 내가 좋아하지 않는 모양의 필통이었기 때문에

③ 필통을 가져간 것을 들키면 선생님께 혼이 나기 때문에

④ 필통을 잃어버리고 슬퍼할 친구의 마음을 떠올렸기 때문에

⑤ 복도에 사람이 많아서 몰래 필통을 가져가기 어려웠기 때문에

내용 추론 3 필통을 찾아 기뻐하는 민지를 보고 '나'가 했을 생각으로 알맞은 것에 ○표 해 보세요.

[1] (　　　)　　　　[2] (　　　)

상황에 적용 4 '나'의 다음 생각을 읽고 친구들에게 할 수 있는 말로 알맞은 것은 어느 것인가요? (　　)

> 필통에 이름이 쓰여 있지 않아서 누구의 것인지 알 수 없었습니다. 그래서 주인을 찾아 주는 일이 어려웠습니다.

① 자기 물건에 이름을 써 두는 것이 좋겠어.

② 분실물 상자를 더 많이 만드는 것이 좋겠어.

③ 떨어져 있는 물건은 함부로 줍지 않는 것이 좋겠어.

④ 물건을 잃어버리지 않도록 좀 더 주의했으면 좋겠어.

⑤ 물건을 잃어버리면 선생님께 바로 말씀드리는 것이 좋겠어.

1~2 다음 문장의 빈칸에 들어갈 알맞은 낱말을 보기 에서 찾아 써 보세요.

· 보기 ·

탐   분실물

1 주인을 찾지 못하는 [   ]이 늘어나고 있다.

2 친구가 가진 장난감이 재미있어 보여서 [   ]이 났다.

3~4 다음 문장의 빈칸에 들어갈 알맞은 낱말을 찾아 색칠해 보세요.

3 울고 싶은 마음이 들었지만 슬픔을 [   ].

짓누르다   억누르다

4 아직 [   ]되지 않은 유물들이 땅속에 묻혀 있다.

발견   발명

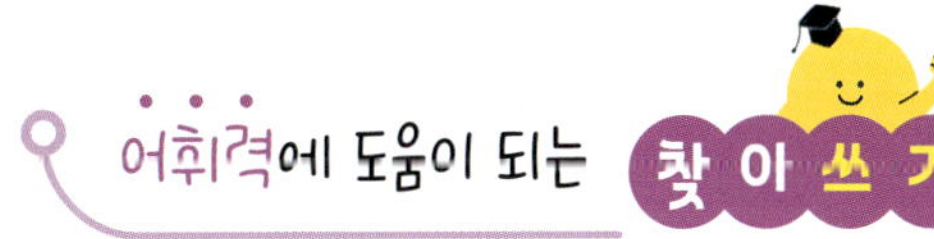

5~6 다음 그림을 보고 문장의 빈칸에 알맞은 낱말을 이 글에서 찾아 써 보세요.

5  ➡ 동생이 책상 위에 둔 지우개를 [슬 |] 가져갔다.

6  ➡ 가방을 분실물 보관소에서 [되 | |].

사회

고기를 먹지 않는 사람들

일일 학습을 마치고, 워크북으로 생각을 정리해 보세요. 워크북 • 24쪽

공부한 날

월   일

관련 교과 초등도덕 3-1
생명을 존중하는 우리

❶ 달짝지근한˙ 불고기는 참 맛이 있지요. 바삭바삭한˙ 튀김옷을 입힌 치킨은 인기 있는 음식이고요. 그런데 고기를 먹지 않으려는 사람들이 있어요. 이들은 고기 대신 채소를 먹는 '채식'을 해요.

❷ 사람들이 채식을 하는 이유는 다양해요. 환경을 위해, 또는 동물을 위해 고기를 먹지 않아요. 고기를 먹기 위해 가축˙을 키우려면 많은 땅과 물이 필요해요. 게다가 수많은 가축이 방귀를 뀌거나 트림을 하며 내뿜는 가스는 공기를 오염시키고 지구를 더워지게 만들어요. 또, 더 많은 고기와 달걀을 팔기 위해 나쁜 환경에서 가축을 키우는 곳들도 있어요. 우리가 고기를 적게 먹으면 환경 오염을 줄일 수 있고, 동물들은 더 좋은 생활을 누릴 수 있어요.

❸ 채식을 하는 사람들이 늘어나면서 그들을 위한 음식이 다양하게 개발˙되고 있어요. 마트에서는 콩으로 만든 고기, 아몬드나 귀리로 만든 우유 등을 살 수 있어요. 유제품˙을 사용하지 않은 아이스크림이나 빵, 과자도 있고요. 채식을 하는 사람들을 위한 식당도 있답니다. 주변을 유심히˙ 살펴보면 채식을 위한 다양한 음식을 찾을 수 있을 거예요.

┃ 낱말 풀이 ┃

• **달짝지근하다** 약간 달콤한 맛이 있다.

• **바삭바삭하다** 바스러지기 쉬울 정도로 물기가 아주 없이 보송보송하다.

• **가축** 집에서 기르는 짐승. 소, 말, 돼지, 닭, 개 따위를 통틀어 이름.

• **개발** 새로운 물건을 만들거나 새로운 생각을 내어놓음.

• **유제품** 버터, 치즈, 분유, 연유 등 우유로 만든 식품을 통틀어 이르는 말

• **유심히** 주의가 깊게

STEP 1 　핵심 내용 정리하기

❶ 태양을 비롯해 태양 주위를 일정한 간격으로 되풀이하여 도는 행성들과 그 공간을 이루는 것들을 통틀어 '　　　'라고 해요.

❷ 태양계에는 ~ 모두 　　 개의 행성이 있어요.

↳ 태양과 가장 가까운 　　 ~ '샛별'이라고도 불리는 금성 ~ 　　 는 태양계 중 유일하게 물이 흐르는 행성 ~ 　　 에서는 오래전 물이 흘렀던 흔적이 발견 ~ 　　 은 태양계의 행성 중 가장 크고 무거워요. 크고 예쁜 고리를 두른 행성은 　　 ~ 천왕성도 검은색 고리 ~ 　　　 은 태양계의 행성 중 태양과 가장 멀리 떨어져 있어요.

　　 들은 스스로 빛을 내지는 못하고, 태양과 같이 빛을 내는 별 주변을 돌아요.

STEP 2 　짜임 이해하기

❶ (　　　　　) 주위를 일정한 간격으로 되풀이하여 도는 행성들과 그 공간을 이루는 것들을 통틀어 '태양계'라고 함.

❷ 태양계에는 모두 여덟 개의 (　　　　　)이 있음.

수성, (　　　　　), 지구, 화성, 목성, 토성, 천왕성, 해왕성이 있음.

스스로 (　　　　　)을 내지 못하고 빛을 내는 별 주변을 돎.

STEP 3 　내용 요약하기

✎ 태양계는 태양, 태양 주위를 일정한 간격으로 도는 행성들과 공간이다. 태양계에는 ______________

화제 파악 **1** '태양 주위를 일정한 간격으로 되풀이하여 도는 행성들과 그 공간을 이루는 것들'을 무엇이라 하는지 알맞은 낱말에 색칠해 보세요.

은하계　　　　태양계　　　　행성계

내용 이해 **2** 이 글의 내용으로 알맞은 것은 어느 것인가요? (　　　)

① 태양과 가장 가까운 행성은 해왕성이다.
② 태양계에는 모두 여섯 개의 행성이 있다.
③ 태양은 지구 주위를 일정한 간격으로 돈다.
④ 목성에서 오래전 물이 흘렀던 흔적이 발견되었다.
⑤ 지구는 태양계 중 유일하게 물이 흐르는 행성이다.

내용 추론 **3** 다음 행성의 이름은 무엇인지 이 글에서 찾아 써 보세요.

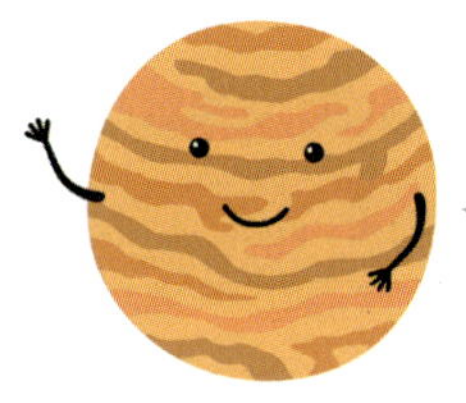

(　　　　　)

비판과 평가 **4** 보기 를 읽고, 가장 알맞은 생각을 한 친구의 이름을 써 보세요.

보기

　과학자들은 우주에서 생명체의 흔적을 찾고 있습니다. 행성에 물이 있으면 생명체가 있을 가능성이 높다고 합니다.

한솔: 금성은 지구와 가까우니까 생명체가 있지 않을까?
예원: 목성이 크고 무거우니 생명체의 흔적을 발견하기 쉬울 거야.
형윤: 화성에서 물이 흘렀던 흔적이 발견되었다고 하니까 생명체가 존재했을 수도 있을 것 같아.

(　　　　　)

1~2 다음 뜻풀이에 어울리는 낱말을 골라 ○표 해 보세요.

1 우주를 떠돌다 다 타지 못하고 땅에 떨어진 단단한 물질

[1] 보석 (　　　)　　　**[2]** 화석 (　　　)　　　**[3]** 운석 (　　　)

2 스스로 빛을 내지 못하고 중심 별 주위를 둥글게 돌며 중심 별의 빛을 받아 반사하는 우주의 물체

[1] 행성 (　　　)　　　**[2]** 위성 (　　　)　　　**[3]** 북극성 (　　　)

3~4 다음 문장의 빈칸에 들어갈 알맞은 낱말을 보기 에서 찾아 써 보세요.

> **보기**
>
> 구덩이　　　　　　고리

3 바퀴가 [　　　]에 빠져 당황스러웠다.

4 열쇠를 잃어버리지 않도록 [　　　]에 달았다.

어휘력에 도움이 되는 **찾아쓰기**

5~6 다음 그림을 보고 문장의 빈칸에 알맞은 낱말을 이 글에서 찾아 써 보세요.

5

그릇을 깨는 같은 실수를 → 되 □ □ □ □ .

6

초콜릿은 통 □ □ 세 개뿐이다.

예체능

세상에 맞선 시인, 허난설헌

일일 학습을 마치고, 워크북으로 생각을 정리해 보세요.   워크북 · 28쪽

1 허난설헌은 조선 시대 시인이에요. 조선 시대에는 여성들이 마음대로 활동할 수도, 원하는 만큼 공부를 할 수도 없었어요. 대부분의 여성들은 집안일과 아이를 낳아 기르는 일만 해야 했지요. 다행히 허난설헌의 아버지는 딸에게도 공부를 시켰어요. 글 읽기를 좋아했던 허난설헌은 8살 때부터 시를 썼어요.

2 그런데 허난설헌은 15살에 결혼을 한 뒤로 힘든 날들을 보내야 했어요. 시어머니와 남편은 여자인 허난설헌이 시를 쓰고 공부하는 것을 좋아하지 않았거든요. 게다가 아버지와 오빠를 여의고•, 아이들마저 병으로 잃어야 했어요. 슬픔 속에서 하루하루를 보내던 허난설헌은 점점 쇠약해졌어요•.

3 결국 허난설헌은 27살의 이른 나이에 세상을 떠나고 말았어요. 허난설헌은 죽기 전까지 불행•한 결혼 생활과 자녀•를 잃은 슬픔, 이상적•인 세계 등을 시로 표현하였어요. 동생 허균은 그중 일부를 모아 《난설헌집》이라는 책을 냈어요•. 《난설헌집》은 중국과 일본에 전해져 큰 사랑을 받았어요. 여성이라는 이유만으로 능력을 인정받지 못했지만 시 쓰기를 포기하지 않은 허난설헌의 열정은 많은 교훈을 주고 있어요.

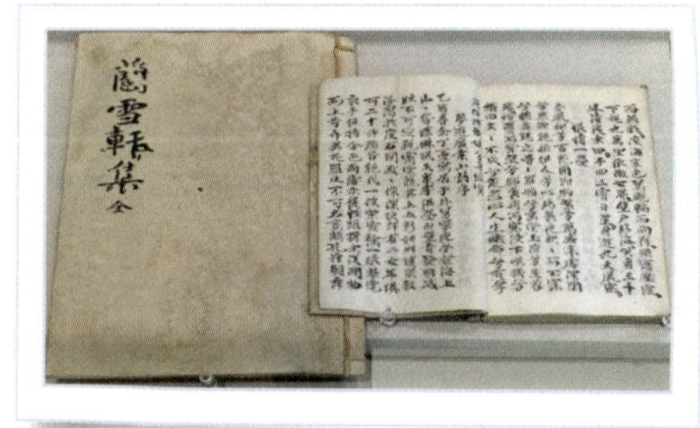

▲ 《난설헌집》, 허균·허난설헌 기념관 소장

| 낱말 풀이 |

• **여의다** 부모나 사랑하는 사람이 죽어서 이별하다.

• **쇠약하다** 힘이 쇠하고 약하다.

• **불행** 행복하지 아니함.

• **자녀** 아들과 딸을 아울러 이르는 말

• **이상적** 생각할 수 있는 범위 안에서 가장 완전하다고 여겨지는 것

• **내다** 책이나 그림 등을 찍어서 세상에 널리 퍼뜨리다.

STEP 1 　핵심 내용 정리하기

1 허난설헌은 조선 시대 ☐☐이에요.
　↳ 허난설헌의 아버지는 딸에게도 공부를 시켰어요.
　↳ 글 읽기를 좋아했던 허난설헌은 8살 때부터 시를 썼어요.

2 ☐☐☐ 허난설헌은 15살에 ☐☐을 한 뒤로 힘든 날들을 보내야 했어요.
　↳ 시어머니와 남편은 ☐☐인 허난설헌이 시를 쓰고 공부하는 것을 좋아하지 않았거든요.
　↳ 아버지와 오빠를 여의고, 아이들마저 병으로 잃어야 했어요.
　↳ 허난설헌은 점점 쇠약해졌어요.

3 ☐☐ 허난설헌은 27살의 이른 나이에 세상을 떠나고 말았어요.
　↳ 동생 허균은 ~ 《난설헌집》을 냈어요.
　↳ 능력을 인정받지 못했지만 ~ 허난설헌의 ☐☐은 많은 교훈을 주고 있어요.

STEP 2 　짜임 이해하기

1 조선 시대 시인인 (　　　)은 8살 때부터 시를 씀.

2 허난설헌은 15살에 결혼을 한 뒤 힘든 날을 보내다가 점점 (　　　).

- 시어머니와 남편은 허난설헌이 (　　　)를 쓰고 공부하는 것을 좋아하지 않음.
- 아버지와 오빠를 여읨.
- (　　　)마저 병으로 잃음.

3 허난설헌은 27살의 이른 나이에 세상을 떠나기 전까지 시를 썼음.

- 허난설헌의 시를 일부 모아 낸 《(　　　)》은 중국과 일본에 전해져 큰 사랑을 받음.

STEP 3 　내용 요약하기

✎ 허난설헌은 여성이 능력을 인정받지 못했던 조선 시대 시인으로,
＿＿＿＿＿＿＿＿＿＿＿＿＿＿＿＿＿＿＿＿＿＿＿＿＿＿＿＿
＿＿＿＿＿＿＿＿＿＿＿＿＿＿＿＿＿＿＿＿＿＿＿＿＿＿＿＿

화제 파악 1 다음 문장의 빈칸에 들어갈 알맞은 낱말을 이 글에서 찾아 써 보세요.

> 허난설헌이 살았던 (　　　　　) 시대에는 여성들이 마음껏 활동할 수 없었다.

내용 이해 2 허난설헌의 삶을 정리한 다음 빈칸에 들어갈 알맞은 말을 써 보세요.

> - 8살: [1] (　　　　　)를 쓰기 시작함.
> - 15살: 결혼을 함.
> - [2] (　　　　　)살: 많은 시를 남기고 세상을 떠남.

내용 추론 3 이 글을 읽은 후 『난설헌집』에 대해 알맞게 말한 친구의 이름을 써 보세요.

> **솔지**: 다른 나라 사람들도 좋아할 만큼 훌륭한 시를 썼나 봐.
> **동찬**: 허난설헌은 중국과 일본을 여행하며 《난설헌집》을 썼어.

(　　　　　　　)

상황에 적용 4 다음을 읽고, 신사임당과 허난설헌의 공통점은 무엇인가요? (　　　　)

> 신사임당은 〈초충도〉, 〈자리도〉 등을 그린 조선 시대 화가예요. 결혼 후에도 남편과 시어머니가 그림을 그릴 수 있게 도와 준 덕분에 많은 작품을 남길 수 있었어요. 또한 신사임당은 학자 이이의 어머니로도 유명해요.

① 아이를 훌륭한 학자로 키워 냈다.
② 조선 시대에 살았던 여성 예술가이다.
③ 「초충도」, 「자리도」 등 훌륭한 작품을 남겼다.
④ 죽은 뒤 세상에 나온 『난설헌집』이 많은 사랑을 받았다.
⑤ 남편과 시어머니가 예술 활동을 할 수 있도록 도와주었다.

1~2 다음 낱말의 알맞은 뜻을 찾아 선으로 이어 보세요.

1 쇠약하다 •

• ㉠ 힘이 쇠하고 약하다.

2 여의다 •

• ㉡ 부모나 사랑하는 사람이 죽어서 이별하다.

3~4 다음 문장의 빈칸에 들어갈 알맞은 낱말을 찾아 색칠해 보세요.

3 내가 좋아하는 작가가 새로운 책을 [   ].

열다   내다

4 그는 자신이 바라는 [   ]인 세계를 그림으로 그렸다.

이상적   부정적

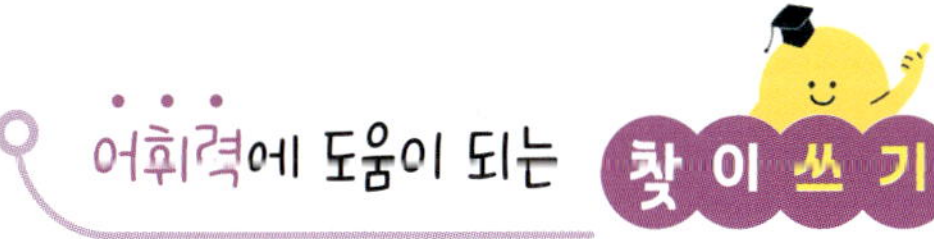

5~6 다음 그림을 보고 문장의 빈칸에 알맞은 낱말을 이 글에서 찾아 써 보세요.

5  → 결혼한 그는 두 명의 [자][ ]을/를 두었다.

6  → [불][ ]을/를 겪고 슬퍼하는 친구를 위로했다.

왕이 잠든 곳, 종묘에 가다

❶ 지난 주말 부모님과 함께 종묘에 다녀왔다. 어머니께서 우리나라 역사를 알 수 있는 곳으로 나들이를 가면 좋겠다고 하셨기 때문이었다. 종묘는 조선 시대 역대 왕과 왕비의 위패를 모시고 제사를 지낸 곳이라고 했다. 설명을 듣고 나니 더욱 궁금하고 기대가 되었다.

❷ 종묘에 도착한 우리를 맞이한 것은 정문 앞에 세워진 하마비였다. 하마비는 말에서 내리라고 알리는 비석으로, 누구든지 그 앞을 지날 때에는 말에서 내려야 했다고 한다. 그만큼 종묘는 예의를 지켜야 하는 곳이었다.

❸ 종묘에 있는 건물들을 보며 우리 조상들의 지혜와 솜씨를 느낄 수 있었다. 그중 가장 인상 깊었던 건물은 정전이었다. 옆으로 길쭉한 모양이 신기했기 때문이다. 정전은 모두 19개의 칸으로 이루어져 있는데 각 칸에는 왕과 왕비의 위패가 모셔져 있다고 했다. 위패가 늘어날수록 건물 옆에 또 다른 건물을 이어 짓느라 건물의 길이가 점점 길어졌다는 사실이 흥미로웠다.

❹ 조선 시대의 역사가 담긴 문화재를 보고 오니 시간 여행을 다녀온 듯한 기분이 들었다. 그리고 우리나라 역사에 대해 더 공부해 보고 싶다는 생각도 들었다.

공부한 날

월 일

관련 교과 초등국어 2-1
차례대로 말해요

| 낱말 풀이 |

• **역대** 대대로 이어 내려온 여러 대. 또는 그동안

• **위패** 죽은 사람의 이름과 죽은 날짜 등을 적은 나무패

• **모시다** 웃어른이나 존경하는 이를 가까이에서 받들다.

• **맞이하다** 오는 것을 예의로 받아들이다.

• **비석** 역사적으로 중요한 것을 기념하기 위하여 돌에 글을 새기어 세워 놓은 것

• **문화재** 역사나 문학, 예술 등에서 문화적 가치가 있다고 여겨져 보호해야 할 대상으로 정해진 것

내용 들여다보기

STEP 1 핵심 내용 정리하기

① 지난 주말 부모님과 함께 ☐☐에 다녀왔다.

↳ 종묘는 조선 시대 역대 왕과 왕비의 위패를 모시고 제사를 지낸 곳이라고 했다.

② 종묘에 도착한 우리를 맞이한 것은 정문 앞에 세워진 ☐☐☐였다.

↳ 하마비는 말에서 내리라고 알리는 비석으로, 누구든지 ~ 말에서 내려야 했다고 한다.

↳ 종묘는 예의를 지켜야 하는 곳이었다.

③ 가장 인상이 깊었던 건물은 ☐☐이었다.

↳ 옆으로 ☐☐☐ 모양이 신기했기 때문이다.

↳ 모두 19개의 칸으로 ~ 왕과 왕비의 위패가 모셔져 있다고 했다.

④ 조선 시대 역사가 담긴 문화재를 보고 오니 시간 여행을 다녀온 기분이 들었다.

우리나라 ☐☐에 대해 더 공부해 보고 싶다는 생각도 들었다.

STEP 2 짜임 이해하기

① 조선 시대 왕과 왕비의 (   )를 모시고 제사를 지내는 종묘에 다녀옴.

② (   )에서 내리라고 알리는 비석인 하마비를 정문 앞에서 봄.

③ 옆으로 길쭉한 모양이 신기해서 (   )이 인상 깊었음.

④ 우리나라 역사에 대해 더 공부하고 싶어짐.

STEP 3 내용 요약하기

✎ 지난 주말 부모님과 종묘에 가서

화제 파악 **1** 이 글에 대한 설명으로 알맞은 것은 어느 것인가요? (   )

① 영화를 보고 난 뒤 감상을 쓴 글이다.

② 친구에게 자신의 마음을 전하기 위해 쓴 글이다.

③ 어떤 일을 하는 방법에 대해 설명하기 위해 쓴 글이다.

④ 어떤 장소를 다녀와서 알게 된 점과 느낀 점을 쓴 글이다.

⑤ 책을 읽고 난 뒤 책의 내용과 생각이나 느낀 점을 쓴 글이다.

내용 이해 **2** 이 글의 글쓴이가 종묘에 가게 된 까닭은 무엇인가요? (   )

① 학교 숙제를 하기 위해서

② 학교에서 현장 체험 학습을 가게 되어서

③ 책에서 종묘에 대한 설명을 읽고 흥미가 생겨서

④ 종묘에서 행사가 열린다는 소식을 듣고 구경을 하고 싶어서

⑤ 어머니께서 우리나라 역사를 알 수 있는 곳으로 나들이를 가면 좋겠
  다고 하셔서

구조 이해 **3** 상황과 그에 알맞은 글쓴이의 생각이나 느낌을 선으로 이어 보세요.

(1) 종묘를 보러 가기 전	·	· ㉠	우리나라 역사에 대해 더 공부해 보고 싶어졌다.
(2) 종묘에서 정전을 보았을 때	·	· ㉡	옆으로 길쭉한 모양이 신기했다.
(3) 종묘를 보고 난 뒤	·	· ㉢	궁금하고 기대가 되었다.

내용 추론 **4** 이 글을 읽고 알게 된 점을 알맞게 말한 것에 ○표 해 보세요.

(1) 종묘가 세워진 것을 보니 조선 시대에는 제사 지내는 것을 중요하
   게 여겼다는 것을 알 수 있다. ------------------------ (   )

(2) 하마비가 세워진 것을 보니 말을 타고 가는 것이 걸어가는 것보다
   예의를 지키는 행동이었다는 것을 알 수 있다. ------------ (   )

1~2 다음 뜻에 알맞은 낱말을 보기 에서 찾아 써 보세요.

보기

위패   비석

1 ☐ : 죽은 사람의 이름과 죽은 날짜 등을 적은 나무패

2 ☐ : 역사적으로 중요한 것을 기념하기 위하여 돌에 글을 새기어 세워 놓은 것

3~4 다음 문장의 빈칸에 들어갈 알맞은 낱말을 보기 에서 찾아 써 보세요.

보기

역대   문화재

3 자랑스러운 우리나라의 ☐ 를 보호해야 한다.

4 ☐ 노래 대회 우승자를 모아 왕중왕전을 열었다.

어휘력에 도움이 되는 **찾아 쓰기**

5~6 다음 그림을 보고 문장의 빈칸에 알맞은 낱말을 이 글에서 찾아 써 보세요.

5 마음을 다해 부모님을 모☐☐.

6 반가운 손님을 정성껏 맞☐☐☐.

채식을 위한 음식은 어떤 것들이 있을까?

채식을 위한 식품에는 우리가 알고 있는 채소나 과일, 곡물 이외에, 고기를 대신하기 위해 진짜 고기처럼 만든 인공 고기인 대체육이 있어요. 고기를 만들면서 생겨나는 생태계 파괴, 지구 온난화 등을 막기 위한 식품이기도 하지요. 대체육은 콩 등의 식물성 단백질을 사용해서 만들기도 하고, 동물의 근육 줄기세포를 배양해서 만들기도 해요.

태양계 밖에는 무엇이 있을까?

우리가 살고 있는 태양계 밖에는 무엇이 있을까요? 태양계는 우리은하에 속해 있어요. '우리'라는 말을 붙인 것은 지구, 즉 태양계가 속한 은하라고 해서 붙여진 것이에요. 우주에는 별들과 가스, 먼지로 이루어진 은하가 1,000억 개도 넘는데, 우리은하도 그중의 하나이지요. 우리은하를 옆에서 보면 은하 중심부가 약간 부풀어 있는 원반 모양이에요. 은하수는 지구에서 맨눈으로 볼 수 있는 우리은하의 모습이에요.

허난설헌이 쓴 글은 무슨 내용일까?

글과 시를 잘 썼던 허난설헌의 작품에는 「규원가」라는 작품이 있어요. 집으로 돌아오지 않는 남편을 기다리는 여인의 절절한 마음을 노래한 작품이에요. 시 속의 여인은 남편과 처음 만났던 젊은 시절을 회상하면서, 외롭고 서글픈 상황에서 남편을 원망하면서도 그리워하고 있어요. 남편을 기다리는 쓸쓸하고 외로운 마음이 잘 나타나 있지요. 허난설헌이 남긴 작품을 통해 그녀가 얼마나 힘든 삶을 살았었는지 짐작해 볼 수 있어요.

생활

맛있는 피자를 만들어요

일일 학습을 마치고, 워크북으로 생각을 정리해 보세요. 워크북 • 32쪽

❶ 피자를 먹어 본 적 있나요? 피자는 이탈리아˙ 남부˙ 나폴리 지방에서 만들어 먹던 음식이에요. 우리나라에는 미군을 통해 전해져서 오늘날 많은 사람들이 즐겨 먹는 음식이 되었어요.

❷ 피자를 만드는 과정˙은 간단해요˙. 피자에서 가장 중요한 것은 둥글넓적한 반죽인 도우예요. 도우는 밀가루를 반죽˙한 다음, 반죽을 돌려 둥글게 만들어요. 도우가 준비되었다면, 그 위에 토마토소스를 발라요. 그런 뒤에 여러 가지 먹을거리를 올려요. 그것을 '토핑'이라고 해요. 토핑은 취향˙에 따라 다르게 올릴 수 있어요. 토핑으로 올리고 싶은 먹을거리가 없다면, 토마토소스 위에 피자 치즈만 뿌려도 돼요. 사람들이 자주 올리는 토핑으로는 소고기, 돼지고기, 햄, 새우, 버섯, 피망, 올리브˙ 등이 있어요. 토핑을 올렸다면, 그 위에 피자 치즈를 뿌려요. 마지막으로 오븐에 넣고 구워 내면, 피자가 완성˙돼요.

공부한 날

월　　　일

관련 교과 초등국어 2-1
차례대로 말해요.

❘ 낱말 풀이 ❘

- **이탈리아** 유럽 남쪽의 지중해에 육지와 섬으로 이루어진 나라
- **남부** 어느 지역의 남쪽 부분
- **과정** 일이 진행되어 가는 모습이나 단계
- **간단하다** 사물의 내용이나 짜임새가 단순하고 간략하다.
- **반죽** 쌀가루나 밀가루 등에 물을 부어 개는 일. 또는 그렇게 개 놓은 것
- **취향** 어떤 것에 대해 사람의 흥미나 관심이 쏠리는 것
- **올리브** '올리브'라는 나무의 자주색 열매
- **완성** 만드는 물건이나 작품을 완전히 다 이룸.

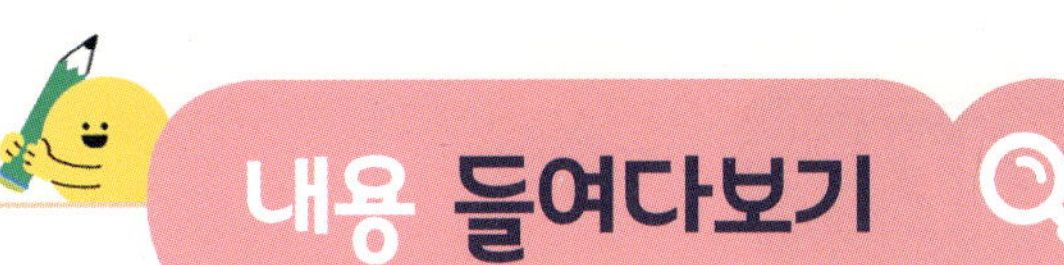

STEP 1 핵심 내용 정리하기

① ☐☐는 이탈리아 남부 나폴리 지방에서 만들어 먹던 음식이에요.

↳ 오늘날 많은 사람들이 ☐☐☐☐☐☐이 되었어요.

② 피자를 만드는 ☐☐은 간단해요.

↳ 피자에서 가장 중요한 것은 둥글넓적한 반죽인 ☐☐예요.

↳ 그 ☐에 ☐☐☐☐☐를 발라요.

↳ ☐☐☐에 여러 가지 먹을거리를 올려요. 그것을 '☐☐'이라고 해요.

↳ 토마토소스 위에 ☐☐☐☐만 뿌려도 돼요.

↳ ☐☐☐으로 ☐☐에 넣고 구워 내면, 피자가 완성돼요.

STEP 2 짜임 이해하기

① 이탈리아 음식인 ( )

② 피자를 ( ) 과정
- ( ) 만들기
- 토마토소스 바르기
- ( ) 올리기
- 피자 ( ) 뿌리기
- ( )에 굽기

STEP 3 내용 요약하기

✎ 이탈리아 음식인 피자를 만드는 과정은 먼저 ________________________

____

____

주제 파악 1 글쓴이가 이 글을 쓴 까닭으로 알맞은 것은 무엇인가요? ( )

① 피자의 맛에 대해 알려 주기 위해
② 피자를 만드는 과정을 알려 주기 위해
③ 피자를 먹으면 좋은 까닭을 알려 주기 위해
④ 피자가 우리나라에서 인기 있는 까닭을 알려 주기 위해
⑤ 피자를 먹으면 건강에 어떤 도움이 되는지를 알려 주기 위해

내용 이해 2 다음 중 피자를 만들 때 가장 중요한 것은 무엇인가요? ( )

① 도우   ② 토핑   ③ 오븐
④ 피자 치즈   ⑤ 토마토소스

내용 이해 3 이 글의 내용으로 알맞은 것은 ○표, 알맞지 않은 것은 ×표 해 보세요.

[1] 둥글넓적한 반죽을 토핑이라고 한다. ( )
[2] 피자를 만드는 마지막 과정에는 오븐이 필요하다. ( )

상황에 적용 4 다음을 읽고 할 수 있는 생각으로 알맞지 않은 것은 무엇인가요? ( )

> 도우에 토마토소스를 바르고, 토핑을 올려 오븐에 구우면 피자를 만들 수 있어요. 토핑은 취향에 따라 다르게 올릴 수 있어요. 토핑으로 올리고 싶은 먹을거리가 없다면, 토마토소스 위에 피자 치즈만 뿌려도 돼요.

① 토핑은 내 맘대로 선택해도 되겠어.
② 피자를 만들 때 도우는 꼭 필요하겠어.
③ 피자는 스파게티를 만드는 과정과 비슷하구나.
④ 피자를 만드는 과정을 알게 되었으니까 한번 만들어 봐야지.
⑤ 도우와 토마토소스, 피자 치즈만 있어도 피자를 만들 수 있겠어.

1~2 다음 낱말의 알맞은 뜻을 찾아 선으로 이어 보세요.

1 취향 •

• ㉠ 사물의 내용이나 짜임새가 단순함.

2 간단 •

• ㉡ 어떤 것에 대해 사람의 흥미나 관심이 쏠리는 것

3~4 다음 문장의 빈칸에 들어갈 알맞은 낱말을 찾아 색칠해 보세요.

3 이 레몬 주스를 만드는 [　　] 을 알고 싶어.

과정　　　　과장

4 오랜 시간이 걸려 드디어 그림이 [　　] 되었다.

시작　　　　완성

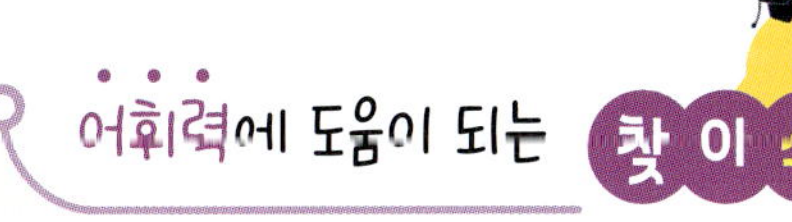

5~6 다음 그림을 보고 문장의 빈칸에 알맞은 낱말을 이 글에서 찾아 써 보세요.

5 

밀가루에 물을 넣고 [반　　] 을/를 했다.

6 

제주도는 우리나라 [남　　] 에 있다.

규칙은 없으면 안 되나요?

일일 학습을 마치고, 워크북으로 생각을 정리해 보세요. 워크북 · 34쪽

공부한 날

월 일

관련 교과 초등 안전한 생활 1-1
안전한 길

❶ 규칙은 여러 사람이 어떤 일을 할 때 서로 지키도록 정한 약속이에요. 버스를 탈 때 줄을 서거나, 수업 시간에는 떠들거나 돌아다니지 않는 것 등이 모두 규칙이에요. 규칙을 지키는 것은 생각보다 어려워요.

❷ 규칙이 없다면 어떤 일이 벌어질까요? 규칙이 없으면 많은 사람들이 자기 마음대로 할 거예요. 먼저 버스를 타려고 서로 밀치다가 다치는 사람이 생기기도 하고, 수업 시간에 떠들고 돌아다니는 친구들 때문에 공부를 제대로 할 수가 없을 수도 있어요. 우리는 여러 사람과 함께 살고 있기 때문에 규칙이 없으면 불편한 일이 많이 생겨요. 또 우리가 사는 세상에는 복잡하고 위험한 것이 많아요. 그래서 규칙이 없다면 사고가 일어나거나 다칠 수도 있어요.

❸ 특히 어떤 규칙은 지키지 않으면 큰 사고가 나기도 해요. 그런 규칙에는 '횡단보도를 건널 때에는 초록불로 바뀌고 나서 좌우에 차가 있는지 살펴보고 천천히 걸어서 건넌다.', '횡단보도가 아닌 곳에서는 도로를 건너지 않는다.', '도로 근처에서는 공놀이를 하지 않는다.' 등이 있어요. 도로에는 차가 다니기 때문에 규칙을 지키지 않으면 사고가 나서 생명을 잃을 수도 있어요. 안전하게 생활하기 위해 우리는 규칙을 지켜야 해요.

┃ 낱말 풀이 ┃

- **밀치다** 힘껏 밀다.
- **불편** 이용하기에 어려움이 많음.
- **복잡하다** 많은 사람들이 한곳에 빽빽이 모여 어수선하다.
- **위험** 안전하지 않고, 사고나 피해가 생길 수 있음.
- **횡단보도** 자동차가 다니는 큰 길을 사람이 안전하게 건너갈 수 있도록 도로의 바닥에 선을 그어 표시한 곳
- **좌우** 왼쪽과 오른쪽
- **도로** 사람이나 차 등이 잘 다닐 수 있게 만들어 놓은 비교적 넓은 길
- **생명** 사람이 살아서 숨 쉬고 활동할 수 있게 하는 힘

내용 들여다보기

STEP 1 핵심 내용 정리하기

❶ ☐☐은 여러 사람이 어떤 일을 할 때 서로 지키도록 정한 ☐☐이에요.

❷ 규칙이 ☐☐☐ 어떤 일이 벌어질까요?

↳ 규칙이 없으면 많은 사람들이 자기 ☐☐☐☐ 할 거예요.

↳ 규칙이 없으면 ☐☐한 일이 많이 생겨요.

↳ ☐ 우리가 사는 세상에는 복잡하고 위험한 것이 많아요.

↳ ☐☐☐ 규칙이 없다면 사고가 일어나거나 ☐☐ 수도 있어요.

❸ ☐☐ 어떤 규칙은 지키지 않으면 큰 ☐☐가 나기도 해요.

↳ ☐☐하게 생활하기 위해 우리는 규칙을 ☐☐☐ 해요.

STEP 2 짜임 이해하기

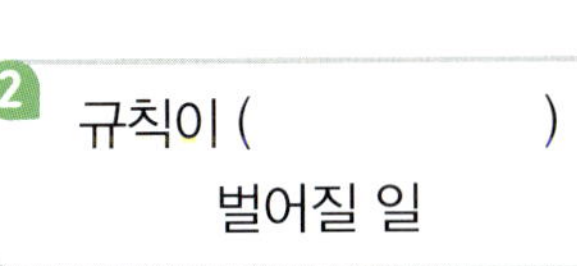

STEP 3 내용 요약하기

✎ 규칙은 여러 사람이 어떤 일을 할 때 서로 지키도록 정한 약속으로, 규칙이 없을 때는

특히 어떤 규칙은 지키지 않으면

화제 파악

1 이 글에서 글쓴이가 설명하는 것은 무엇인가요? (   )

① 사고　　　　　② 규칙　　　　　③ 버스

④ 횡단보도　　　⑤ 수업 시간

내용 이해

2 규칙을 지키지 않으면 벌어질 수 있는 일로 알맞지 <u>않은</u> 것을 <u>모두</u> 고르세요. (   )

① 다칠 수 있다.　　　　　② 더욱 안전해진다.

③ 큰 사고가 날 수 있다.　④ 불편한 일이 많이 생긴다.

⑤ 공부를 제대로 할 수 있다.

내용 추론

3 다음 중 규칙을 지키지 않은 친구는 누구인지 이름을 써 보세요.

> **지은**: 도서관에서 책을 빌리려고 줄을 섰어.
>
> **원우**: 수업 시간 전에 교과서를 챙겨 책상에 올려놨어.
>
> **지형**: 친구들과 복도에서 누가 더 빠른지 달리기 시합을 했어.

(   )

상황에 적용

4 의 상황에서 규칙을 지키는 행동으로 알맞은 것은 무엇인가요?

(   )

보기

횡단보도에서 신호가 빨간불로 바뀌었어요.

① 초록불로 바뀌면 건너야지.

② 횡단보도에서 막 뛰어가야지.

③ 횡단보도에서 공놀이하면서 건너야지.

④ 좌우에 차가 있는지 살펴보고 건너야지.

⑤ 차가 없으니까 횡단보도가 아닌 곳에서 건너야지.

1~2 다음 낱말의 알맞은 뜻을 찾아 선으로 이어 보세요.

1 복잡 •

• ㉠ 이용하기에 어려움이 많음.

2 불편 •

• ㉡ 많은 사람들이 한곳에 빽빽이 모여 어수선함.

3~4 다음 문장의 빈칸에 들어갈 알맞은 낱말을 찾아 색칠해 보세요.

3 길을 건널 때는 □□□를 살펴봐야 해.

상하 　　　 좌우

4 큰 사고가 났지만 환자는 다행히 □□을 구했다.

생명 　　　 생각

어휘력에 도움이 되는 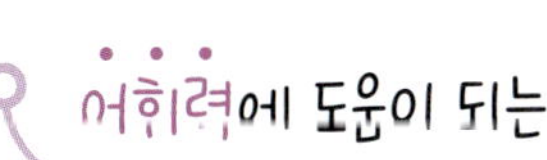 

5~6 다음 그림을 보고 문장의 빈칸에 알맞은 낱말을 이 글에서 찾아 써 보세요.

5  → 친구가 나를 갑자기 밀□□.

6  → 교실이 정리되지 않아 복□□해 보인다.

음식은 어떻게 똥이 될까요?

❶ 우리는 하루에 여러 번 음식을 먹어요. 우리가 먹는 음식은 어디로 갈까요? 우리 몸에는 음식이 지나가는 길이 있어요.

❷ 음식이 지나가는 길은 어디일까요? 음식을 입안에 넣으면 침샘˙에서 침이 나와요. 침은 음식을 미끈미끈하게 만들어서 목구멍으로 잘 넘길 수 있게 해요. 침이 섞인 음식은 이로 씹힌 뒤 목에 있는 식도를 지나가요. 식도는 엄지손가락만 한 굵기˙의 통로˙로, 음식이 지날 때 옆으로 넓어지며 음식을 위로 보내요. 위는 쪼글쪼글한 주름이 잔뜩˙ 있는 곳이에요. 위에 음식이 들어오면 주름이 펴지면서 음식을 담은 후 죽처럼 부드럽게 만들어요. 위에서 부드럽게 만들어진 음식은 작은창자로 가요. 작은창자는 손가락만큼 가늘고, 길이는 아이들 일곱 명이 손을 벌리고 나란히 선 만큼 길어요. 음식은 이곳에서 3시간 정도 머물면서 더 곱게 으깨지고, 작은창자는 우리 몸에 필요한 영양분˙을 음식으로부터 빨아들여요. 영양분이 빠져나간 음식 찌꺼기는 큰창자로 가요. 큰창자는 음식 찌꺼기에 남아 있는 물을 빨아들여요. 그리고 남은 음식 찌꺼기는 똥이 되어요.

❸ 우리가 먹는 음식은 몸속에서 여러 길을 지나고, 우리의 몸속 여러 기관은 그 과정에서 우리 몸에 필요한 영양분을 흡수˙해요. 그리고 음식 찌꺼기는 똥이 되어 우리 몸 바깥˙으로 내보내져요.

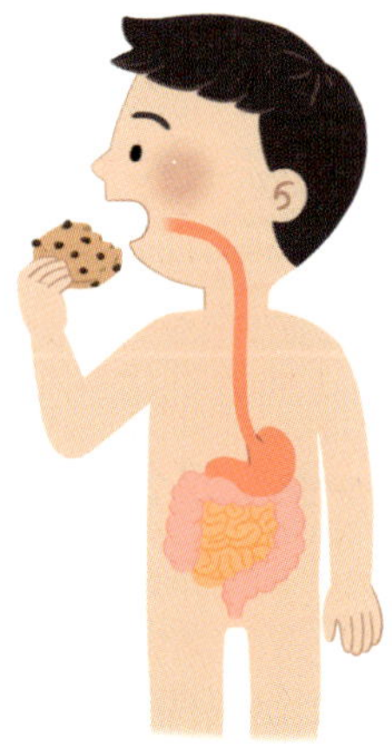

낱말 풀이

- **침샘** 침을 내보내는 샘
- **굵기** 긴 물건의 몸통 둘레가 큰 것
- **통로** 어느 곳에서 다른 곳으로 가기 위해 거쳐야 하는 길이나 길목
- **잔뜩** 보통보다 양이 많거나 어떤 정도가 심히
- **영양분** 생물이 몸을 유지하고 성장하고 활동하는 데 필요한 성분
- **흡수** 생물이 자기에게 필요한 물질이나 영양분을 몸 안으로 빨아들임.
- **바깥** 밖이 되는 곳

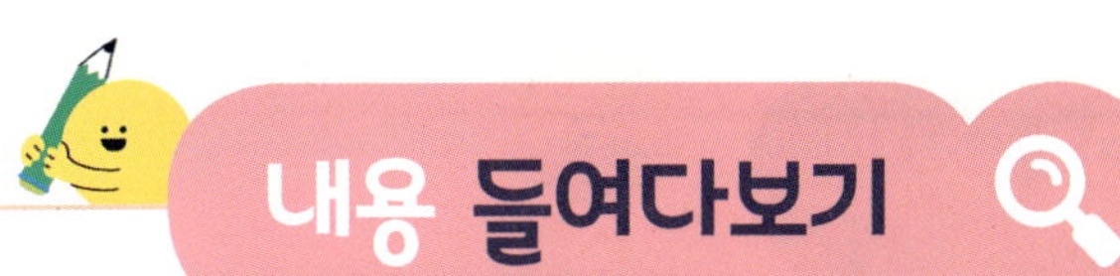

STEP 1 핵심 내용 정리하기

1 우리 몸에는 ☐☐이 지나가는 ☐이 있어요.

2 음식이 지나가는 길은 ☐☐일까요?

↳ 음식을 ☐☐에 넣으면 침샘에서 ☐이 나와요.

↳ 침이 섞인 음식은 ☐로 씹힌 뒤 목에 있는 ☐☐를 지나가요.

↳ 식도는 ~ 음식이 지날 때 옆으로 넓어지며 음식을 ☐로 보내요.

↳ 위에서 부드럽게 만들어진 음식은 ☐☐☐☐로 가요.

↳ 영양분이 빠져나간 음식 찌꺼기는 ☐☐☐로 가요.

↳ 남은 음식 찌꺼기는 똥이 되어요.

3 우리가 먹는 음식은 몸속에서 여러 길을 지나고, 우리의 몸속 여러 기관은 그 과정에서 우리 몸에 필요한 ☐☐☐을 흡수해요.

↳ 그리고 ☐☐☐☐☐는 똥이 되어 몸 바깥으로 내보내져요.

STEP 2 짜임 이해하기

1 우리 몸에는 음식이 지나가는 (   )이 있음.

2 음식이 지나가는 길

입안 → 식도 → (   ) → 작은창자 → (   )

3 몸의 여러 기관은 음식에서 영양분을 (   )하고, 음식 찌꺼기는 (   )이 되어 몸 바깥으로 내보내짐.

STEP 3 내용 요약하기

✎ 우리 몸에서 음식이 지나가는 길은 ________________________ ,

음식은 몸의 길을 지나면서 ________________________

주제 파악 1 이 글을 쓴 까닭으로 알맞은 것은 무엇인가요? (　　　)

① 식도의 생김새를 알려 주기 위해

② 밥을 어떻게 먹는지 알려 주기 위해

③ 우리 몸속의 모습을 자세히 알려 주기 위해

④ 작은창자와 큰창자의 크기 차이를 알려 주기 위해

⑤ 우리 몸에서 음식이 지나가는 길을 알려 주기 위해

내용 이해 2 이 글의 내용으로 알맞은 것은 ○표, 알맞지 <u>않은</u> 것은 ×표 해 보세요.

[1] 침은 음식을 미끈하게 해서 작은창자로 보낸다. ·········· (　　　)

[2] 작은창자에서는 우리 몸에 필요한 물을 빨아들인다. ····· (　　　)

내용 추론 3 '식도'에 대해 바르게 말한 친구는 누구인지 이름을 써 보세요.

> **보기**
>
> **정수** : 굵기가 엄지손가락만 해.
>
> **소민** : 음식을 죽처럼 부드럽게 만드는 일을 해.
>
> **혜란** : 3시간 정도 음식이 머물면서 영양분을 빨아들이는 곳이야.

(　　　　)

상황에 적용 4 를 읽고, '스파게티'가 다음으로 지나갈 곳에 ○표 해 보세요.

> **보기**
>
> 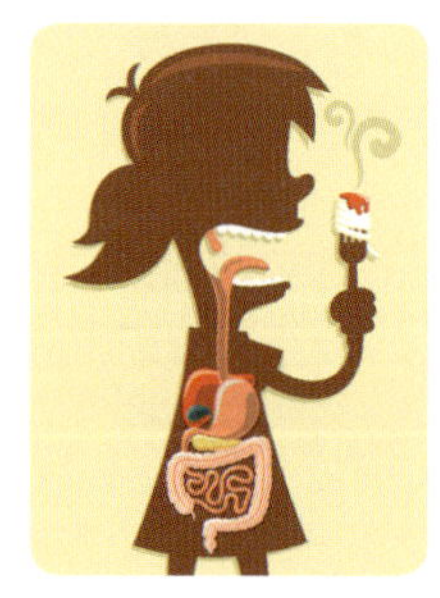
>
> 나는 스파게티야. 은서가 나를 방금 입안에 넣었어. 나는 미끌미끌한 침과 함께 식도를 지나 쪼글쪼글한 주름이 잔뜩 있는 곳에 도착했어. 이제 나는 어디로 가게 되는 걸까?

　입안　　　식도　　　위　　　작은창자　　　큰창자

1~2 다음 낱말의 알맞은 뜻을 찾아 선으로 이어 보세요.

1 통로 ·

· ㉠ 밖이 되는 곳

2 바깥 ·

· ㉡ 어느 곳에서 다른 곳으로 가기 위해 거쳐야 하는 길이나 길목

3~4 다음 문장의 빈칸에 들어갈 알맞은 낱말을 찾아 색칠해 보세요.

3 엄마가 사 준 연필이 서랍에 [ ] 있다.

거의   잔뜩

4 연필만한 [ ] 의 막대기를 가져다주었다.

굵기   향기

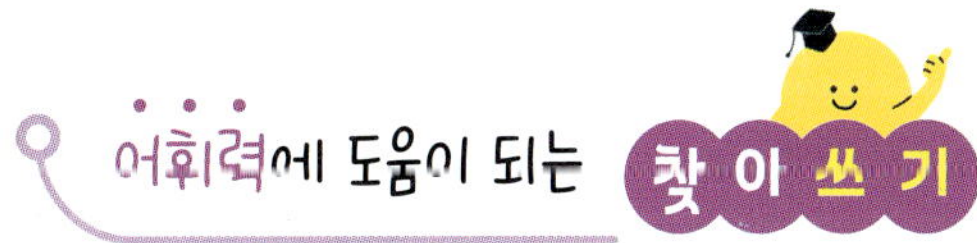

5~6 다음 그림을 보고 문장의 빈칸에 알맞은 낱말을 이 글에서 찾아 써 보세요.

5 ➡ 종이가 물을 흡[ ] 한다.

6 ➡ 두부에는 몸에 좋은 영[ ][ ] 이/가 많다.

Day 19

흥겨운 풍물놀이

공부한 날

월   일

관련 교과 겨울 1-2
여기는 우리나라

❶ 풍물놀이는 나팔, 태평소, 소고, 꽹과리, 북, 장구, 징 같은 전통 악기를 연주하면서 노래하고 춤추는 우리나라 고유의 음악을 말해요. 거리 가득 꽹과리와 장구 소리가 흥겹게 울려 퍼지고, 상모를 돌리며 덩실덩실 춤을 추는 모습에 저절로 신이 나요. 둥둥 울리는 북소리는 나도 모르게 춤을 추게 만들어요.

❷ 풍물놀이에 사용되는 전통 악기는 오래전부터 농부들이 음악을 연주할 때 썼던 악기들이에요. 전통 악기에는 입으로 불어 소리를 내는 나팔과 태평소, 채로 두드려서 소리를 내는 소고, 꽹과리, 북, 장구, 징 등이 있어요. 소고, 북, 장구는 나무로 만든 틀을 가죽으로 싸서 만드는데, 가죽으로 싸인 부분을 두드리면 둥둥, 쿵쿵 하는 웅장한 소리가 나요. 꽹과리나 징은 놋쇠로 만들어서 크고 시원한 소리가 나요.

❸ 전통 악기 중 꽹과리, 징, 장구, 북의 네 가지 악기만 가지고 연주를 하기도 해요. 이것을 '사물놀이'라고 해요. 사물놀이는 야외에서 이루어지는 풍물놀이를 좁은 공간에서도 연주할 수 있게 줄인 거예요. 네 가지 악기만 사용하기 때문에 넓은 공간이 필요한 풍물놀이와 달리 좁은 공간에서도 연주할 수 있어서 주로 작은 무대에서 공연해요.

낱말 풀이

• **전통** 어떤 집단이나 공동체에서 지난날부터 이어 내려오는 생각, 행동 등의 양식

• **상모** 풍물놀이할 때 쓰는 모자 꼭대기에 달아 머리를 흔들면 빙글빙글 돌아가도록 만든 흰 새털이나 끈 모양의 긴 종이

• **덩실덩실** 신이 나서 팔다리를 흥겹게 자꾸 놀리며 춤을 추는 모양

• **연주** 악기를 다루어 곡을 표현하거나 들려주는 일

• **틀** 물건을 받치거나 끼우거나 팽팽하게 하는 데 쓰는 테두리가 되는 물건

• **놋쇠** 구리에 아연을 섞어 만든 것으로, 그릇이나 장식품을 만드는 데 쓰임.

• **야외** 건물 밖

• **공연** 무대를 갖춘 곳에서 미리 준비된 연극, 노래, 연주 등을 사람들에게 보임.

내용 들여다보기

STEP 1 핵심 내용 정리하기

❶ ⬜⬜⬜⬜ 는 ~ 전통 악기를 ⬜⬜ 하면서 노래하고 춤추는 우리나라 고유의 음악을 말해요.

❷ 풍물놀이에 사용되는 ⬜⬜⬜⬜ 는 오래전부터 ⬜⬜⬜ 이 음악을 연주할 때 썼던 악기들이에요.

↳ 전통 악기에는 ⬜ 으로 불어 소리를 내는 나팔과 태평소, ⬜ 로 두드려서 소리를 내는 소고, 꽹과리, 북, 장구, 징 등이 있어요.

❸ 전통 악기 중 꽹과리, 징, 장구, 북의 ⬜⬜⬜ 악기만 가지고 연주를 하기도 해요.

↳ 이것을 '⬜⬜⬜⬜'라고 해요.

↳ ⬜⬜ 공간에서도 연주할 수 있어서 주로 작은 무대에서 공연해요.

STEP 2 짜임 이해하기

❶ 풍물놀이의 의미	❷ 풍물놀이에 사용되는 전통 악기	❸ (　　　　)의 의미와 특징
전통 악기를 연주하면서 노래하고 춤추는 우리나라 고유의 음악	• 입으로 불어 소리를 내는 악기인 나팔, 태평소 • 채로 (　　　　) 소리를 내는 악기인 소고, 꽹과리, 북, 장구, 징 등	네 가지 악기만 사용해 좁은 공간에서도 연주할 수 있음.

STEP 3 내용 요약하기

✎ 풍물놀이는 악기를 연주하면서 노래하고 춤추는 우리나라 고유의 음악으로, 풍물놀이를 ＿＿＿＿＿＿＿＿＿＿＿＿＿＿＿＿＿＿ 사물놀이도 있다.

1 주제 파악　이 글을 읽고 빈칸에 들어갈 알맞은 낱말을 써 보세요.

> 글쓴이는 (　　　　　)와 사물놀이에 대해 알려 주기 위해 이 글을 썼어요.

2 내용 이해　'풍물놀이'에 대한 설명으로 알맞지 <u>않은</u> 것은 무엇인가요? (　　　)

① 네 가지 전통 악기만 가지고 연주해요.

② 전통 악기를 연주하면서 노래하고 춤도 추는 음악이에요.

③ 입으로 불어 소리 내는 나팔, 태평소 등의 악기로 연주해요.

④ 나무로 만든 틀에 가죽으로 싸여 있는 북, 장구 등으로 연주해요.

⑤ 놋쇠로 만들어져 크고 시원한 소리가 나는 꽹과리나 징으로 연주해요.

3 내용 이해　'사물놀이'를 연주하는 악기가 <u>아닌</u> 것은 무엇인가요? (　　　)

① 징　　　　　　② 북　　　　　　③ 장구

④ 나팔　　　　　⑤ 꽹과리

4 상황에 적용　보기 의 내용을 보아, 공연 포스터에서 <u>잘못</u> 표현된 부분은 무엇인가요?

(　　　)

> **보기**
>
> 풍물놀이는 많은 사람과 넓은 공간이 필요해서 주로 야외에서 공연해요.

① 악기

② 공연 시간

③ 공연 장소

④ 공연 제목

⑤ 공연 참가자

1~2 다음 낱말의 알맞은 뜻을 찾아 선으로 이어 보세요.

1 공연 •

• ㉠ 어떤 집단이나 공동체에서 지난날부터 이어 내려오는 생각, 행동 등의 양식

2 전통 •

• ㉡ 무대를 갖춘 곳에서 미리 준비된 연극, 노래, 연주 등을 사람들에게 보임.

3~4 다음 문장의 빈칸에 들어갈 알맞은 낱말을 찾아 색칠해 보세요.

3 피아노 [ ]을/를 들으니 마음이 편안해진다.

연설   연주

4 어두운 밤, 별빛 아래에서 [ ] 공연이 시작되었다.

야외   실내

어휘력에 도움이 되는 **찾 아 쓰 기**

5~6 다음 그림을 보고 문장의 빈칸에 알맞은 낱말을 이 글에서 찾아 써 보세요.

5 → 초콜릿을 녹여서 [ ]에 부었다.

6 → 선생님을 따라 음악에 맞춰 [덩   ] 춤을 추었다.

행복한 왕자

❶ 어느 도시에 '행복한 왕자'라는 동상*이 서 있었어요. 마침 그곳을 지나던 제비 한 마리가 눈물을 흘리고 있는 행복한 왕자를 보았어요. 왕자는 제비에게 자신의 몸에 붙어 있는 보석을 떼어 가난한 사람들에게 나눠 달라고 부탁*했어요.

❷ 제비는 겨울이 되기 전에 따뜻한 나라로 날아가야 했지만, 행복한 왕자의 부탁을 들어주기 위해 남기로 결정했어요. 제비는 왕자의 심부름*으로 왕자의 눈과 칼자루에 있는 보석과 온몸의 금붙이*를 떼어 가난한 사람들에게 나눠 주었어요.

❸ 행복한 왕자를 돕느라 떠나지 못한 제비는 겨울이 되자, 행복한 왕자의 발밑에서 죽음을 맞이했어요. 제비가 죽자, 왕자의 납으로 된 심장은 두 조각으로 쪼개졌어요. 다음 날 아침, 시장과 시 의원들은 보석도 금도 없어진 행복한 왕자 동상을 보고, "아름답지 않은 동상은 더 이상 필요가 없지요."라며 동상을 용광로*에 녹이기로 결정했어요.

❹ 그런데 이상하게도 행복한 왕자의 깨진 심장은 용광로 속에서도 녹지 않았어요. 사람들은 행복한 왕자의 심장과 죽은 제비를 쓰레기통에 버렸어요. 하느님은 천사에게 명령했어요. "저 도시에 가서 제일 귀중한* 것을 두 개만 찾아오너라." 천사는 납으로 된 심장과 죽은 제비를 가져왔어요. 하느님은 제대로 찾아왔다고 천사를 칭찬하며 "제비는 천국의 정원*에서 영원히 노래를 부를 것이고, 행복한 왕자는 그 노래를 영원히 들을 것이다."라고 말했어요.

내용 들여다보기

STEP 1 핵심 내용 정리하기

❶ 어느 도시에 '＿＿＿＿＿'라는 동상이 서 있었어요.

  ↳ 왕자는 ＿＿에게 ~ 보석을 떼어 가난한 사람들에게 나눠 달라고 부탁했어요.

❷ 제비는 ~ 행복한 왕자의 ＿＿을 들어주기 위해 남기로 결정했어요.

  ↳ 제비는 ~ ＿＿과 온몸의 금붙이를 떼어 가난한 사람들에게 나눠 주었어요.

❸ 제비는 겨울이 되자, 행복한 왕자의 발밑에서 ＿＿을 맞이했어요.

  ↳ 제비가 죽자, 왕자의 납으로 된 ＿＿이 두 조각으로 쪼개졌어요.

  시장과 시 의원들은 ~ 동상을 ＿＿＿에 녹이기로 결정했어요.

❹ 하느님은 ~ "저 도시에 가서 제일 ＿＿＿ 것을 두 개만 찾아오너라."

  ↳ 천사는 납으로 된 ＿＿과 죽은 ＿＿를 가져왔어요.

STEP 2 짜임 이해하기

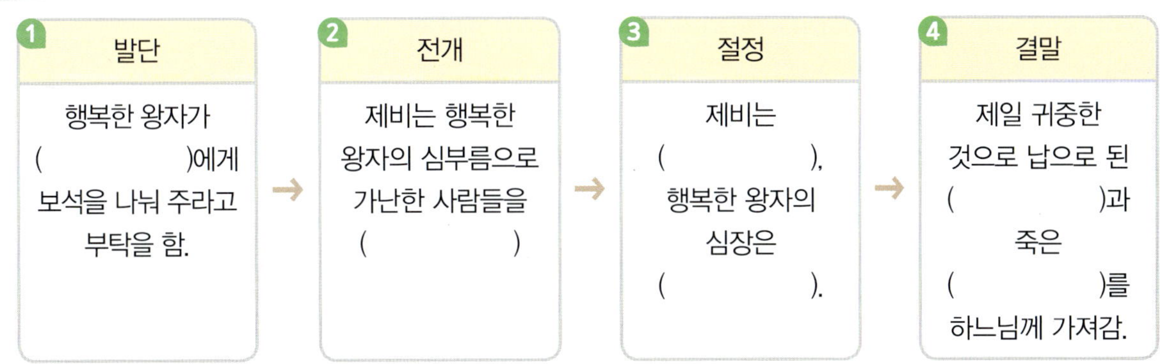

❶ 발단	❷ 전개	❸ 절정	❹ 결말
행복한 왕자가 (　　　)에게 보석을 나눠 주라고 부탁을 함.	제비는 행복한 왕자의 심부름으로 가난한 사람들을 (　　　)	제비는 (　　　), 행복한 왕자의 심장은 (　　　).	제일 귀중한 것으로 납으로 된 (　　　)과 죽은 (　　　)를 하느님께 가져감.

STEP 3 내용 요약하기

✎ 행복한 왕자는 제비에게 부탁해서 가난한 사람들을 도와주었고, 하느님의 명령을 받은 천사는

문제로 확인하기

화제 파악 **1** 다음 빈칸에 들어갈 등장인물의 이름을 순서대로 써 보세요.

> 이 동화는 (   )의 심부름으로 (   )가 가난한 사람들을 돕는 이야기입니다.

내용 이해 **2** 다음 빈칸에 들어가기에 알맞은 왕자의 마음을 써 보세요.

> 가난한 사람들에게 자신의 보석과 금붙이를 나눠 주고 싶어 하는 것으로 보아, 왕자의 마음은 (   ).

내용 추론 **3** 왕자의 심장이 두 조각으로 쪼개진 까닭은 무엇인가요? (   )

① 하느님이 자신을 버려서
② 심장이 너무 오래되어서
③ 자신의 보석이 모두 사라져서
④ 시장이 심장을 녹인다고 결정해서
⑤ 심부름하던 제비가 죽어 마음이 아파서

비판과 평가 **4** 다음을 읽고 할 수 있는 생각으로 알맞은 것을 <u>모두</u> 고르세요. (   )

> 사람들은 행복한 왕자의 심장과 죽은 제비를 쓰레기통에 버렸어요. 그러나 하느님은 이 두 개가 도시에서 제일 귀중한 것이라고 했어요.

① 사람들과 하느님은 무엇이 귀중한지 잘 알고 있어.
② 사람들은 행복한 왕자와 제비를 귀중히 여기지 않았어.
③ 행복한 왕자와 제비는 사람들을 도와주느라 불행했을 거야.
④ 행복한 왕자와 제비는 하느님의 심부름으로 사람들을 도와주었어.
⑤ 하느님은 가난한 사람을 도운 행복한 왕자와 제비를 귀중히 여겼어.

1~2 다음 낱말의 알맞은 뜻을 찾아 선으로 이어 보세요.

1 부탁 •

• ㉠ 어떤 일을 해 달라고 청하거나 맡김.

2 심부름 •

• ㉡ 남이 시키는 일을 하여 주는 일

3~4 다음 문장의 빈칸에 들어갈 알맞은 낱말을 찾아 색칠해 보세요.

3 우리집 뒤뜰에는 비밀의 [　　] 이 있어.

정상　　　　　　정원

4 단단한 칼을 만들기 위해 철을 [　　] 에서 녹였다.

용암　　　　　　용광로

어휘력에 도움이 되는 **찾아 쓰기**

5~6 다음 그림을 보고 문장의 빈칸에 알맞은 낱말을 이 글에서 찾아 써 보세요.

5 ➡ 세종대왕의 [동 |] 앞에 사람들이 모이다.

6 ➡ 엄마가 남기신 목걸이가 나에게는 [귀 |] 하다.

피자는 어떻게 생겨난 음식일까?

먼 옛날 페르시아 다리우스 황제의 병사들이 밀가루 반죽을 방패에 구워서 치즈와 대추야자를 그 위에 얹어 먹은 것이 피자의 시작이라고 해요. 시간이 지나면서 올리브 오일, 허브, 꿀, 잣, 치즈 등 다양한 재료를 빵 위에 얹어서 피자를 즐기기 시작했어요. 또 서기 79년에 이탈리아의 폼페이와 나폴리 일부 지역을 덮었던 화산 폭발 현장에는 오늘날 피자 가게와 비슷한 가게들이 보존되어 있다고 해요.

음식에는 어떤 영양소가 있을까?

탄수화물은 우리 몸에 필요한 힘을 내게 해 주는 것으로 밥, 빵, 국수 등에 들어 있어요. 단백질은 피와 살을 만들어 주는 것으로 고기, 생선, 콩 등에 들어 있어요. 지방은 힘을 내고 체온을 유지시켜 주는 것으로 기름, 땅콩, 호두 등에 많이 들어 있어요. 칼슘은 뼈와 이를 튼튼하게 해 주는 것으로 우유, 치즈 등에 들어 있어요. 비타민과 무기질은 몸의 각 부분이 일을 잘 하게 도와주는 것으로 채소, 과일 등에 많이 들어 있어요.

풍물놀이는 언제 하는 놀이였을까?

우리나라에서는 예로부터 농촌에서 모내기를 하는 봄이나 벼를 베던 가을, 또는 설과 같은 명절에 어느 마을에서나 농악놀이를 했어요. '풍물'이라는 말은 징이나 꽹과리, 북과 같이 농악에 쓰이는 악기를 이르는 말이에요. 옛사람들은 풍물놀이가 시작되면 깃발, 의상, 전통 악기 등을 갖추고 마을 곳곳을 돌면서 춤과 음악을 즐겼어요. 우리 조상들은 풍물놀이를 통해 마을의 평화를 빌고 서로 도우며 농사일을 즐겁게 하려고 했어요.

5주

동물원에 다녀왔어요

일일 학습을 마치고, 워크북으로 생각을 정리해 보세요. 워크북 · 42쪽

공부한 날

월   일

관련 교과 **초등국어 1-2**
겪은 일을 글로 써요

❶ 오늘은 동생과 엄마, 아빠와 함께 동물원에 갔다. 동생은 판다를 보고 싶어 했고, 나는 오랑우탄이 보고 싶었다.

❷ 원숭이관은 동물원 입구●에 있었다. 그래서 오랑우탄을 먼저● 보러 갔다. 원숭이관에서 사육사●를 만났다. 사육사는 '오랑우탄'이라는 말이 '숲에 사는 사람'이라는 뜻이라고 말씀하셨다. 설명●을 듣고 오랑우탄을 보니, 오랑우탄이 하는 행동●이 진짜 사람같이 보였다. 사육사는 오랑우탄 새끼를 안아 보라고 들고 나오셨다. 처음으로 오랑우탄을 안아 봤는데, 아기처럼 내 품●에 안기는 오랑우탄 새끼가 너무 사랑스러웠다.

❸ 다음으로 우리는 판다관으로 갔다. 판다 두 마리가 대나무 잎을 질근질근● 씹어 먹고 있었는데, 꼭 움직이는 인형 같았다. 동생이 손에 들고 있던 판다 인형을 판다에게 보여 주자, 판다가 인형을 쳐다봐서 동생이 신이 났다.

❹ 다리가 너무 아파서 판다관을 끝으로 동물원 나들이●를 마쳤다. 동생과 내가 좋아하는 동물을 모두 볼 수 있어서 행복한 시간이었다. 다음에는 다른 동물을 만나러 동물원에 또 가고 싶다.

│ 낱말 풀이 │

• **입구** 들어가는 통로

• **먼저** 시간적으로나 순서상으로 앞서서

• **사육사** 동물원에서 동물을 기르거나 훈련하는 일을 직업으로 하는 사람

• **설명** 어떤 일이나 대상의 내용을 상대편이 잘 알 수 있도록 밝혀 말함.

• **행동** 몸을 움직여 동작을 하거나 어떤 일을 함.

• **품** 두 팔을 벌려서 안을 때의 가슴

• **질근질근** 질깃한 물건을 자꾸 씹는 모양

• **나들이** 집을 떠나 가까운 곳에 잠시 다녀오는 일

내용 들여다보기

STEP 1　핵심 내용 정리하기

❶ 오늘은 동생과 엄마, 아빠와 함께 　　　에 갔다.

❷ 　　　　을 먼저 보러 갔다.

↳ 처음으로 오랑우탄을 안아 봤는데, ~ 너무 　　　　　　.

❸ 　　　　 우리는 　　　으로 갔다.

↳ 판다 두 마리가 ~ 꼭 움직이는 　　 같았다.

❹ 다리가 너무 아파서 판다관을 끝으로 동물원 나들이를 　　　.

↳ 　　　　 다른 동물을 만나러 동물원에 또 가고 싶다.

STEP 2　짜임 이해하기

❶ 가족과 함께 (　　　　)에 감.

❷ 원숭이관
- 사육사의 설명을 들으며 오랑우탄을 봄.
- 사랑스러운 오랑우탄 (　　　　　)를 안아 봄.

❸ 판다관
- 인형 같은 (　　　　) 두 마리를 봄.
- 판다가 판다 (　　　　　)을 모사 동생이 신이 남.

❹
- 다리가 아파서 동물원 나들이를 마침.
- (　　　　) 시간이었음.
- 다른 동물을 만나러 동물원에 또 가고 싶음.

STEP 3　내용 요약하기

✎ 동물원에 간 우리 가족은 원숭이관에서 ________________________________

____

그리고 판다관에서 ________________________________

화제 파악 **1** 이 글을 읽고, 다음 빈칸에 들어갈 알맞은 낱말을 써 보세요.

> 이 글은 글쓴이가 (   )에 다녀와서 쓴 기행문이에요.

내용 이해 **2** 다음 중 '나'가 본 것으로 알맞지 <u>않은</u> 것은 무엇인가요? (   )

① 판다   ② 대나무   ③ 원숭이
④ 오랑우탄   ⑤ 오랑우탄 새끼

구조 이해 **3** 우리 가족이 동물원에서 간 곳과 그곳에서 느낀 점을 선으로 이어 보세요.

(1) 원숭이관 •   • ㉠ 판다가 인형을 쳐다봐서 신이 났다.

(2) 판다관 •   • ㉡ 오랑우탄 새끼를 품에 안으니 너무 사랑스러웠다.

상황에 적용 **4** 다음을 읽고 할 수 있는 생각으로 알맞지 <u>않은</u> 것은 무엇인가요? (   )

> 사육사는 "오랑우탄은 '숲에서 사는 사람'이라는 뜻이에요. 오랑우탄은 나무 위에서 사는데, 주로 과일을 먹고 살아요. 거의 매일마다 새로운 둥지를 만들고, 새끼들은 대부분 암컷이 키워요."라고 설명해 주셨어요.

① 오랑우탄은 사람과 다르게 나무 위에서 사는구나.
② 거의 매일마다 새로운 둥지를 만드는 건 사람과 달라.
③ 숲에서 사는 사람이라니, 오랑우탄이 사람과 비슷한가 봐.
④ 숲에서 사는 사람은 모두 오랑우탄이라고 생각하면 되겠어.
⑤ 오랑우탄은 과일을 주로 먹지만, 사람은 고기와 채소도 모두 먹어.

1~2 다음 낱말의 알맞은 뜻을 찾아 선으로 이어 보세요.

1 설명 •

• ㉠ 몸을 움직여 동작을 하거나 어떤 일을 함.

2 행동 •

• ㉡ 어떤 일이나 대상의 내용을 상대편이 잘 알 수 있도록 밝혀 말함.

3~4 다음 문장의 빈칸에 들어갈 알맞은 낱말을 찾아 색칠해 보세요.

3 풍선껌을 [　　　] 씹어 먹었다.

　　오글오글　　　　질근질근

4 동생이 나에게 선물을 [　　　] 주었어요.

　　먼저　　　　언제

어휘력에 도움이 되는 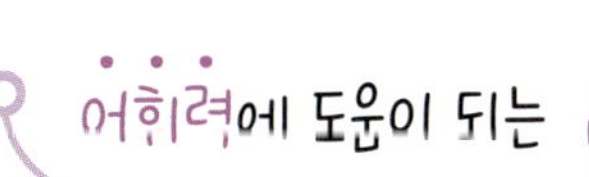 찾아쓰기

5~6 다음 그림을 보고 문장의 빈칸에 알맞은 낱말을 이 글에서 찾아 써 보세요.

5 

➡ 엄마가 나를 [　　] 에 꼭 안았다.

6 

➡ 친구와 동물원 [입][　] 에서 만나기로 했다.

공부한 날

월　　　일

관련 교과 가을 1-2
현규의 추석

추석에는 무엇을 하나요?

① 추석은 설날처럼 큰 명절•이에요. 추석은 '한가위'라고도 해요. 한가위는 '크다'는 뜻의 '한'과 '가운데'라는 뜻의 '가위'를 합친• 말로, '가을의 한가운데'를 말해요. 추석에는 그 해에 처음으로 거둔 곡식, 과일과 송편을 조상•에게 올리고, 이웃과 먹을 것을 나누어요.

② 추석에 먹는 음식으로는 송편, 토란국, 전 등이 있어요. 송편은 새로 거둔 쌀로 만드는데, 보름달이나 반달 모양으로 빚어서 솔잎을 깔고 쪄요. 토란국은 흙 속에서 자라는 토란으로 끓이는 국이고, 전은 여러 재료를 얇게 썰어 밀가루와 달걀을 묻힌 후 기름에 지진• 음식이에요.

③ 추석에 즐기는 놀이로는 강강술래, 가마•싸움 등이 있어요. 강강술래는 풍작•을 비는 놀이로, 밝은 보름달이 뜬 밤에 수십 명의 마을 부녀자•들이 손을 잡고 동그랗게 원을 만들어 도는 거예요. 강강술래를 할 때는 한 사람이 먼저 노래를 부르면 다른 사람이 이어 받아 노래를 불러요. 가마싸움은 두 편•으로 나누어 바퀴가 4개 달린 가마를 앞세우고 양편이 반대편의 가마에 접근해 가마를 부수거나 깃발을 빼앗으면 이기는 놀이예요.

｜ 낱말 풀이 ｜

• **명절** 해마다 일정하게 지키어 즐기거나 기념하는 때

• **합치다** '여럿이 한데 모이다'라는 뜻의 '합하다'를 강조하여 쓰는 말

• **조상** 돌아간 어버이 위로 대대의 어른

• **지지다** 불에 달군 판에 기름을 바르고 전 따위를 부쳐 익히다.

• **가마** 예전에, 한 사람이 안에 타고 둘이나 넷이 들거나 메던, 조그만 집 모양의 탈것

• **풍작** 농작물을 다른 해에 비해 훨씬 많이 거둔 것

• **부녀자** 결혼한 여자와 어른이 된 여자를 모두 이르는 말

• **편** 맞서고 있는 두 무리 가운데 어느 한 무리를 가리키는 말

내용 들여다보기

STEP 1 핵심 내용 정리하기

① ☐☐ 은 설날처럼 큰 명절이에요.

  ↳ 추석은 '☐☐☐'라고도 해요.

  ↳ 그 해에 처음으로 거둔 곡식, 과일과 송편을 ☐☐ 에게 올리고, ☐☐ 과 먹을 것을 나누어요.

② 추석에 먹는 ☐☐ 으로는 ☐☐, 토란국, 전 등이 있어요.

③ 추석에 즐기는 ☐☐ 로는 ☐☐☐☐, 가마싸움 등이 있어요.

STEP 2 짜임 이해하기

① 추석의 뜻	② 추석에 먹는 (　　　　)	③ 추석에 즐기는 (　　　　)
가을의 한가운데	• (　　　　): 새로 거둔 쌀로 보름달이나 반달 모양으로 빚어 솔잎을 깔고 찜. • 토란국: 토란으로 끓이는 국 • (　　　　): 얇게 썬 재료에 밀가루와 달걀을 묻혀 기름에 지짐.	• 강강술래: (　　　　)이 뜬 밤에 원을 만들어 도는 놀이 • (　　　　): 두 편으로 나누어 상대의 기미를 부수기나 깃발을 빼앗는 놀이

STEP 3 내용 요약하기

✎ 추석은 한가위로도 불리는 큰 명절로, 그 해에 거둔 여러 음식을 조상에게 올리고 이웃과 먹을 것을 나눈다. 추석에 먹는 음식으로는 ________________________

추석에 즐기는 놀이로는 ________________________

화제 파악 **1** 이 글에서 글쓴이가 설명하고 있지 <u>않은</u> 것은 무엇인가요? (   )

① 전　　　　　② 송편　　　　　③ 설날
④ 가마싸움　　⑤ 강강술래

내용 이해 **2** 이 글에서 설명하고 있는 내용의 차례대로 번호를 써 보세요.

[1] 추석에 먹는 음식	[2] 추석에 즐기는 놀이	[3] 추석의 뜻
( )	( )	( )

내용 이해 **3** 추석에 즐기는 놀이에 대한 설명으로 알맞은 것은 무엇인가요? (   )

① 가마싸움은 네 편으로 나눠서 하는 놀이예요.
② 강강술래는 겨울이 오기를 기다리는 놀이예요.
③ 강강술래는 가마를 부수거나 깃발을 뺏는 놀이예요.
④ 강강술래는 젊은 남자들이 보름달이 뜬 밤에 노는 놀이예요.
⑤ 강강술래는 부녀자들이 손을 잡고 원을 만들어 도는 놀이예요.

상황에 적용 **4** **보기**를 읽고, 빈칸에 들어갈 알맞은 말을 써 보세요.

보기

추석은 덥지도 않고 춥지도 않은 선선한 날씨에 온갖 곡식과 열매가 무르익는 계절에 있어요.

추석은 '한가위'라고 해요. 한가위는 '가을의 한가운데'를 말해요. 따라서 추석은 온갖 곡식이 익어 가는 계절인 (   )에 있는 명절이라는 것을 알 수 있어요.

 어휘력 다지기 

1~2 다음 낱말의 알맞은 뜻을 찾아 선으로 이어 보세요.

1 합치다 ·

· ㉠ 불을 달군 판에 기름을 바르고 전 따위를 부쳐 익히다.

2 지지다 ·

· ㉡ '여럿이 한데 모이다. 또는 여럿을 한데 모으다.'를 강조하여 쓰는 말

3~4 다음 문장의 빈칸에 들어갈 알맞은 낱말을 찾아 색칠해 보세요.

3 명절에는 ☐에게 제사를 지낸다.

족보   조상

4 너는 대체 누구 ☐인지 모르겠다.

편   판

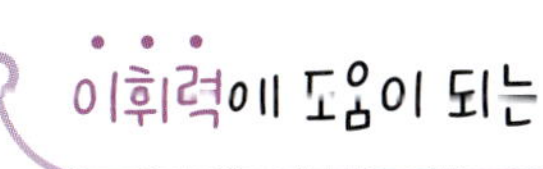 어휘력에 도움이 되는  찾아쓰기

5~6 다음 그림을 보고 문장의 빈칸에 알맞은 낱말을 이 글에서 찾아 써 보세요.

5 

➡ 올해에는 벼 농사가 잘됐어. 풍☐이야.

6 

➡ 옛날에 양반들은 가☐를 타고 다녔다.

물의 여행

❶ 우리 주변*에는 물이 많아요. 호수, 강, 바다, 논과 밭, 그리고 비온 뒤의 웅덩이에도 물이 있어요. 눈에 보이지 않지만 공기*와 흙 속에도 물이 있어요. 이렇게 우리가 사는 지구는 4분의 3은 물로 이루어져 있어요.

❷ 지구의 물은 돌고 돌아요. 강물과 바닷물은 날마다 햇빛을 받아 수증기*로 바뀌어요. 풀과 나무, 우리 몸이나 동물의 몸에 있는 물도 수증기가 되어 공기 속으로 들어가요. 수증기는 하늘 높이 올라간 후 공기가 차가워지면 식어서* 작은 물방울로 바뀌어요. 이렇게 작은 물방울이 수없이 많이 모이면 구름이 되어요. 구름 속 물방울들이 서로 달라붙어* 무거워지면 비가 되어 내려요. 날씨가 아주 추워지면 하늘에 있던 빗방울이 얼어 눈이나 우박*이 되어 땅에 떨어져요. 땅에 떨어진 물은 강으로 흐르거나 땅속으로 스며들어요. 그리고 강물은 바다로 흘러가고,* 물의 여행이 다시 시작돼요. 이렇게 물은 바다에서 하늘로, 하늘에서 땅으로, 다시 바다로 돌고 돌아요. 물은 쉴 새 없이 지구의 여러 곳을 돌고 돌면서, 생명*을 살리고 키워요.

┃ 낱말 풀이 ┃

- **주변** 어떤 사물로부터 얼마 떨어지지 않은 근처
- **공기** 지구 표면을 둘러싼 기체의 아랫 부분에 있으며 생물이 숨을 쉴 때 사용하는 기체
- **수증기** 기체 상태로 되어 있는 물
- **식다** 물체의 높은 온도가 내려가다.
- **달라붙다** 끈기 있게 찰싹 붙다.
- **우박** 큰 물방울들이 갑자기 찬 기운을 만나 얼어 떨어지는 얼음덩어리
- **흘러가다** 높은 곳에서 낮은 곳으로 흐르면서 나아가다.
- **생명** 동물과 식물의, 생물로서 살아 있게 하는 힘

내용 들여다보기

STEP 1 핵심 내용 정리하기

❶ 우리가 매일 입는 [ ]은 잘 망가지지 않아요.

↳ 달리기를 하거나 무거운 물건을 들어도, 세탁을 해도 옷은 [ ][ ]해요.

❷ [ ][ ] 옷을 만들려면 어떤 [ ][ ]의 옷을 만들지 정해야 해요.

↳ 옷의 모양을 정한 다음에는 옷의 [ ][ ]를 정해요.

↳ [ ][ ][ ][ ] 어떤 [ ][ ]으로 옷을 만들지 정해요.

↳ 옷감이 정해지면 ~ 몸의 [ ][ ][ ]로 나누어 옷 모양을 그려요.

↳ [ ][ ]이 완성되면 ~ 옷감을 자르고, 꿰맬 곳에 맞게 옷감을 [ ][ ][ ]해요.

↳ [ ][ ][ ]으로 ~ 단추나 고무줄, 지퍼를 달면 한 벌의 옷이 [ ][ ] 돼요.

STEP 2 짜임 이해하기

❶ 우리가 매일 입는 튼튼한 ( )

❷ 튼튼한 옷을 ( ) 과정

① 옷의 ( ) 정하기
② 옷의 ( ) 정하기
③ ( ) 정하기
④ ( ) 옷본 그리기
⑤ 옷감 자르기
⑥ 옷감 ( )하기
⑦ 단추나 고무줄, 지퍼, 장식 등을 달아 옷 ( )하기

STEP 3 내용 요약하기

✎ 우리가 매일 입는 튼튼한 옷을 만들려면 먼저 ....

....

옷본이 완성되면 ....

주제 파악 1 이 글을 읽고 다음 빈칸에 알맞은 말을 써 보세요.

> 글쓴이는 우리가 매일 입는 튼튼한 (　　　　　　)을 알려 주기 위해 이 글을 썼어요.

내용 이해 2 이 글의 내용으로 알맞은 것은 ○표, 알맞지 <u>않은</u> 것은 ×표 해 보세요.

[1] 옷의 크기는 옷감의 크기를 재서 정해요. ················ (　　　)

[2] 옷을 만들려면 종이에 옷의 생김새를 자세히 그려요. ··· (　　　)

[3] 자를 곳, 꿰맬 곳 등을 그리는 것을 바느질이라고 해요. (　　　)

내용 이해 3 다음 중, 옷을 만드는 과정이 <u>아닌</u> 것은 무엇인가요? (　　　)

① 바느질하기　　　　② 옷본 그리기
③ 종이 붙이기　　　　④ 몸의 크기 재기
⑤ 옷 모양 그리기

상황에 적용 4 보기 를 읽고 옷본에서 <u>잘못된</u> 부분을 바르게 설명한 것은 무엇인가요?
(　　　)

보기

옷본을 만들 때는 몸을 움직여도 불편하지 않게 자를 곳, 접을 곳, 꿰맬 곳을 꼼꼼히 그려요.

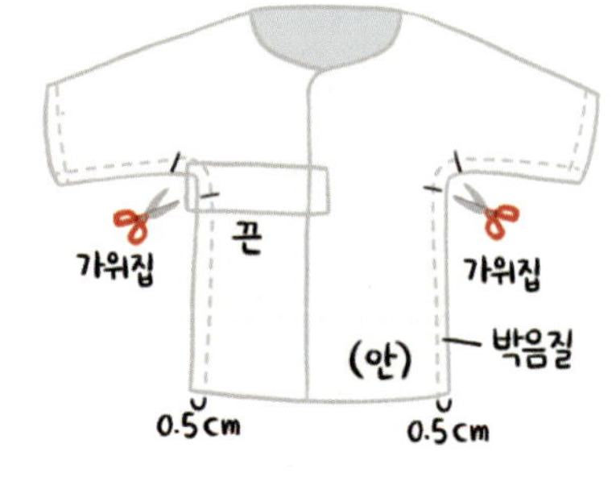

▲ 몸에 딱 맞는 티셔츠의 옷본

① 꿰맬 곳이 그려져 있지 않아요.
② 접을 곳이 그려져 있지 않아요.
③ 자를 곳이 그려져 있지 않아요.
④ 끈 표시가 그려져 있지 않아요.
⑤ 튼튼한 치마를 만들 수 있어요.

 어휘력 다지기 

1~2 다음 낱말의 알맞은 뜻을 찾아 선으로 이어 보세요.

1 화려하다 ·   · ㉠ 바닥이 고르고 판판하다.

2 평평하다 ·   · ㉡ 환하게 빛나며 곱고 아름답다.

3~4 다음 문장의 빈칸에 들어갈 알맞은 낱말을 찾아 색칠해 보세요.

3 여름에는 시원한 [   ]으로 옷을 만든다.

예감   옷감

4 업혀 있으니 아빠의 [   ]이 매우 넓다는 생각이 들었다.

등판   심판

어휘력에 도움이 되는 **찾아쓰기**

5~6 다음 그림을 보고 문장의 빈칸에 알맞은 낱말을 이 글에서 찾아 써 보세요.

5 → 가방의 [지][ ] 이/가 고장났다.

6 → 공원 의자의 [생][ ][ ] 이/가 특이하다.

우리나라의 전통 색깔

일일 학습을 마치고, 워크북으로 생각을 정리해 보세요.   워크북 • 50쪽

공부한 날

월   일

관련 교과 겨울 1-2
여기는 우리나라

❶ 빨강, 파랑, 노랑, 초록, 하늘……. 세상에는 다양한 색깔이 있어요. 오래전부터 사람들은 색깔에 특별한 의미를 담았어요. 예를 들어, 중국에서는 빨강에 '복을 받는다.'는 뜻을 담아, 결혼식 같은 특별한 날에 빨강색으로 된 옷을 입고, 물건을 사용했어요.

❷ 우리나라 사람들은 어떤 특별한 의미를 색깔에 담았을까요? 우리나라 사람들은 오래전부터 노랑, 파랑, 하양, 빨강, 검정의 다섯 가지 색깔을 주로 사용했어요. 이 다섯 가지 색깔을 우리나라 전통 색깔인 '오방색'이라고 해요.

❸ 오방색은 중앙, 동쪽, 서쪽, 남쪽, 북쪽의 다섯 방위를 나타내는 색이에요. 노랑은 중앙, 파랑은 동쪽, 하양은 서쪽, 빨강은 남쪽, 검정은 북쪽을 뜻해요. 이 중 노랑은 가장 귀한 색으로 여겨져 임금님의 옷을 만드는 데 사용되었어요. 오방색은 우리나라 태극기에도 나타나요. 태극기를 살펴보면, 태극 무늬는 빨강과 파랑, 네 모서리의 4괘는 검정, 바탕은 하양으로 되어 있어요. 그리고 태극기를 달 때 사용하는 깃봉에는 노랑이 사용돼요. 이 외에도 어린아이의 색동저고리, 조각보나 공예품에도 오방색이 사용되어요.

낱말 풀이

- **의미** 말이나 글의 뜻
- **복** 삶에서 누리는 좋고 만족할 만한 행운
- **방위** 공간의 어떤 점이나 방향이 한 기준의 방향에 대하여 나타내는 어떠한 쪽의 위치
- **모서리** 물체의 모가 진 가장자리
- **괘** 중국 고대 전설 속 제왕인 복희씨가 지었다는 글자로, 태극기의 모서리에 있는 검정 부분이 괘임.
- **바탕** 물체의 바닥 부분
- **깃봉** 깃대 끝에 만든 꽃봉오리 모양의 꾸밈새
- **공예품** 실용적이면서 예술적 가치가 있게 만든 물건

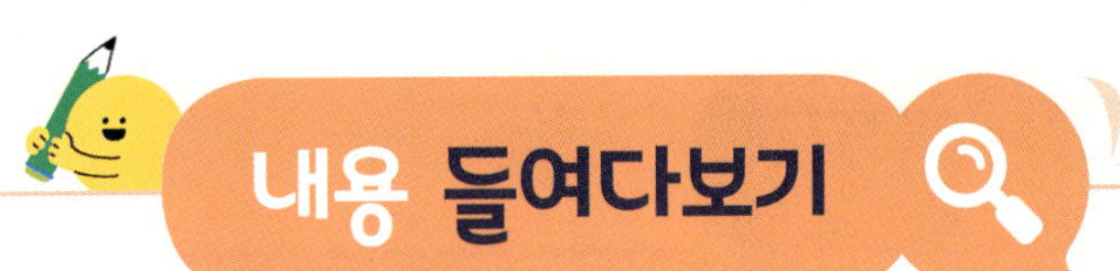

STEP 1 　핵심 내용 정리하기

❶ 오래전부터 사람들은 색깔에 특별한 ☐☐ 를 담았어요.

　↳ ☐☐☐☐ , 중국에서는 ☐☐ 에 '복을 받는다.'는 뜻을 담아 ~ 사용했어요.

❷ ☐☐☐☐ 사람들은 어떤 특별한 ☐☐ 를 색깔에 담았을까요?

　우리나라 사람들은 ~ ☐☐☐☐ 색깔을 주로 사용했어요.

　↳ 이 다섯 가지 색깔을 우리나라 전통 색깔인 '☐☐☐'이라고 해요.

❸ 오방색은 ~다섯 ☐☐ 를 나타내는 색이에요.

　↳ 노랑은 중앙, 파랑은 동쪽, 하양은 서쪽, 빨강은 남쪽, 검정은 북쪽을 뜻해요.

　↳ 오방색은 우리나라 ☐☐☐ 에도 나타나요.

　↳ 어린아이의 ☐☐☐☐☐ , 조각보나 공예품에도 오방색이 사용되어요.

STEP 2 　짜임 이해하기

❶ 의미를 담은
（　　　　　）

❷ 우리나라의 전통
색깔인 （　　　　　）

❸
• 오방색의 뜻: 중앙(　　　　　), 동쪽
　(　　　　　), 서쪽(　　　　　), 남쪽
　(　　　　　), 북쪽(　　　　　)의 다섯 방위
　를 나타내는 색
• 오방색이 사용된 예: (　　　　　), 색동저고리,
　조각보, (　　　　　)

STEP 3 　내용 요약하기

✎ 오래 전부터 사람들은 색깔에 특별한 의미를 담았다. 우리나라 사람들은 _______________

____

____

화제 파악

1 이 글에서 글쓴이가 설명하고 있는 것은 무엇인가요? (   )

① 초록의 의미　　② 중국의 전통 색깔　　③ 방위를 찾는 방법

④ 우리나라 전통 색깔　⑤ 태극기를 다는 방법

내용 추론

2 다음 중 오방색이 사용된 물건이 아닌 것은 무엇인가요? (   )

① 　　② 　　③ 

④ 　　⑤ 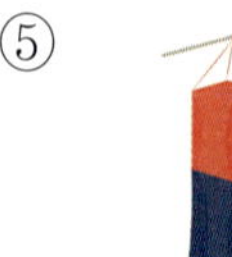

내용 이해

3 오방색과 색이 나타내는 방위를 선으로 이어 보세요.

(1)	(2)	(3)	(4)	(5)

ㄱ 동쪽　　ㄴ 중앙　　ㄷ 서쪽　　ㄹ 북쪽　　ㅁ 남쪽

상황에 적용

4  보기 를 읽고, 빈칸에 들어갈 알맞은 말을 골라 ○표 해 보세요.

> **보기**
>
> 오늘날 빨강은 정지, 금지, 위험이라는 뜻으로 쓰여요. 그래서 소방차의 색깔이 빨강이에요.

> 옛날에 빨강은 남쪽이라는 의미로 쓰였어요. 하지만 오늘날에 빨강은 다른 의미로도 쓰여요. 이처럼 시대에 따라 색깔의 의미는 (달라지기도 해요 / 항상 같아요).

1~2 다음 낱말의 알맞은 뜻을 찾아 선으로 이어 보세요.

1 모서리 •   • ㉠ 물체의 모가 진 가장자리

2 바탕 •   • ㉡ 물체의 바닥 부분

3~4 다음 문장의 빈칸에 들어갈 알맞은 낱말을 찾아 색칠해 보세요.

3 나는 네 말의 □□□ 를 알아듣지 못하겠어.

의미   의지

4 설날에는 "새해 □□□ 많이 받으세요."라고 인사해요.

복   화

어휘력에 도움이 되는 **찾아 쓰기**

5~6 다음 그림을 보고 문장의 빈칸에 알맞은 낱말을 이 글에서 찾아 써 보세요.

5 → 도자기 공 □ □ 만드는 것을 보았다.

6 → 나침반으로 방 □ 을/를 찾아보았다.

설 명절에는 무엇을 하고 무엇을 먹을까?

새해가 되는 설 전날 밤에 잠을 자면 눈썹이 센다는 말이 있어요. 그래서 옛날 사람들은 설 전날에 잠을 자지 않으려고 했어요. 그리고 떡국을 먹어야 나이를 한 살 더 먹는다고 해서 설날에는 가래떡으로 만든 떡국을 먹어요. 설날의 대표적인 놀이로는 널뛰기와 연 날리기가 있어요. 연을 멀리 날려 보내면 나쁜 기운을 물리칠 수 있다고 믿었어요.

물은 어떻게 생명을 살리고 키울까?

물은 지구를 순환하면서 생명체의 생명을 유지하게 해 줘요. 지구의 모든 생물들은 몸 안으로 물이 들어오고 나가는 순환 기능을 가지고 있지요. 사람의 몸은 70%가 물로 이루어져 있어요. 우리는 매일 물을 마시면서 몸속으로 물이 흐르게 하며 몸 밖으로 배출하는 것을 반복해요. 물이 부족하면 근육이 굳어지고 뇌의 기능이 떨어지며 뼈가 힘을 잃게 되지요. 그러므로 수시로 충분한 양의 물을 마셔서 몸 안에 물이 충분히 있도록 해야 해요.

우리나라에서 오방색의 의미는 어떻게 나타날까?

오방색은 우리나라의 음식 문화에도 영향을 주었어요. 조선 시대에는 음식의 색깔도 오방색을 모두 갖추는 것이 완전하다고 생각했어요. 따라서 밥과 반찬을 다양한 색깔로 준비해서 먹었어요. 비빔밥을 보면 고기는 빨간색, 밥은 흰색, 기름은 노란색, 채소는 푸른색, 발효 식품은 검은색으로 오방색을 갖추었지요. 이처럼 오방색은 복을 가져온다는 의미를 담고 오랫동안 우리나라 고유의 색으로 사용되고 있어요.

6주

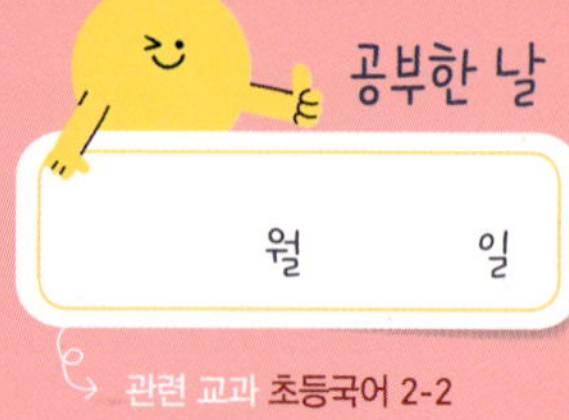

공부한 날

월   일

우리집 고양이, 구름이

일일 학습을 마치고, 워크북으로 생각을 정리해 보세요.  워크북 • 52쪽

1 우리 가족은 엄마, 아빠, 나 그리고 구름이 이렇게 넷이에요. 회색 털에 발만 하얀 구름이는 특별한 가족이에요. 우리와 함께 살고 있는 반려•동물이거든요. 비 오는 어느 날, 아빠가 엄마 고양이를 잃고 길에서 떨고 있는 아기 고양이를 발견•했어요. 아기 고양이를 그대로 두면 얼어 죽거나 유기묘• 보호소에서 죽을 수도 있다고 해서 아기 고양이는 우리와 함께 살게 되었어요.

2 구름이는 자동차 소리를 제일 무서워해요. 그래서 마당에 자동차가 들어오는 소리가 들리면 재빨리 냉장고 위로 도망가요. 또 겁이 많아서 쥐나 벌레도 무서워해요. 그래서 나는 구름이와 함께 있을 때면 벌레를 쫓아• 주고는 해요.

3 구름이는 다른 고양이들처럼 사료•보다는 생선을 좋아해요. 고양이는 소금이 많이 든 음식을 먹으면 안 된대요. 그래서 엄마는 구름이에게 줄 생선에는 소금을 치지• 않아요. 또 구름이는 마당에서 키우는 풀을 너무 좋아해요. 구름이가 마당에 나가면 후다닥• 달려가서 풀을 뜯어• 먹기에 바빠요.

| 낱말 풀이 |

• **반려** 짝이 되는 동물
• **발견** 미처 찾아내지 못했거나 아직 알려지지 않은 사물이나 현상, 사실 따위를 찾아냄.
• **유기묘** 내다 버려진 고양이
• **쫓다** 어떤 자리에서 떠나도록 몰다.
• **사료** 가축에게 주는 먹을거리
• **치다** 적은 분량의 액체를 따르거나 가루 따위를 뿌려서 넣다.
• **후다닥** 갑자기 빠른 동작으로 뛰거나 몸을 움직이는 모양
• **뜯다** 풀 따위를 뽑거나 떼다.

내용 들여다보기

STEP 1   핵심 내용 정리하기

❶ 우리 ☐☐은 엄마, 아빠, 나 그리고 구름이 이렇게 ☐이에요.

↳ 구름이는 ~ 우리와 함께 살고 있는 ☐☐ 동물이거든요.

비 오는 어느 날, ~ 아빠가 아기 ☐☐☐를 ☐☐했어요.

↳ ☐☐ 수도 있다고 해서 아기 고양이는 우리와 함께 ☐☐ 되었어요.

❷ 구름이는 ☐☐☐ 소리를 제일 ☐☐☐☐☐.

☐ 겁이 많아서 ☐나 벌레도 무서워해요.

❸ 구름이는 ~ ☐☐을 ☐☐☐☐.

☐ 구름이는 마당에서 키우는 ☐을 너무 좋아해요.

STEP 2   짜임 이해하기

❶ ( )와 함께 살게 된 이유	❷ 구름이가 ( )히는 것	❸ 구름이가 ( )하는 것
길에 그대로 두면 얼어 죽거나 ( ) 보호소에서 죽을 수 있기 때문임.	( ) 소리, ( ), 벌레	소금 치지 않은 ( ), 마당에서 키우는 ( )

STEP 3   내용 요약하기

✎ 우리집 고양이 구름이는 .... 함께 살게 되었다.

구름이는 ....

주제 파악 **1** 글쓴이가 이 글을 쓴 까닭으로 알맞은 것은 무엇인가요? (   )

① 아빠 소개 ② 친구 가족 소개 ③ 나의 정보 소개
④ 반려동물 소개 ⑤ 유기묘 보호소 소개

내용 이해 **2** 이 글의 내용으로 알맞은 것은 ○표, 알맞지 <u>않은</u> 것은 ✕표 해 보세요.

(1) 구름이는 하얀 털에 발만 회색이다. —————— (   )
(2) 구름이는 비 오는 날 오빠가 처음 발견했다. —————— (   )
(3) 구름이는 자동차 소리가 나면 후다닥 도망간다. ———— (   )

내용 추론 **3** 구름이가 무서워하는 것과 좋아하는 것을 보기 에서 골라 써 보세요.

보기				
풀	자동차 소리	벌레	생선	쥐

무서워하는 것	좋아하는 것

상황에 적용 **4** 다음 글을 읽고 질문의 답으로 알맞은 것을 <u>모두</u> 고르세요. (   )

> 버려진 고양이가 유기묘 보호소로 가면, 한동안은 보살펴 줘요. 하지만 오랫동안 주인을 만나지 못하면 죽을 수 있어요. 보살펴야 할 고양이의 수가 너무 많아지기 때문이에요. 구름이가 유기묘 보호소로 보내졌다면 무슨 일을 겪었을까요?

① 전염병에 걸렸을 것이다.
② 다시 길거리에 버려졌을 것이다.
③ 한동안 보살핌을 받았을 것이다.
④ 사람들의 놀림거리가 되었을 것이다.
⑤ 새 주인을 만나지 못하면 죽게 되었을 것이다.

1~2 다음 낱말의 알맞은 뜻을 찾아 선으로 이어 보세요.

1　뜯다　·

·㉠ 적은 분량의 액체를 따르거나 가루 따위를 뿌려서 넣다.

2　치다　·

·㉡ 풀 따위를 뽑거나 떼다.

3~4 다음 문장의 빈칸에 들어갈 알맞은 낱말을 찾아 색칠해 보세요.

3　너구리가 풀 사이에 숨어 있는 것을 [　　] 했다.

발생　　　　발견

4　[　　]는 사람이 먹는 게 아니라, 동물이 먹는 음식이다.

재료　　　　사료

어휘력에 도움이 되는 **찾아 쓰기**

5~6 다음 그림을 보고 문장의 빈칸에 알맞은 낱말을 이 글에서 찾아 써 보세요.

5

→ 술래 몰래 후[　][　] 커튼 뒤로 숨었다.

6

→ 우리 동네는 집집마다 반[　] 동물을 키운다.

대형 상점의 돈은 어디로 갈까요?

공부한 날

월   일

관련 교과 가을 1-2
동네 한 바퀴

❶ 상점에 가면 필요한 물건이나 음식 재료를 돈으로 살 수 있어요. 대형 상점에는 물건을 팔거나 사는 사람들, 산더미 같이 쌓인 물건들, 맛있는 음식을 파는 식당, 쇼핑을 하다가 쉬는 공간 등이 있어요. 그리고 대형 상점에는 카트가 있어서 많은 물건을 싣고 다니면서 쇼핑하기 편리해요. 상점에 가면 사람들이 물건을 산 뒤에 계산대에서 돈을 내요. 물건과 돈을 바꾸는 거예요.

❷ 우리가 낸 돈은 어디로 갈까요? 계산대에서 받은 돈은 전부 대형 상점을 운영하는 회사로 들어가요. 회사는 상점에 진열할 물건을 사고, 상점을 운영하는 데 필요한 전기세와 세금을 내는 데 돈을 사용해요. 상점을 찾는 사람들이 이용하는 화장실 등을 청소하는 데에도 돈을 사용해요. 또 돈을 많이 벌면, 매장의 크기를 늘리는 데 돈을 쓰기도 해요. 그리고 회사는 상점에서 일하는 사람에게 월급을 줘요. 상점에서 일하는 사람이 월급을 받으면, 생활에 필요한 물건이나 음식을 상점에서 돈을 주고 사기도 해요.

｜낱말 풀이｜

• **카트** 물건을 실어 나를 수 있도록 만든 작은 손수레

• **계산대** 은행·상점 등에서 계산하기 위하여 마련한 곳

• **운영** 조직이나 기업 등을 관리하거나 맡아서 경영함.

• **진열** 여러 사람에게 보이기 위하여 물건을 죽 벌여 놓음.

• **전기세** 전기를 사용한 비용

• **세금** 나라를 운영하는 데 필요한 비용을 국민으로부터 거두어들이는 것

• **매장** 물건을 파는 장소

• **월급** 한 달 동안 일한 대가로 받는 일정 금액의 돈

내용 들여다보기

STEP 1 핵심 내용 **정리하기**

❶ ☐☐에 가면 ~ 물건이나 음식 재료를 ☐으로 살 수 있어요.

상점에 가면 사람들이 물건을 산 뒤에 계산대에서 ☐을 내요.

❷ 우리가 낸 돈은 ☐☐☐ 갈까요?

↳ 계산대에서 받은 돈은 전부 대형 상점을 운영하는 ☐☐로 들어가요.

↳ 회사는 상점에 진열할 ☐☐을 사고, 상점을 ☐☐하는 데 ~ 돈을 사용해요.

↳ 상점을 찾는 사람들이 이용하는 화장실 등을 ☐☐하는 데에도 돈을 사용해요.

↳ ☐☐의 크기를 ☐☐☐ 데 돈을 쓰기도 해요.

↳ 회사는 상점에서 일하는 사람에게 ☐☐을 줘요.

STEP 2 짜임 **이해하기**

❶ 대형 (　　　　　)에서 할 수 있는 것

- 물건이나 음식 재료를 (　　　　)으로 실 수 있음.
- 카트가 있어 쇼핑하기 편리함.
- 물건을 산 뒤에 계산대에서 돈을 냄.

❷ 우리가 상점에 낸 돈이 가는 곳

- 상점을 운영하는 (　　　　)로 돈이 모두 들어감.
- 싱점에 진열할 물건을 (　　　　).
- 전기세, (　　　　)을 냄.
- 화장실 등을 (　　　　)하는 데 씀.
- 매장의 (　　　　)를 늘리는 데 씀.
- 상점에서 일하는 사람에게 (　　　　)을 줌.

STEP 3 내용 **요약하기**

✎ 상점은 필요한 물건이나 음식 재료를 돈으로 살 수 있는 곳으로, ____________________

상점을 운영하는 회사에서는

돈을 사용한다.

1 화제 파악

이 글에서 글쓴이가 설명하고 있는 것을 골라 ○표 해 보세요.

[1] 돈의 역사 ──────────────────────── (　　　)

[2] 상점에서 파는 물건 ──────────────── (　　　)

[3] 상점의 돈이 사용되는 곳 ─────────── (　　　)

2 내용 이해

대형 상점을 운영하는 회사에서 돈을 쓰는 곳으로 알맞지 <u>않은</u> 것은 무엇인가요? (　　　)

① 상점의 세금　　　　　　② 화장실 청소비

③ 진열할 물건을 사는 비용　④ 장 보는 사람을 위한 세금

⑤ 상점에서 일하는 사람의 월급

3 내용 추론

다음 글을 통해 알 수 있는 내용으로 알맞은 것은 무엇인가요? (　　　)

> 사람들이 돈을 내고 물건을 사면, 대형 상점을 운영하는 회사는 그 돈으로 일하는 사람에게 월급을 줘요. 월급을 받은 사람들은 생활에 필요한 물건이나 음식을 상점에서 사기도 해요.

① 상점을 운영하는 회사 이름　② 회사에서 주는 월급의 액수

③ 상점에서 파는 음식의 종류　④ 상점에서 일하는 사람의 나이

⑤ 돈이 상점으로 다시 들어오는 과정

4 상황에 적용

보기를 읽고, 다음 빈칸에 들어갈 알맞은 말을 이 글에서 찾아 써 보세요.

보기

어제 상점에 오렌지 주스를 사러 갔더니 모두 팔려 없었어요. 그런데 오늘 다시 가 보니 오렌지 주스가 있었어요.

상점을 운영하는 회사는

____

____

데 돈을 사용해요.

1~2 다음 낱말의 알맞은 뜻을 찾아 선으로 이어 보세요.

1 매장 ·

2 진열 ·

· ㉠ 물건을 파는 장소

· ㉡ 여러 사람에게 보이기 위하여 물건을 죽 벌여 놓음.

3~4 다음 문장의 빈칸에 들어갈 알맞은 낱말을 찾아 색칠해 보세요.

3 삼촌은 큰 회사를 [　　] 한다.

　운영　　　번영

4 물건을 고른 뒤에는 [　　] 로 가면 된다.

　계산대　　　전시대

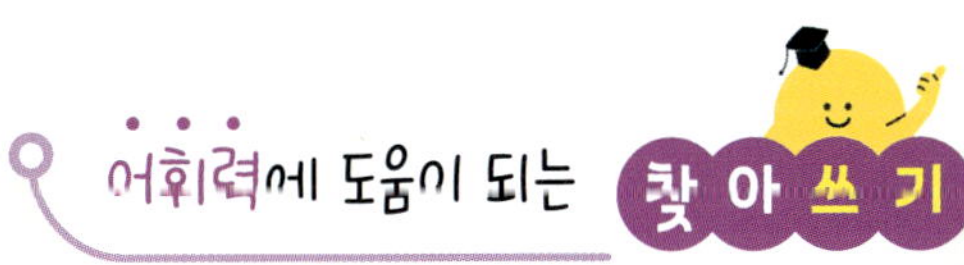

5~6 다음 그림을 보고 문장의 빈칸에 알맞은 낱말을 이 글에서 찾아 써 보세요.

5

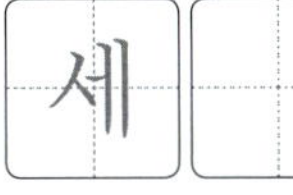 은행에서 [세][　] 에 대한 상담을 받았다.

6

열심히 일하고 [월][　] 을 받았다.

북극곰은 왜 하얄까요?

공부한 날

월   일

관련 교과 겨울 2-2
겨울 탐정대의 친구 찾기

❶ 북극은 지구의 북쪽 끝에 있는 곳이에요. 북극에 사는 동물에는 북극곰, 북극여우, 북극 순록 등이 있어요. 북극에 사는 동물들은 공통점이 있어요. 모두 하얀 털을 지니고 있다는 거예요. 북극에 사는 동물들의 털이 하얀 까닭은 무엇일까요?

❷ 자연에서 사는 동물들은 다른 동물에게 잡아먹히기도 해요. 그래서 동물들은 자신을 보호하기 위해 몸의 색깔을 주위 환경과 비슷하게 만들어요. 이것을 '보호색'이라고 해요. 나비나 나방의 애벌레가 녹색인 것도 푸른 잎과 비슷하게 보여 새들에게 잡아먹히지 않기 위해서예요. 북극에는 거의 1년 내내 하얀 눈과 얼음이 가득해요. 북극에 사는 북극여우와 같이 작은 동물들은 이런 환경에서 살아남기 위해서 하얀 털을 지니고 있는 거예요. 그런데 북극곰 같이 큰 동물은 다른 동물에게 잡아먹힐 일이 없을 텐데 털이 왜 하얄까요? 만약에 북극곰이 다른 곰들처럼 갈색을 띄고 있다면, 동물들이 먼 곳에서부터 북극곰이 오는 것을 발견하고 재빨리 도망갈 거예요. 따라서 북극곰은 사냥을 할 때 다른 동물들의 눈에 잘 띄지 않기 위해 하얀 털을 지니게 된 거예요.

┃ 낱말 풀이 ┃

- **공통점** 둘 또는 그 이상의 여럿 사이에 두루 통하는 점
- **잡아먹히다** 다른 동물에게 잡혀 먹이가 되다.
- **환경** 생물에게 직접·간접으로 영향을 주는 자연적 조건
- **띄다** 눈에 보이다.
- **발견** 미처 찾아내지 못했거나 아직 알려지지 않은 것을 찾아냄.
- **재빨리** 동작 따위가 빠르게
- **도망가다** 어떤 대상으로부터 벗어나기 위하여 다른 곳으로 가다.

내용 들여다보기

STEP 1 핵심 내용 정리하기

❶ 북극에 사는 동물에는 ☐☐☐, 북극여우, 북극 순록 등이 있어요.

북극에 사는 동물들은 ☐☐☐이 있어요.

↳ 모두 ☐☐ 털을 지니고 있다는 거예요.

❷ 동물들은 자신을 ☐☐☐☐ 위해 몸의 ☐☐을 주위 환경과 비슷하게 만들어요.

↳ 이것을 '☐☐☐'이라고 해요.

☐☐에는 거의 1년 내내 하얀 눈과 얼음이 가득해요.

↳ 북극에서 사는 작은 동물들은 이런 ☐☐에서 살아남기 위해서 하얀 털을 지니고 있는 거예요.

↳ 북극곰은 ☐☐을 할 때 다른 동물들의 ☐에 잘 띄지 않기 위해 하얀 털을 지니게 된 거예요.

STEP 2 짜임 이해하기

❶ (　　　　)에 사는 동물들의 공통점
모두 (　　　　)을 지니고 있음.

❷ 북극에 사는 동물들의 털이 하얀 (　　　　)
• 작은 동물은 하얀 환경에서 (　　　　) 위해서임.
• 큰 동물은 사냥할 때 다른 동물들의 눈에 잘 띄지 않기 위해서임.

STEP 3 내용 요약하기

✎ 북극에 사는 동물들은 하얀 털을 가졌다는 공통점이 있다. 북극에 사는 동물들의 털이 하얀 까닭은

1 주제 파악

이 글을 읽고 다음 빈칸에 알맞은 말을 써 보세요.

> 이 글은 북극에 사는 (   )들의 털이 (   ) 까닭을 설명하고 있어요.

2 내용 이해

북극에 사는 동물과 동물의 털이 하얀 까닭을 선으로 이어 보세요.

(1) 
▲ 북극곰

• ㉠ 잡아먹히지 않게 자신을 숨기려고

(2) 
▲ 북극여우

• ㉡ 사냥할 때 다른 동물의 눈에 띄지 않으려고

3 내용 추론

북극이 숲이 우거진 환경이었다면, 북극곰의 털 색은 무엇이 되었을까요?

(   )

① 하양   ② 파랑   ③ 검정   ④ 갈색   ⑤ 노랑

4 상황에 적용

다음 글의 애벌레가 자신을 보호하는 방법은 무엇인가요? (   )

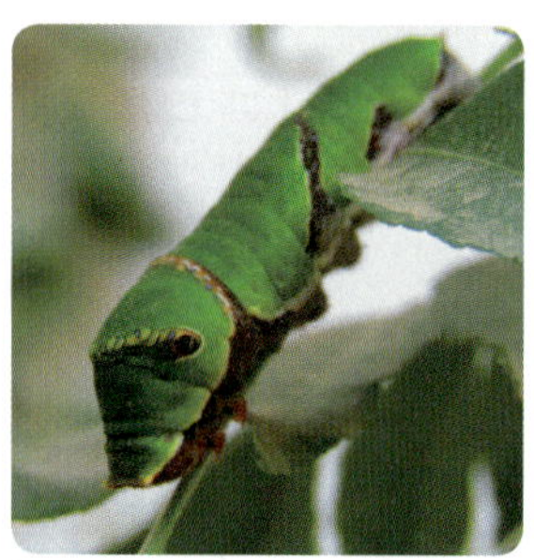
▲ 호랑나비 애벌레

보호색은 몸의 색깔이나 모양을 주위 환경과 비슷하게 만들기도 하고, 자기를 잡아먹으려는 동물을 위협할 만한 무늬를 만들기도 합니다. 애벌레를 위협하는 동물은 주로 새입니다. 호랑나비 애벌레는 몸에 가짜 눈인 눈알 무늬가 그려져 있습니다.

① 몸 크기 키우기
② 나뭇가지 모양 만들기
③ 새를 위협하는 눈 만들기
④ 새 모양의 무늬 만들기
⑤ 보이지 않게 몸 크기 줄이기

1~2 다음 낱말에 알맞은 뜻을 선으로 이어 보세요.

1 띄다 •

2 발견 •

• ㉠ 미처 찾아내지 못했거나 아직 알려지지 않은 것을 찾아냄.

• ㉡ 눈에 보이다.

3~4 다음 문장의 빈칸에 들어갈 알맞은 낱말을 찾아 색칠해 보세요.

3 언니랑 나는 둘 다 녹색을 좋아한다는 [   ]이 있다.

공통점　　　　차이점

4 쓰레기를 줄이는 등 [   ]을/를 보호하기 위한 노력을 해야 한다.

환기　　　　환경

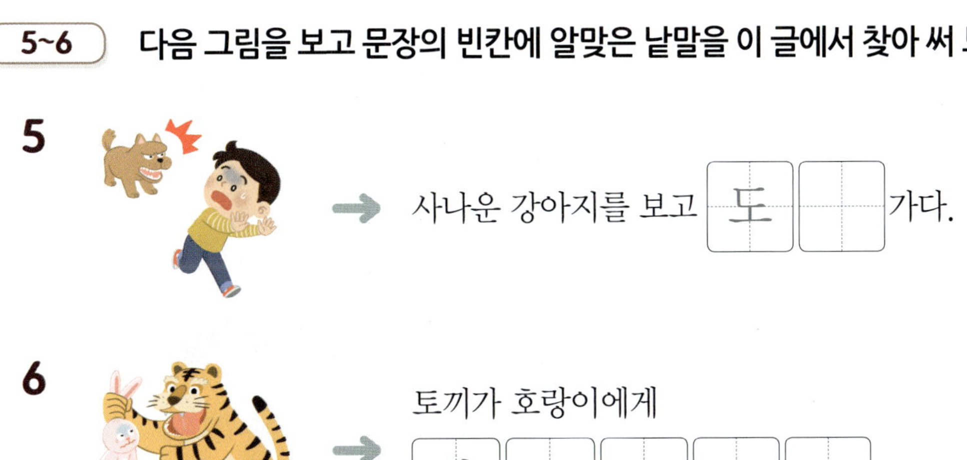

5~6 다음 그림을 보고 문장의 빈칸에 알맞은 낱말을 이 글에서 찾아 써 보세요.

5 → 사나운 강아지를 보고 [도][　]가다.

6 → 토끼가 호랑이에게 [잡][　][　][　][　].

Day 29

색이 없는 그림인 수묵화

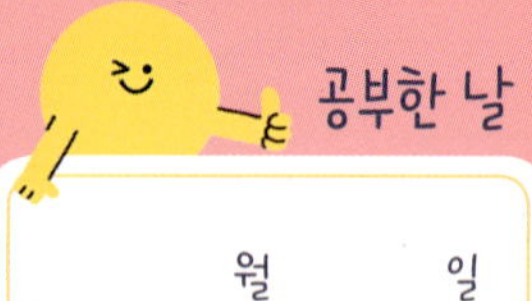

❶ 그림은 글이나 음악처럼 사람들의 생각이나 마음을 표현하는 방법 중 하나예요. 좋아하는 사람을 그림으로 그리기도 하고, 속상하거나 복잡한 마음을 표현하기 위해 그림을 그리기도 해요. 그림을 그리는 것이 행복해서 그리는 사람도 있어요. 이렇게 그림을 그리는 이유는 다양해요.

❷ 그림을 그리는 방법도 다양해요. 서양에서는 연필이나 크레용, 물감 등을 이용해서 그림을 그렸어요. 반면에 동양에서는 먹을 사용하거나, 자연에서 얻은 흙이나 풀 등에서 색을 내서 그림을 그렸어요.

❸ 동양의 그림 중에는 서양에는 없는 방법으로 그린 그림이 있어요. 바로 색이 없는 그림인 수묵화예요. 수묵화는 색을 칠하지 않고, 먹으로만 그리는 그림이거든요. 먹은 소나무나 기름을 태울 때 나오는 그을음을 뭉쳐서 만드는 것으로, 검정만 표현할 수 있어요. 그래서 검정을 진하거나 옅게 해서 산의 신비로운 모습이나 물의 흐름 등을 표현해요. 수묵화로는 주로 나무나 꽃, 산, 물 등 자연의 모습을 그려요. 수묵화로 그린 그림에는 안견의 「몽유도원도」, 강희안의 「고사관수도」 등이 있어요.

❘ 낱말 풀이 ❘

- **표현** 생각이나 느낌 따위를 언어나 몸짓 등으로 드러내어 나타냄.
- **복잡하다** 일이나 감정 따위가 갈피를 잡기 어려울 만큼 여러 가지가 얽혀 있다.
- **방법** 어떤 일을 해 나가거나 목적을 이루기 위하여 취하는 수단이나 방식
- **서양** 유럽과 아메리카의 여러 나라를 통틀어 이르는 말
- **이용** 대상을 필요에 따라 이롭게 씀.
- **동양** 아시아의 동쪽 및 남쪽 지역의 여러 나라를 통틀어 이르는 말
- **먹** 벼루에 물을 붓고 갈아서 글씨를 쓰거나 그림을 그릴 때 사용하는 검은 물
- **진하다** 빛깔이 짙다.
- **옅다** 색깔이 연하다.

내용 들여다보기

STEP 1 핵심 내용 정리하기

① ☐☐은 ~ 사람들의 생각이나 마음을 표현하는 방법 중 하나예요.
↳ 그림을 그리는 ☐☐는 다양해요.

② 그림을 그리는 ☐☐도 다양해요.
↳ ☐☐에서는 연필이나 크레용, ☐☐ 등을 이용해서 그림을 그렸어요.
↳ ☐☐에서는 먹을 사용하거나, ☐이나 풀 등에서 색을 내서 그림을 그렸어요.

③ 동양의 그림 중에는 서양에는 ☐☐ 방법으로 그린 그림이 있어요.
↳ 바로 색이 없는 그림인 ☐☐☐예요.
↳ 수묵화는 색을 칠하지 않고, ☐으로만 그리는 그림이거든요.
↳ 검정을 진하거나 옅게 해서 ~ 표현해요.
↳ 주로 나무나 꽃, 산, 물 등 ☐☐의 모습을 그려요.

STEP 2 짜임 이해하기

① ( )을 그리는
다양한 ( )
• 좋아하는 사람을 그림.
• 마음을 표현하기 위해 그림.
• 그림을 그리는 것이 행복해서 그림.

② ( )을 그리는
다양한 ( )
• ( )은 연필, 크레용, 물감 등으로 그림.
• ( )은 먹, 자연에서 얻은 흙이나 풀 등에서 색을 내서 그림.

③ 동양의 그림인
( )
• ( )으로만 그리는 그림임.
• ( )을 진하거나 옅게 해서 표현함.
• 주로 ( )의 모습을 그림.

STEP 3 내용 요약하기

✎ 그림을 그리는 이유와 방법은 다양하다. 동양의 그림인 수묵화는

주제 파악 **1** 글쓴이가 이 글을 쓴 까닭으로 알맞은 것을 모두 골라 ○표 해 보세요.

[1] 그림을 잘 그리는 방법을 알려 주려고 …………………………… (　　　)

[2] 그림을 그리는 이유가 다양하다는 것을 알려 주려고 …… (　　　)

[3] 동양에만 있는 그림 방식인 수묵화에 대해 알려 주려고 (　　　)

내용 이해 **2** 이 글을 읽고 서양과 동양에서 그림을 그리는 방법을 선으로 이어 보세요.

[1] 서양 ・

・㉠ 먹, 자연에서 얻은 흙이나 풀 등에서 색을 낸 것으로 그림.

[2] 동양 ・

・㉡ 연필, 크레용, 물감 등으로 그림.

내용 추론 **3** 이 글에서 수묵화에 대한 설명으로 알맞지 <u>않은</u> 것은 무엇인가요?

(　　　)

① 색이 없는 그림이다.

② 먹으로만 그림을 그린다.

③ 검정의 진하기를 조절해서 그린다.

④ 주로 사람의 얼굴이나 물건을 그린다.

⑤ 안견의 「몽유도원도」는 수묵화로 그린 그림이다.

비판과 평가 **4** 이 글과 보기 를 읽고, 민지가 한 말 중 잘못된 부분을 찾아 밑줄 그어 보세요.

> **보기**
>
> 
> 수묵화에 대해 공부한 민지는 "수묵화는 서양에는 없고 동양에만 있는 그림이에요. 따라서 서양의 그림은 수준이 매우 낮다고 생각해요. 동양의 수묵화를 그리는 방법을 배워 보고 싶어요."라고 말했어요.

1~2 다음 낱말의 알맞은 뜻을 찾아 선으로 이어 보세요.

1 표현 •

• ㉠ 어떤 일을 해 나가거나 목적을 이루기 위하여 취하는 수단이나 방식

2 방법 •

• ㉡ 생각이나 느낌 따위를 언어나 몸짓 등으로 드러내어 나타냄.

3~4 다음 문장의 빈칸에 들어갈 알맞은 낱말을 찾아 색칠해 보세요.

3 노을이 지니 하늘에 붉은 빛이 ⬜.

진하다 　　　　강하다

4 책상 정리를 안 했더니 책상 위가 ⬜.

한산하다 　　　　복잡하다

어휘력에 도움이 되는 **찾아 쓰기**

5~6 다음 그림을 보고 문장의 빈칸에 알맞은 낱말을 이 글에서 찾아 써 보세요.

5  ➡ 담벼락에 칠한 페인트 색깔이 옅⬜.

6  ➡ 공중 화장실을 이⬜⬜⬜.

Day 30

문학

시르릉 비쭉 할라뽕

일일 학습을 마치고, 워크북으로 생각을 정리해 보세요. 워크북 • 60쪽

공부한 날
월 일

관련 교과 초등국어 1-2
인물의 말과 행동을 상상해요

1 어느 마을에 매일 아무것도 안 하고 활만 쏘는 궁이라는 아이가 살고 있었어요. 궁이 아버지는 활을 그만 쏘라며 "정승 사위라도 되면 그때나 집에 들어올 생각해라!" 라고 말하며 궁이를 집에서 내쫓았어요.

2 집을 떠난 궁이는 산길에서 '시르릉' 하는 소리를 들었어요. 마침 배가 고팠던 궁이는 활 솜씨를 발휘해서 시르릉새를 잡아먹었어요. 길을 나서는데, 걸을 때마다 몸에서 '시르릉' 소리가 났어요. 온몸을 샅샅이 뒤져 보니, 저고리에 시르릉새 깃털이 붙어 있었어요. 깃털을 붙이면 소리가 나는 거였어요. 궁이는 깃털을 활대에 매달았어요. 한참을 걸어가는데 이번에는 '비쭉' 우는 새를 발견했어요. 깃털을 몸에 붙이니 '비쭉' 소리가 나는 게 아니겠어요? 이번에도 깃털을 활대에 매달았어요. 다시 길을 가는데, 옹달샘 앞에서 '할라뽕' 우는 새를 발견했어요. 궁이는 얼른 할라뽕새도 잡았어요. 궁이는 깃털 세 개를 모두 활대에 묶고 정승 집으로 갔어요.

3 궁이는 아리따운 딸이 있는 정승 집에서 머슴으로 지내면서 기회를 엿보다, 몰래 정승 딸의 치마에 깃털 세 개를 달아 두었어요. 그러자 딸이 걸을 때마다 '시르릉 비쭉 할라뽕' 하는 소리가 들렸어요. 정승은 딸의 병을 고치기 위해 온갖 노력을 했지만 병이 낫지 않았어요.

4 궁이는 "제가 병을 고치면 사위가 되게 해 주십시오."라고 말했어요. 정승은 딸의 병이 낫기만 하면 그렇게 하겠다고 약속했어요. 궁이가 몰래 깃털을 치마에서 떼자 더 이상 소리가 나지 않았어요. 마침내 궁이는 정승 사위가 되어 집으로 돌아가게 되었어요.

| 낱말 풀이 |

- 정승 조선 시대에 높은 벼슬
- 사위 딸의 남편을 이르는 말
- 발휘 재능, 능력 따위를 떨치어 나타냄.
- 샅샅이 틈이 있는 곳마다 모조리, 또는 빈틈없이 모조리
- 활대 화살을 쏘아 보내는 기구의 몸체
- 매달다 줄이나 끈, 실 따위로 잡아매어서 달려 있게 하다.
- 아리땁다 마음이나 몸가짐 따위가 아름답고 보기 좋으며 곱다.
- 엿보다 무엇을 이루고자 온 마음을 쏟아서 눈여겨보다.
- 낫다 병이나 상처 따위가 고쳐져 본래대로 되다.

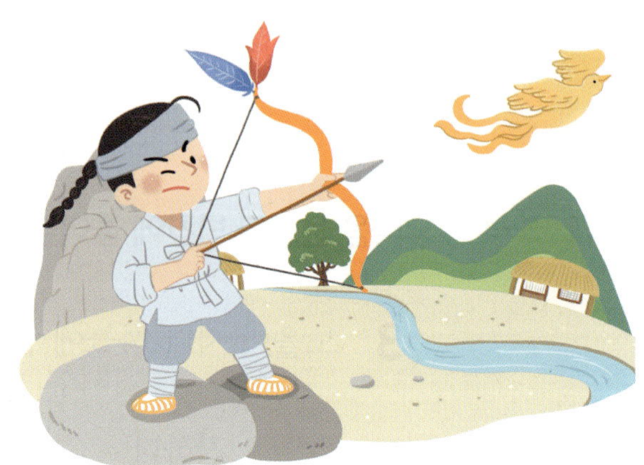

내용 들여다보기 🔍

STEP 1   **핵심 내용** 정리하기

❶ 어느 마을에 ~ 활만 쏘는 [ ][ ]라는 아이가 살고 있었어요.

궁이 아버지는 활을 그만 쏘라며 ~ 궁이를 집에서 [ ][ ][ ][ ][ ].

❷ 궁이는 활 솜씨를 발휘해서 [ ][ ][ ][ ]를 잡아먹었어요.

한참을 걸어가는데 이번에는 '[ ][ ]' 우는 새를 발견했어요.

옹달샘 앞에서 '[ ][ ][ ]' 우는 새를 발견했어요.

궁이는 [ ][ ] 세 개를 모두 활대에 묶고 정승 집으로 갔어요.

❸ 궁이는 ~ 몰래 정승 딸의 [ ][ ]에 깃털 세 개를 달아 두었어요.

↳ 딸이 걸을 때마다 '[ ][ ][ ][ ][ ][ ][ ]' 하는 소리가 들렸어요.

❹ 궁이가 몰래 깃털을 치마에서 떼자 더 이상 [ ][ ]가 나지 않았어요.

↳ [ ][ ][ ] 궁이는 정승 사위가 되어 [ ]으로 돌아가게 되었어요.

STEP 2   **짜임** 이해하기

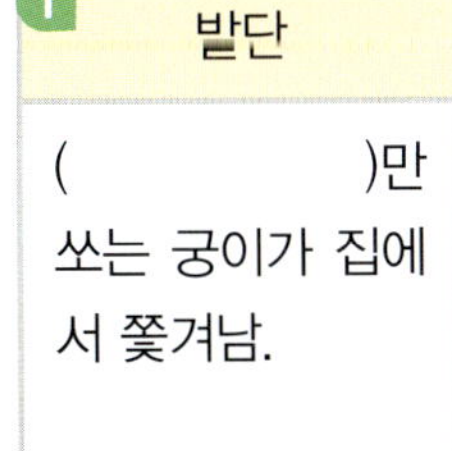

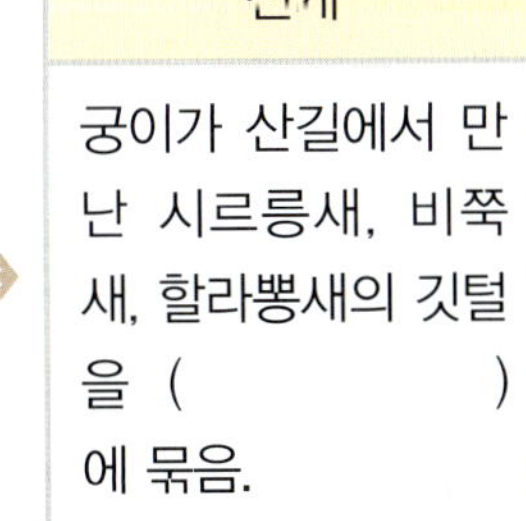

❶ 발단	❷ 전개	❸ 절정	❹ 결말
(　　　　)만 쏘는 궁이가 집에서 쫓겨남.	궁이가 산길에서 만난 시르릉새, 비쭉새, 할라뽕새의 깃털을 (　　　　)에 묶음.	궁이가 정승 딸의 치마에 (　　　　)을 몰래 달자, 걸을 때마다 '시르릉 비쭉 할라뽕' 소리가 들림.	궁이가 깃털을 떼어 딸의 병을 고치고, (　　　　)가 되어 집으로 돌아감.

STEP 3   **내용** 요약하기

✏️ 집에서 활만 쏘다 쫓겨난 궁이는 산길을 가다가,

화제 파악 1 다음 빈칸에 알맞은 말을 넣어 이야기의 줄거리를 완성해 보세요.

> 집에서 활만 쏘다 쫓겨난 (   )는 산길에서 (   ),
> (   ), (   )를 만나요. 궁이는 소리가 나는 새
> 의 (   )을 가지고 정승 집으로 가요. 정승 (   )
> 의 치마에 몰래 깃털을 달아 둔 궁이는 걸을 때마다 소리가 나는
> (   )을 고쳐 주고 (   )가 되어 집으로 돌아가요.

내용 이해 2 이 글에서 궁이가 한 일로 알맞지 <u>않은</u> 것은 무엇인가요? (   )

① 매일 활만 쐈다.　　　　　　② 시르릉새를 잡아먹었다.
③ 깃털을 머리에 꽂았다.　　　　④ 정승의 사위가 되려고 했다.
⑤ 정승 딸의 치마에 깃털을 달았다.

내용 추론 3 이 글에서 궁이가 '정승 사위'가 되려고 한 까닭은 무엇인가요? (   )

① 잘난 척하려고　　　　　　　② 유명한 사람이 되려고
③ 정승 딸을 짝사랑해서　　　　④ 깃털을 비싸게 팔려고
⑤ 아버지에게 능력을 보여 주려고

상황에 적용 4 다음을 읽고 할 수 있는 생각으로 알맞지 <u>않은</u> 것은 무엇인가요? (   )

> 궁이는 정승 딸의 치마에 깃털 세 개를 몰래 달아 두었다가, 치
> 마에서 깃털을 떼어 '시르릉 비쭉 할라뿅' 소리가 나는 딸의 병을
> 고쳐 주었어요. 그리고 병을 고치면 사위가 되게 해 달라는 약속
> 대로 정승은 궁이를 사위로 맞았어요.

① 궁이는 꾀를 부렸어.　　　　② 정승 딸은 궁이를 좋아했어.
③ 정승은 자기 딸을 매우 아껴.　④ 정승은 궁이와의 약속을 지켰어.
⑤ 소리가 나는 건 병 때문이 아니야.

1~2 다음 낱말의 알맞은 뜻을 찾아 선으로 이어 보세요.

1 낫다 •

• ㉠ 병이나 상처 따위가 고쳐져 본래대로 되다.

2 엿보다 •

• ㉡ 무엇을 이루고자 온 마음을 쏟아서 눈여겨보다.

3~4 다음 문장의 빈칸에 들어갈 알맞은 낱말을 찾아 색칠해 보세요.

3 엄마가 음식 솜씨를 [   ].

발견하다   발휘하다

4 언니가 결혼을 해서 아빠에게 [   ]가 생겼다.

사위   며느리

어휘력에 두움이 되는 찾아 쓰기

5~6 다음 그림을 보고 문장의 빈칸에 알맞은 낱말을 이 글에서 찾아 써 보세요.

5  ➡ 그림 속 새의 모습이 아 □ □ □ .

6  ➡ 아기를 위해 천장에 모빌을 매 □ □ .

고양이는 무엇을 좋아할까?

고양이는 사람 손길을 싫어하는 경우가 많지만, 그래도 턱밑이나 뺨 주위를 쓰다듬어 주는 것을 좋아해요. 또 고양이는 특별히 개박하라는 나뭇잎을 좋아하는데 보통 '캣잎'이라고 불러요. 고양이가 이 박하 잎을 씹거나 향을 맡으면 긴장이 풀어지고 기분이 좋아진다고 해요. 그래서 고양이는 캣잎이 들어 있는 장난감을 아주 좋아해요.

동물의 보호색에는 어떤 것이 있을까?

아프리카의 표범은 낮에는 주로 나무 그늘에서 휴식을 취하거나, 먹이를 나무 위에 올려 두고 먹는 등 나무에서 많은 시간을 보내요. 그래서 표범은 나무 껍질과 유사한 갈색과 검정색 피부를 보호색으로 갖고 있어요. 한편 바다에 사는 고등어는 등이 바닷물과 비슷한 푸른색 빛을 띠지요. 또한 열대 바다에 사는 열대어는 산호초 안에 숨기 위해 산호초처럼 알록달록한 피부색을 갖고 있어요.

수묵화의 특징은 무엇일까?

수묵화는 선과 여백의 아름다움을 중요하게 여기는 그림이에요. 서양화에 비해 수묵화는 하얗게 빈 여백이 많아요. 그 까닭은 보는 사람들이 마음껏 상상할 수 있는 공간을 남겨 두고 싶었기 때문이에요. 먹 색깔도 그냥 검은 것이 아니라 어떤 곳에서는 더 짙고 어떤 곳에서는 아주 옅어요. 수묵화 화가들은 이렇게 선과 먹만으로 그림을 그렸어요.

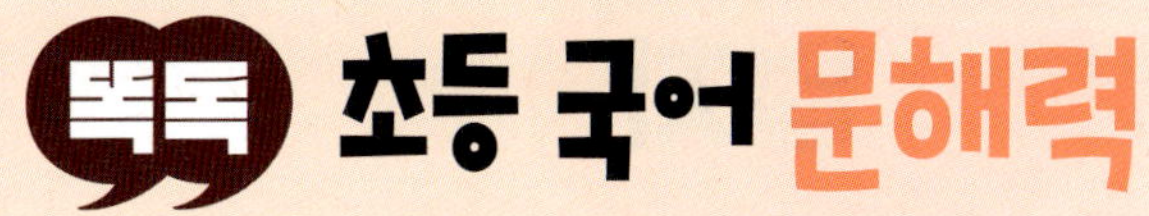

자기 주도형
심화 학습 노트

• 본책에서 일차별로 학습한 내용을 이 책 안에 정리해 보세요.

비행기를 처음 탄 날

핵심 내용 이해

Q. 다음 낱말 카드를 활용하여 글쓴이가 이 글을 쓴 목적을 완성해 보자!

비행기   일기   생각

글쓴이는 (   )를 처음 타면서 어떤 (   )이나 느낌이 들었는지 정리하기 위해 (   )를 썼다.

새로 알게 된 사실

Q. 이 글을 읽고 새롭게 알게 된 내용을 적어 보자!

____

____

나의 생각 정리

Q. 다음 글을 읽고 '나'는 겪은 일에 대해 어떤 생각이나 느낌이 들었을지 써 보자!

대청소를 한 날

　주말을 맞아 가족과 함께 미뤄 왔던 대청소를 했다. 아빠는 걸레로 창문과 바닥을 닦았다. 엄마는 커튼을 빨고 옷장 안을 정리했다. 나는 어질러진 물건들을 정리하고 가구 위에 쌓인 먼지를 털었다.

'나'는 _______________________________________

____

어휘력 확인

1~2 다음 낱말의 알맞은 뜻을 찾아 선으로 이어 보세요.

1 공항 •
• ㉠ 비행기가 뜨고 내릴 수 있게 다양한 시설이 마련된 곳

2 도로 •
• ㉡ 사람, 차 따위가 잘 다닐 수 있도록 만들어 놓은 비교적 넓은 길

3~4 다음 뜻에 알맞은 낱말을 찾아 ○표 해 보세요.

3 솟아서 위로 오르다.

떠오르다   떠내려가다

4 많은 사람이 한곳에 모여 매우 어지럽게 움직이다.

끈적이다   북적이다

5 다음 문장과 어울리도록 틀린 글자를 바르게 고쳐 써 보세요.

> 토끼는 빠르게 달려 눈 깜찍할 사이에 사라졌다.

6~7 다음 문장의 빈칸에 들어갈 알맞은 낱말을 골라 색칠해 보세요.

6 열심히 외운 노래 가사를 틀릴까 봐 ◻ 했다.

어마어마   조마조마

7 가족과 함께 놀이공원에 놀러갈 생각을 하니 ◻.

두근거렸다   두려웠다

누가 재판을 할까요?

⚑ 핵심 내용 이해

Q. 다음 낱말 카드를 활용하여 재판에 참여하는 사람들의 역할을 정리해 보자!

죄	벌	판단하다	밝히다

✎ 검사는 재판을 받는 사람이 ___________________________________

✎ 변호사는 재판을 받는 사람이 잘못하지 않았다는 것을 밝히거나 잘못할 수밖에 없었던 이유를 알린다.

✎ 판사는 재판을 받는 사람이 정말 죄를 저질렀는지, ___________________________________

✈ 새로 알게 된 사실

Q. 이 글을 읽고 새롭게 알게 된 내용을 적어 보자!

✎ ___________________________________

____

☆ 나의 생각 정리

Q. 다음과 같은 재판이 열렸을 때, '나'가 판사라면 어떤 결정을 내릴지 써 보자!

가게에서 빵을 훔친 남자가 재판을 받게 되었다. 검사는 빵을 훔친 것은 도둑질이므로 벌을 받아야 한다고 주장하였다. 변호사는 남자가 먹을 것이 없어 며칠 동안 굶고 있던 중이었다며 남자의 사정을 헤아려 주어야 한다고 주장하였다.

✎ '나'는 ___________________________________

____

⚛ 어휘력 확인

1~2 다음 낱말의 알맞은 뜻을 찾아 선으로 이어 보세요.

1 정하다 •

• ㉠ 옳은 것과 잘못된 것을 판단하고 알리다.

2 밝히다 •

• ㉡ 규칙이나 법 따위를 얼마나 어떻게 맞추어 쓸지 결정하다.

3~4 다음 문장의 빈칸에 들어갈 알맞은 낱말을 골라 색칠해 보세요.

3 남의 물건을 훔치는 [   ]을 해서는 안 된다.

도둑질　　　　장난질

4 해야 할 일이 너무 많을 때에는 [   ]의 도움을 받을 수 있다.

일꾼　　　　사기꾼

5~7 다음 문장의 빈칸에 들어갈 알맞은 낱말을 **보기** 에서 찾아 써 보세요.

보기

재판　　　　주장　　　　신고

5 그는 자신이 잘못하지 않았다고 [   ]했다.

의견을 굳게 내세움.

6 이웃집에 도둑이 들어 경찰에 [   ]을/를 했다.

관청에 사실을 알림.

7 누가 잘못을 하였는지 판단하기 위해 [   ]이/가 열렸다.

사건을 해결하기 위해 판단함.

공부한 날   월   일

혀는 어떻게 맛을 느낄까요?

핵심 내용 이해

Q. 다음 글자 카드를 활용하여 글쓴이가 이 글을 쓴 목적을 완성해 보자!

| 법 | 혀 | 맛 | 방 |

글쓴이는 ☐가 ☐을 느끼는 ☐☐과 혀가 맛을 느끼지 못하면 생길 수 있는 문제를 독자에게 알려 주기 위해 글을 썼다.

새로 알게 된 사실

Q. 이 글을 읽고 새롭게 알게 된 내용을 적어 보자!

____

____

나의 생각 정리

Q. 다음 상황과 같이 '나'도 맛을 느끼는 혀의 소중함을 느꼈던 경험이 있다면 써 보자!

연수는 감기에 걸려 맛을 느끼지 못했습니다. 그래서 상한 우유를 마시면서도 맛이 이상하다는 사실을 알 수 없었습니다. 연수는 결국 배탈이 나서 병원에 입원하고 말았습니다. 만약 연수가 맛을 느낄 수 있었다면 상한 우유를 마시지 않았을 것입니다.

'나'는 ____

____

🚀 어휘력 확인

1~2 다음 낱말의 알맞은 뜻을 찾아 선으로 이어 보세요.

1 세포 •　　　　　　　　• ㉠ 영양이 되는 성분

2 영양분 •　　　　　　　• ㉡ 생물의 몸을 이루는 가장 기본적인 단위

3~5 다음 뜻에 알맞은 낱말을 찾아 ○표 해 보세요.

3 보통 이상으로 대단하다.

　　굉장하다　　　　　　　성장하다

4 소리, 냄새 따위를 밖으로 드러내다.

　　새다　　　　　　　내다

5 음식물이나 침이 목구멍을 지나가다.

　　넘어지다　　　　　　　넘어가다

6~7 다음 문장의 빈칸에 들어갈 알맞은 낱말을 보기 에서 찾아 써 보세요.

보기

필요하다　　　　　부족하다

6 사람에게는 마실 물이 꼭 ☐☐☐☐.

　　반드시 요구되는 바가 있다.

7 준비한 음식이 적어서 배불리 먹기에는 ☐☐☐☐.

　　양이나 기준에 충분하지 않다.

우리의 소리, 판소리

핵심 내용 이해

Q. 다음 낱말 카드를 활용하여 판소리의 특징을 정리해 보자!

| 아니리 | 북 | 장단 | 발림 | 창 |

✎ 판소리에서 소리꾼은

✎ 판소리에서 고수는

새로 알게 된 사실

Q. 이 글을 읽고 새롭게 알게 된 내용을 적어 보자!

✎

나의 생각 정리

Q. 다음 글을 읽고, '나'는 우리나라 문화를 지키기 위해 어떤 노력을 할 수 있을지 써 보자!

우리가 다른 나라의 문화를 즐기는 사이에 정작 우리나라의 문화와 예술이 점점 사라지고 있습니다. 어린이들은 우리나라 전통 음악을 거의 듣지 않고, 한복도 자주 입지 않습니다. 우리의 것을 지키고 오랫동안 이어나가기 위해 노력해야 합니다.

✎ '나'는

1~2 다음 문장의 빈칸에 들어갈 알맞은 낱말을 골라 색칠해 보세요.

1 공연이 끝나자 사람들이 박수를 ☐.

> 췄다

> 쳤다

2 마을 사람들이 모여서 신나게 축제를 ☐.

> 즐겼다

> 질겼다

3 다음 문장과 어울리도록 틀린 글자를 바르게 고쳐 써 보세요.

> 박자에 맞치어 노래를 불렀다.

☐☐☐

4~7 다음 문장의 빈칸에 들어갈 알맞은 낱말을 보기에서 찾아 써 보세요.

보기

| 몸짓 | 장단 | 관객 | 공연 |

4 공연장에 ☐들이 가득 찼다.
경기, 공연, 영화를 보거나 듣는 사람

5 배우들은 ☐을 하기 전에 열심히 연습한다.
음악, 무용, 연극을 많은 사람 앞에서 보이는 일

6 무용수는 ☐에 맞추어 흥겹게 춤을 춘다.
춤이나 노래의 박자

7 말뿐만 아니라 ☐을 보고도 상대방이 전하려는 뜻을 알 수 있다.
몸을 놀리는 모양

숲속에 건물을 지어도 될까요?

핵심 내용 이해

Q. 다음 글자 카드를 활용하여 숲에 쇼핑몰을 짓는 문제에 대한 친구들의 생각을 정리해 보자!

> 발　　호　　보　　개

🖉 숲에 쇼핑몰이 생긴다는 소식에 도아는 숲을 □□ 해야 한다고 생각하였고, 현욱은 숲을 □□ 해야 한다고 생각하였다.

새로 알게 된 사실

Q. 이 글을 읽고 새롭게 알게 된 내용을 적어 보자!

🖉 ____

____

나의 생각 정리

Q. 다음 글을 읽고, 시골 마을에 놀이공원이 생기는 문제에 대하여 '나'는 어떻게 생각하는지 써 보자!

> 　　시골 마을에 놀이공원이 생긴다고 합니다. 놀이공원이 생기면 사람들이 많이 놀러 오기 때문에 마을에서 장사를 하는 사람들은 돈을 더 많이 벌 수 있고, 다양한 시설들이 생겨서 마을이 더욱 발전할 수 있습니다. 그러나 시골에서 조용히 살고 싶었던 사람들은 살던 곳을 떠나야 할 수 있습니다. 또 놀이공원에서 나온 오염 물질이 마을을 더럽힐 수도 있습니다.

🖉 '나'는 ____________________________________

____

어휘력 확인

1~2 다음 낱말의 알맞은 뜻을 찾아 선으로 이어 보세요.

1 울창하다 •

• ㉠ 나무가 빽빽하게 자라서 푸르다.

2 황폐하다 •

• ㉡ 집, 토지, 숲 따위가 거칠어져 못 쓰게 되다.

3~5 다음 문장의 빈칸에 들어갈 알맞은 낱말을 골라 색칠해 보세요.

3 마을에 도서관을 [   ].

짖다   짓다

4 마당에 길게 자란 풀을 [   ].

베다   뽑다

5 환경을 [   ] 위해 노력해야 한다.

비키기   지키기

6~7 다음 뜻에 알맞은 낱말을 찾아 ○표 해 보세요.

6 땅 등 자연 환경을 쓸모가 있게 만들다.

계발하다   개발하다

7 위험이나 곤란 따위를 피할 수 있게 잘 보살펴 돌보다.

보고하다   보호하다

도서관에서는 어떻게 해야 할까요?

⚐ 핵심 내용 이해

Q. 다음 글자 카드를 활용하여 글쓴이가 이 글을 쓴 목적을 완성해 보자!

| 서 | 용 | 도 | 관 | 이 |

✎ 글쓴이는 □□□ 을 □□ 하는 방법에 대해 알려 주기 위해서 이 글을 썼다.

✈ 새로 알게 된 사실

Q. 이 글을 읽고 새롭게 알게 된 내용을 적어 보자!

✎

☆ 나의 생각 정리

Q. 다음 글을 읽고, 미술관 이용 방법을 지켜서 좋았던 경험이나 미술관 이용 방법을 지키지 않은 사람 때문에 불편했던 경험을 써 보자!

미술관 이용 방법

미술관을 이용할 때에는 다른 사람에게 방해가 되지 않도록 관람 순서대로 작품을 봐야 합니다. 다른 사람이 작품을 감상할 때에는 끼어들거나 밀치지 않습니다. 또, 뛰거나 장난을 쳐서는 안 되고 작품을 함부로 만져서도 안 됩니다. 그리고 사진을 찍기 전, 먼저 사진을 찍을 수 있는 곳인지 확인해야 합니다.

✎ '나'는

어휘력 확인

1~2 다음 낱말의 알맞은 뜻을 찾아 선으로 이어 보세요.

1 자료 •   • ㉠ 도로 돌려줌.

2 반납 •   • ㉡ 연구나 조사 따위의 바탕이 되는 재료

3~5 다음 문장의 빈칸에 들어갈 알맞은 낱말을 골라 색칠해 보세요.

3 ☐ 를 줄이기 위해 살금살금 걸었다.

발소리   목소리

4 수업 시간에 장난을 치면 다른 친구들에게 ☐ 가 된다.

방해   장애

5 여러 사람이 쓰는 물건을 사용한 뒤에는 ☐ 에 가져나 놓아야 한나.

가장자리   제자리

6~7 다음 문장의 빈칸에 들어갈 알맞은 낱말을 보기 에서 찾아 써 보세요.

보기

이용   실천

6 공공시설은 여러 사람이 함께 ☐ 하는 곳이다.

필요에 따라 씀.

7 자신이 세운 계획을 ☐ 하는 습관을 가져야 한다.

생각한 바를 실제로 행동함.

세계의 재미있는 축제들

핵심 내용 이해

Q. 다음 낱말 카드를 활용하여 각 나라의 축제에서는 무엇을 하는지 정리해 보자!

삼바	토마토	물	퍼레이드

✎ 태국에서 열리는 송끄란에서는 ______________________________

✎ 브라질에서 열리는 '리우 카니발'에서는 ______________________________

✎ 스페인에서 열리는 '라 토마티나'에서는 ______________________________

새로 알게 된 사실

Q. 이 글을 읽고 새롭게 알게 된 내용을 적어 보자!

✎ ______________________________

____

나의 생각 정리

Q. 다음 글을 읽고, '강릉 단오제'에 대해 더 알고 싶은 점이나 궁금한 점을 써 보자!

　　강릉 단오제는 음력 4월부터 5월 초까지 한 달 동안 강릉에서 열리는 우리나라 전통 축제이다. 강릉 단오제에서는 마을 사람들이 더욱 평화롭게 잘 살기를 바라며 신에게 제사를 지내고 단오굿을 지낸다. 또, 관노 가면극을 볼 수 있으며 그네뛰기, 씨름, 줄다리기 등 다양한 민속놀이도 즐길 수 있다. 강릉 단오제는 2005년에 유네스코 인류 무형 문화유산으로 지정되었다.

✎ '나'는 ______________________________

____

____

어휘력 확인

1~2 다음 뜻에 알맞은 낱말을 찾아 ○표 해 보세요.

1 모임이나 회의 따위를 시작하다.

옅다   열다

2 어떤 일이 일어나거나 진행되다.

벌다   벌어지다

3~5 다음 문장의 빈칸에 들어갈 알맞은 낱말을 **보기** 에서 찾아 써 보세요.

보기

축복   연주   참여

3 아름다운 피아노 ☐ 에 감동을 받았다.
악기를 다루어 곡을 표현함.

4 크리스마스에는 서로에게 ☐ 을/를 빌어 준다.
행복

5 학급 회의에 적극적으로 ☐ 하기를 바란다.
어떤 일에 끼어들어 관계함.

6 다음 문장과 어울리도록 틀린 글자를 바르게 고쳐 써 보세요.

으낀 얼음 위에 팥을 올려 팥빙수를 만들었다.

7~8 다음 빈칸에 모두 들어갈 수 있는 낱말을 뜻을 참고하여 써 보세요.

7 한복은 우리나라 ☐ 의상이다.
┌ 지난날부터 이미 내려오는 생각, 행동 등의 양식
8 그곳은 오랜 ☐ 을 이어 온 가게이다.

단풍나무와 늘푸른나무

핵심 내용 이해

Q. 다음 글자 카드를 활용하여 이 글을 쓴 목적을 완성해 보자!

| 푸 | 단 | 른 | 늘 | 풍 |

✎ 글쓴이는 ☐☐나무와 ☐☐☐나무의 다른 점을 알려 주기 위해 글을 썼다.

새로 알게 된 사실

Q. 이 글을 읽고 새롭게 알게 된 내용을 적어 보자!

✎ ____

____

나의 생각 정리

Q. 다음 글을 읽고, '나'가 침엽수와 활엽수를 본 경험을 써 보자!

나뭇잎의 모양으로 나무를 나눌 수 있어요. 뾰족한 바늘 모양의 잎을 가진 나무는 '침엽수'라고 해요. 소나무, 잣나무, 향나무 등이 침엽수예요. 반면 넓적한 잎을 가진 나무는 '활엽수'예요. 떡갈나무, 상수리나무 등이 넓적한 모양의 잎을 가진 활엽수예요. 이제 나무를 관찰할 때 잎의 모양도 자세히 들여다보세요.

✎ '나'는 ________________________________

____

____

어휘력 확인

1~2 다음 뜻에 알맞은 낱말을 찾아 ○표 해 보세요.

1 빛깔이나 색채 따위를 가지다.

띄다   띠다

2 빛깔이 스미거나 옮아서 묻다.

물리다   물들다

3~4 다음 문장의 빈칸에 들어갈 알맞은 낱말을 골라 색칠해 보세요.

3 푸른 잎 사이에 알록달록한 꽃들이 ☐.

피어나다   일어나다

4 겨울이 지나자 흙 위로 여린 새싹이 ☐.

돋아나다   묻어나다

5~7 다음 문장의 빈칸에 들어갈 알맞은 낱말을 **보기** 에서 찾아 써 보세요.

보기

낙엽   금방   잎사귀

5 줄기에 매달린 푸른 ☐ 이/가 싱그러웠다.
낱낱의 잎

6 ☐ 돌아가겠다는 약속을 지키기 위해 서둘렀다.
말하고 있는 때보다 조금 후에

7 땅에 떨어진 ☐ 을/를 밟자 바스락거리며 부서졌다.
나뭇잎이 떨어짐.

자연을 닮은 건축물

핵심 내용 이해

Q. 다음 글자 카드를 활용하여 이 글의 주요 내용을 완성해 보자!

| 축 | 건 | 연 | 물 | 자 |

✎ 이 글은 ☐☐ 을 닮은 세계의 여러 ☐☐☐ 에 대해 소개하고 있다.

새로 알게 된 사실

Q. 이 글을 읽고 새롭게 알게 된 내용을 적어 보자!

✎ ____

____

나의 생각 정리

Q. 다음 글을 읽고, '나'는 자연의 어떤 모습을 닮은 건물을 짓고 싶은지 써 보자!

> 스페인의 대표 건축가 가우디는 자연을 사랑한 건축가로도 유명해요. 그는 '자연은 신이 만든 건축이며 인간의 건축은 그것에서 배워야 한다.'고 말하며 건물 곳곳에 자연의 모습을 담으려고 했어요. 예를 들어 그가 지은 '카사바트요'라는 건물의 계단은 동물의 뼈를, 창문은 거북이의 등껍질을, 벽난로는 버섯을 닮았어요.

✎ '나'는 ________________________________

____

____

1~2 다음 문장의 빈칸에 모두 들어갈 수 있는 낱말을 써 보세요.

1 에펠탑은 프랑스 파리 한가운데에 서 있는 [   ]물이다.

2 가우디는 멋진 건물들을 만든 스페인의 대표 [   ]가이다.

3 다음 문장과 어울리도록 틀린 글자를 바르게 고쳐 써 보세요.

조개껍대기를 모아 예쁜 목걸이를 만들었다.

4~5 다음 뜻에 알맞은 낱말을 찾아 ○표 해 보세요.

4 특별하게 다르다.

독특하다   기특하다

5 큰 것이 잇따라 비ㅛ럽게 노는 모양

빙글빙글   동글동글

6~7 다음 문장의 빈칸에 들어갈 알맞은 낱말을 골라 색칠해 보세요.

6 이 종은 물방울의 모양을 [   ] 만들었다.

본떠   들떠

7 튼튼한 건축물을 만들기 위해서는 [   ]를 꼼꼼하게 해야 한다.

통계   설계

소가 된 게으름뱅이

핵심 내용 이해

Q. 다음 글자 카드를 활용하여 이 글의 주제를 완성해 보자!

| 름 | 으 | 실 | 게 | 성 |

✎ 이 글은 □□□을 피우지 말고 □□하게 살아야 한다는 주제를 담고 있다.

새로 알게 된 사실

Q. 이 글을 읽고 새롭게 알게 된 내용을 적어 보자!

✎ ____

나의 생각 정리

Q. 다음 글을 읽고, '나'가 총각이라면 말하고 싶은 소원을 그 까닭과 함께 써 보자!

> 다시 사람이 된 총각은 하루하루 성실하게 살았어요. 그러던 어느 날, 총각 앞에 다시 노인이 나타났어요.
> "열심히 지내는 모습을 보니 뿌듯하군. 이전에는 벌을 주어 자네를 소가 되게 했으니, 이번에는 자네에게 상을 내리려고 하네. 이루고 싶은 소원을 한 가지 말해 보게. 그리고 그 소원을 이루고 싶은 까닭도 말해 주게나."

✎ '나'는 ____

🚀 어휘력 확인

1~2 다음 빈칸에 알맞은 글자를 쓰고, 낱말의 알맞은 뜻을 찾아 선으로 이어 보세요.

1 농사 + ☐ •

• ㉠ 게으른 사람을 이르는 말

2 게으름 + ☐ •

• ㉡ 농사를 짓는 일꾼을 이르는 말

3~5 다음 문장의 빈칸에 들어갈 알맞은 낱말을 골라 색칠해 보세요.

3 쉬지 않고 이어지는 훈련이 ☐ .

늦되다   고되다

4 배가 살살 아팠던 민호는 ☐ 하고 방귀를 뀌었다.

땡   뽕

5 병뚜껑이 너무 꽉 닫혀 있어 ☐ 열리지 않았다.

좀처럼   조금씩

6~7 다음 문장의 빈칸에 들어갈 알맞은 낱말을 **보기** 에서 찾아 써 보세요.

· 보기 ·

벌러덩   종일

6 어제 ☐ 비가 내려서 계곡물이 불어났다.

아침부터 저녁까지 내내

7 너무 피곤해서 침대를 보자마자 ☐ 드러누웠다.

팔을 벌리고 뒤로 눕는 모양

필통의 주인을 찾아 주세요

⚑ 핵심 내용 이해

Q. 다음 낱말 카드를 활용하여 이 글에서 일어난 일을 정리해 보자!

> 주인   필통   분실물   복도

✎ (   )에 떨어져 있는 (   )을 주운 나는 (   )을 찾아 주기로 하고 (   )을 모아 두는 상자에 필통을 넣어 두었다.

✈ 새로 알게 된 사실

Q. 이 글을 읽고 새롭게 알게 된 내용을 적어 보자!

✎ ____

____

★ 나의 생각 정리

Q. 다음 글을 읽고, 물건을 잃어버리지 않기 위한 '나'만의 방법을 떠올려 써 보자!

> 우리 학교에서는 매달 많은 분실물이 생긴다. 친구들이 물건을 잃어버리는 까닭을 조사해 보니 물건을 챙기는 습관이 들지 않아서, 덜렁거리는 성격 때문에, 신경 써야 할 다른 일이 너무 많아서 등과 같이 다양한 대답을 들을 수 있었다. "분실물을 발견했을 때 어떻게 하는가?"라는 물음에는 많은 친구들이 분실물 상자에 넣어 놓는다고 대답하였다. 그런데 분실물 상자를 살펴보니 이름이 써 있지 않아 누구의 것인지 알 수 없는 물건들이 많았다.

✎ '나'는 _______________________________________

____

1~2 다음 낱말의 알맞은 뜻을 찾아 선으로 이어 보세요.

1 슬쩍 •

2 활짝 •

• ㉠ 남의 눈을 피하여 재빠르게

• ㉡ 얼굴이 밝거나 가득히 웃음을 띤 모양

3~4 다음 뜻에 알맞은 낱말을 찾아 ○표 해 보세요.

3 자기도 모르는 사이에 잃어버린 물건

준비물   분실물

4 어떤 감정이나 마음이 일어나거나 나타나지 아니하도록 스스로 참다.

짓누르다   억누르다

5 다음 문장과 어울리도록 틀린 글자를 바르게 고쳐 써 보세요.

친구의 새 신발이 마음에 들어 틈이 났다.

6~7 다음 문장의 빈칸에 들어갈 알맞은 낱말을 보기 에서 찾아 써 보세요.

보기

뿌듯하다   모으다

6 어머니의 생신 선물을 사기 위해 용돈을 [ ].

돈을 써 버리지 않고 쌓아 두다.

7 열심히 준비했던 태권도 대회에서 좋은 성적을 거두어 [ ].

기쁨이 마음에 가득 차다.

고기를 먹지 않는 사람들

핵심 내용 이해

Q. 다음 낱말 카드를 활용하여 이 글을 쓴 목적을 완성해 보자!

| 채식 | 환경 | 채소 | 고기 |

(   )과 동물을 위해 (   )를 먹지 않고 대신 (   )를 먹는 '(   )'에 대해 알리기 위해 글을 썼다.

새로 알게 된 사실

Q. 이 글을 읽고 새롭게 알게 된 내용을 적어 보자!

나의 생각 정리

Q. 다음 글을 읽고, '나'는 트림세에 대해 어떻게 생각하는지 그 까닭과 함께 써 보자!

소가 방귀를 뀔 때 나오는 메탄 가스는 환경을 오염시켜요. 그래서 뉴질랜드에서는 소의 방귀에 세금을 걷어요. 뉴질랜드에서 소를 기르려면 방귀세를 내야 하는 거지요. 그런데 최근 방귀세에 이어 트림세도 걷겠다고 발표했어요. 트림을 할 때에도 메탄 가스가 나오거든요.

이에 사람들의 의견이 나뉘었어요. 트림세에 찬성하는 사람들은 세금을 걷어 환경을 위한 연구에 쓰면 도움이 될 거라고 생각해요. 반면 트림세에 반대하는 사람들은 트림세까지 걷으면 소를 키우는 사람들이 너무 큰 손해를 볼 것이므로 그보다는 소의 트림에서 메탄 가스를 줄일 수 있는 다른 기술을 개발해야 한다고 주장해요.

'나'는

어휘력 확인

1~2 다음 빈칸에 알맞은 글자를 쓰고, 낱말의 알맞은 뜻을 찾아 선으로 이어 보세요.

1 ☐ + 식 ·

· ㉠ 음식으로 고기를 먹음. 또는 그런 식사

2 ☐ + 식 ·

· ㉡ 고기류를 피하고 주로 채소, 과일, 해초 따위의 식물성 음식만 먹음.

3~4 다음 뜻에 알맞은 낱말을 찾아 ○표 해 보세요.

3 약간 달콤한 맛이 있다.

　달짝지근하다　　　짭짤하다

4 바스러지기 쉬울 정도로 물기가 아주 없이 보송보송하다.

　말랑말랑하다　　　바삭바삭하다

5~7 다음 문장의 빈칸에 들어갈 알맞은 낱말을 골라 색칠해 보세요.

5 닭장에서 나온 닭이 자유를 ☐.

　누리다　　　느리다

6 펄펄 끓는 주전자가 수증기를 ☐.

　내놓다　　　내뿜다

7 우유나 버터와 같은 ☐은 신선하게 보관해야 해요.

　유제품　　　신상품

태양계를 이루는 행성들

⚑ 핵심 내용 이해

Q. 다음 낱말 카드를 활용하여 태양계가 무엇인지 정리해 보자!

| 공간 | 여덟 | 행성 | 태양 |

✎ 태양계는 (　　　　　) 주위를 일정한 간격으로 되풀이하여 도는 (　　　　　)들과 그 (　　　　　)을 이루는 것을 말하며, 태양계에는 모두 (　　　　　) 개의 행성이 있다.

✈ 새로 알게 된 사실

Q. 이 글을 읽고 새롭게 알게 된 내용을 적어 보자!

✎ ____

____

☆ 나의 생각 정리

Q. 다음 글을 읽고, 만약 '내'가 탐사선을 보낸다면 어떤 탐사선을 보내고 싶은지 써 보자!

　　우리는 아직 우주에 대해 많은 것을 알지 못해요. 그래서 우주에 대한 정보를 얻기 위해 탐사선을 발사해요. 지금까지 많은 탐사선이 우주로 보내졌어요. 달로 간 탐사선은 달이 무엇으로 이루어져 있는지 알아냈어요. 화성으로 보내진 탐사선은 화성에 물이 있었다는 사실을 밝혀내기도 했지요.

　　탐사선에는 사람이 직접 타기도 해요. 아폴로 11호를 타고 달에 간 우주 비행사들은 처음으로 달에 착륙한 사람들로 알려져 있어요.

✎ '나'는 ______________________________________

____

____

어휘력 확인

1~2 다음 낱말의 알맞은 뜻을 찾아 선으로 이어 보세요.

1 지다 •

• ㉠ 오직 하나밖에 없다.

2 유일하다 •

• ㉡ 해나 달이 서쪽으로 넘어가다.

3~5 다음 문장의 빈칸에 들어갈 알맞은 낱말을 골라 색칠해 보세요.

3 항아리를 묻기 위해 ☐ 를 팠다.

구덩이   웅덩이

4 하늘에서 별똥별이 떨어져 ☐ 이 되었다.

운석   화석

5 방문에 달린 ☐ 가 떨어져 분을 삼글 수 없게 되있다.

조리   고리

6~7 다음 문장의 빈칸에 들어갈 알맞은 낱말을 **보기** 에서 찾아 써 보세요.

보기

흔적   간격

6 뒷산에 곰이 왔다 간 ☐ 이 발견되었다.

사라지거나 지나간 뒤에 남은 자국

7 책상과 의자 사이의 ☐ 이 좁아서 움직일 수가 없다.

공간적으로 벌어진 사이

세상에 맞선 시인, 허난설헌

핵심 내용 이해

Q. 다음 낱말 카드를 활용하여 이 글의 내용을 정리해 보자!

| 시 | 시인 | 포기 | 조선 |

✎ (　　　　) 시대의 (　　　　) 허난설헌은 여성이 공부를 하거나 시를 쓰는 것을 싫어 하는 차별 속에서도 (　　　　)하지 않고 (　　　　)를 썼어요.

새로 알게 된 사실

Q. 이 글을 읽고 새롭게 알게 된 내용을 적어 보자!

✎

나의 생각 정리

Q. 다음 글을 읽고, '나'도 어려운 상황 속에서 무언가를 끝까지 포기하지 않고 해 냈던 경험이 있는지 써 보자!

　　장영실은 조선 세종 때 노비의 자식으로 태어났어요. 조선 시대에는 노비의 자식은 노비가 되어야 했고, 벼슬에 오를 수 없었지요. 그러나 장영실은 포기하지 않고 과학 지식과 기술을 갈고 닦았어요. 그는 뛰어난 능력을 세종에게 인정받았고, 우리나라 최초의 물시계인 자격루 등을 만들며 조선시대 최고 과학자이자 기술자가 되었답니다.

✎ '나'는

(1~2) 다음 낱말의 알맞은 뜻을 찾아 선으로 이어 보세요.

1 일부 •

• ㉠ 한 부분. 또는 전체를 여럿으로 나눈 얼마

2 전부 •

• ㉡ 어떤 대상을 이루는 낱낱을 모두 합친 것

(3~4) 다음 뜻에 알맞은 낱말을 찾아 ○표 해 보세요.

3 가까운 사람이 죽어서 그와 이별하다.

잊다   잃다

4 부모나 사랑하는 사람이 죽어서 이별하다.

여리다   여의다

5 다음 문장과 어울리도록 틀린 글자를 바르게 고쳐 써 보세요.

그는 언제나 목목히 자신의 할 일을 한다.

(6~7) 다음 문장의 빈칸에 들어갈 알맞은 낱말을 **보기** 에서 찾아 써 보세요.

보기

보내다   전해지다

6 옛날이야기가 오랜 시간에 걸쳐 입에서 입으로 　　　　.

이어지거나 남겨지다.

7 자신이 만든 계획표를 잘 지킨 지희가 알찬 방학을 　　　　.

시간이나 세월이 지나가게 하다.

왕이 잠든 곳, 종묘에 가다

핵심 내용 이해

Q. 다음 낱말 카드를 활용하여 이 글을 쓴 목적을 완성해 보자!

> 정전   역사   주말   종묘

✎ 글쓴이는 지난 (　　　　　), 부모님과 (　　　　　)에 나들이를 가서 하마비와
(　　　　　) 등을 본 뒤 우리나라 (　　　　　)에 대해 더 공부해 보고 싶다고 생각했다.

새로 알게 된 사실

Q. 이 글을 읽고 새롭게 알게 된 내용을 적어 보자!

✎ ____

____

나의 생각 정리

Q. 다음 글을 읽고, '나'가 쓰고 싶은 여행 경험을 그 까닭과 함께 써 보자!

> **선생님:** 여행이나 현장 체험 학습을 다녀온 경험을 글로 쓸 수 있어요. 그 장소를 가게 된 까
> 닭, 그곳에서 보고 들은 것, 생각하거나 느낀 점을 정리해 써 보세요. 이렇게 경험을 글로
> 정리해 두면 시간이 지나도 그때의 경험을 쉽게 기억해 낼 수 있어요.
> **현우:** (혼잣말로) 그럼 나는 여름 방학에 가족과 함께 제주도에 다녀온 경험을 써야지. 성산
> 일출봉에 올라가서 보았던 풍경이 매우 아름다웠거든.

✎ '나'는 ____________________________________

____

____

(1~3) **다음 낱말의 알맞은 뜻을 찾아 선으로 이어 보세요.**

1 복잡 •

        • ㉠ 이용하기에 어려움이 많음.

2 불편 •

        • ㉡ 많은 사람들이 한곳에 빽빽이 모여 어수선함.

3 위험 •

        • ㉢ 안전하지 않고, 사고나 피해가 생길 수 있음.

(4~6) **다음 문장의 빈칸에 들어갈 알맞은 낱말을 보기 에서 찾아 써 보세요.**

보기
생명　　　　　좌우　　　　　도로

4 길을 건널 때는 [　　　　]을/를 살펴봐야 한다.
　　　　　　옆이나 곁 또는 주변

5 [　　　　]에는 자동차가 빨리 다녀서 위험하다.
차가 다니게 만든 넓은 길

6 강아지, 고양이 등의 [　　　　]을/를 소중히 해야 한다.
　　　　생물로서 살아 가게 하는 힘

(7~8) **다음 문장의 밑줄 친 말과 바꿔 쓸 수 있는 낱말에 ○표 해 보세요.**

7 길을 <u>천천히</u> 걸어서 지나간다. (서서히 / 빠르게)

8 수업 시간에 <u>떠드는</u> 친구들 때문에 힘들다. (조용한 / 재잘거리는)

음식은 어떻게 똥이 될까요?

핵심 내용 이해

Q. 다음 낱말 카드를 활용하여 음식이 지나는 길을 정리해 보자!

| 입안 | 작은창자 | 식도 | 큰창자 | 위 |

 우리 몸에 음식이 들어오면 음식은 (　　　　　), (　　　　　), (　　　　　), (　　　　　), (　　　　　)의 순서로 지나가요.

새로 알게 된 사실

Q. 이 글을 읽고 새롭게 알게 된 내용을 적어 보자!

나의 생각 정리

Q. 다음 글을 읽고, 작은창자가 주름진 것에 대한 '나'의 생각을 써 보자!

　작은창자는 계속 움직이면서 우리 몸에 필요한 영양분을 흡수해요. 작은창자는 아이들 일곱 명이 손을 벌리고 선 만큼 긴데, 음식물이 오랜 시간 작은창자를 지나가는 동안 영양분을 잘 흡수하기 위해서예요. 또한 작은창자 벽에는 수없이 많은 주름이 있어요. 이 또한 창자의 길이가 긴 것과 같은 이유 때문이에요.

'나'는

1~2 다음 뜻에 알맞은 낱말을 찾아 ○표 해 보세요.

1 긴 물건의 몸통 둘레가 큰 것

굵기　　　　길이

2 어느 곳에서 다른 곳으로 가기 위해 거쳐야 하는 길이나 길목

거리　　　　통로

3~4 다음 문장의 빈칸에 들어갈 알맞은 낱말을 골라 색칠해 보세요.

3 숨이 막혀서 집 ☐ 으로 나갔다.

안　　　　바깥

4 공사 때문에 매일 다니던 ☐ 가 막혀서 놀아가야 한다.

통로　　　　식도

5~7 다음 빈칸에 모두 들어갈 수 있는 낱말을 뜻을 참고하여 써 보세요.

5 배가 고파서 식당에서 ☐ 을/를 사 먹었다.

6 입안에 ☐ 을/를 넣으면 침샘에서 침이 나온다.

7 영양분이 빠져나간 ☐ 찌꺼기는 똥이 된다.

사람이 먹을 수 있도록 만든 밥이나 국 등의 물건

흥겨운 풍물놀이

☆ 핵심 내용 이해

Q. 다음 낱말 카드를 활용하여 풍물놀이를 설명해 보자!

| 전통 | 악기 | 노래 | 춤 | 연주 |

✎ 풍물놀이는 ______________________________

✈ 새로 알게 된 사실

Q. 이 글을 읽고 새롭게 알게 된 내용을 적어 보자!

✎ ______________________________

____

☆ 나의 생각 정리

Q. 다음 글을 읽고 '나'는 전통 악기의 모습을 보고 어떤 생각을 했는지 써 보자!

꽹과리는 놋쇠로 만들고, 채가 있어요.

태평소는 나팔 모양이며, 손가락으로 막는 여덟 개의 구멍과 입으로 부는 구멍이 있어요.
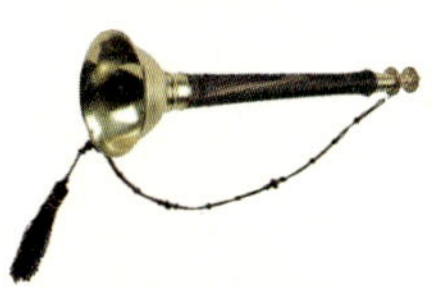

북은 나무나 쇠붙이 등으로 만든 둥근 통 모양으로, 양쪽에 가죽 부분이 있어요.

✎ '나'는 ______________________________

____

어휘력 확인

1~2 다음 뜻에 알맞은 낱말을 주어진 첫소리를 참고하여 써 보세요.

1 음악을 연주하는 데 쓰는 기구를 통틀어 이르는 말

ㅇ ㄱ : ______________________

2 어떤 집단이나 공동체에서 지난날부터 이어 내려오는 생각, 행동 등의 양식

ㅈ ㅌ : ______________________

3~5 다음 문장의 빈칸에 들어갈 알맞은 낱말을 **보기** 에서 찾아 써 보세요.

보기

놋쇠   야외   틀

3 ______ 을/를 두드려 그릇을 만들었다.
구리에 아연을 섞어 만든 쇠붙이

4 봄이 되자 ______ 으(로) 놀러가는 사람들이 많아졌다.
시가지에서 조금 멀리 떨어져 있는 들판

5 반죽에 강아지 모양 ______ 을/를 찍어 쿠키를 만들었다.
물건을 만드는 데 본이 되는 물건

6~7 다음 문장에 어울리는 낱말을 골라 ○표 해 보세요.

6 운동장에서 연극 (공연 / 연주)을/를 한다.

7 풍물놀이를 하며 (포근포근 / 덩실덩실) 춤을 춘다.

행복한 왕자

핵심 내용 이해

Q. 다음 낱말 카드를 활용하여 행복한 왕자의 내용을 정리해 보자!

보석 제비 심장 왕자 가난한 사람

✎ 행복한 왕자는 제비에게 ________________________________

✎ 하느님은 도시에서 가장 소중한 것으로 ________________________

새로 알게 된 사실

Q. 이 글을 읽고 새롭게 알게 된 내용을 적어 보자!

✎ ____

____

나의 생각 정리

Q. 다음 글을 읽고 '나'는 흉측해진 왕자의 동상을 보고 어떤 생각을 했는지 써 보자!

제비가 왕자의 몸에서 보석과 금을 조각조각 떼어 가난한 사람들에게 나누어 주자, 왕자는 보기 싫은 잿빛 동상이 되고 말았어요. 왕자의 모습은 흉측해졌지만, 가난한 사람들의 삶은 나아졌어요. / "아니, 행복한 왕자가 왜 저렇게 흉해졌지? 왕자가 거지보다 나을 게 없군. 아름답지 않은 왕자는 더 이상 필요가 없지." / 시장과 시 의원들은 행복한 왕자의 동상을 용광로에 넣어 녹여 버렸어요.

✎ '나'는 ____

____

____

 **어휘력 확인**

1~3 다음 낱말의 알맞은 뜻을 찾아 선으로 이어 보세요.

1 동상 •

    • ㉠ 어떤 일을 해 달라고 청하거나 맡김.

2 정원 •

    • ㉡ 집 안에 있는 뜰이나 꽃밭

3 부탁 •

    • ㉢ 구리로 사람, 동물 등의 모습을 만든 기념물

4~5 다음 빈칸에 알맞은 글자를 쓰고, 낱말의 알맞은 뜻을 찾아 선으로 이어 보세요.

4 금 + ☐ •

    • ㉠ 높은 온도로 녹여서 쇠를 뽑아내는 화로

5 용광 + ☐ •

    • ㉡ 금으로 만든 물건을 통틀어 이르는 말

6~8 다음 문장의 밑줄 친 말과 바꿔 쓸 수 있는 낱말에 ○표 해 보세요.

6 나에게 가족은 <u>귀중하다</u>. (하찮다 / 소중하다)

7 왕자가 한 일을 <u>찬양하다</u>. (찬미하다 / 낮추다)

8 영어를 공부하기로 <u>결정하다</u>. (작정하다 / 시작하다)

동물원에 다녀왔어요

핵심 내용 이해

Q. 다음 글자 카드를 활용하여 글쓴이가 이 글을 쓴 목적을 완성해 보자!

| 험 | 동 | 경 | 원 | 물 |

글쓴이는 독자에게 가족이 함께 ☐☐☐에서 ☐☐한 일과 느낀 점을 알리기 위해 이 글을 썼다.

새로 알게 된 사실

Q. 이 글을 읽고 새롭게 알게 된 내용을 적어 보자!

____

____

나의 생각 정리

Q. 다음 글을 읽고 '나'는 오랑우탄의 행동에 대해 어떤 생각을 했는지 써 보자!

오랑우탄은 긴 팔로 나무를 타고 다니며 먹이를 따 먹어요. 나무를 타다가 맛있는 과일을 발견하면 두 발로 과일을 붙들고 손으로 떼어 먹지요. 아기 오랑우탄은 엄마와 꼭 붙어 다니는데, 나무를 탈 때도 등이나 가슴에 꼭 매달려서 엄마 곁에서 떨어지지 않으려고 해요.

'나'는 ______________________________

____

____

어휘력 확인

1~3 다음 문장의 빈칸에 들어갈 알맞은 낱말을 보기 에서 찾아 써 보세요.

보기

| 품 | 입구 | 나들이 |

1 엄마와 함께 동물원 □□□ 을/를 간다.
집을 떠나 가까운 곳에 잠시 다녀오는 일

2 아기 오랑우탄이 엄마 □□□ 에서 떨어지지 않았다.
두 팔을 벌려서 안을 때의 가슴

3 수업이 끝나고 친구들과 교실 □□□ 에서 만나기로 했다.
들어가는 통로

4~5 다음 낱말의 알맞은 뜻을 찾아 선으로 이어 보세요.

4 행동 •

• ㉠ 몸을 움직여 동작을 하거나 어떤 일을 함.

5 설명 •

• ㉡ 어떤 일이나 대상의 내용을 상대편이 잘 알 수 있도록 밝혀 말함.

6~7 다음 문장의 밑줄 친 말과 바꿔 쓸 수 있는 낱말에 ○표 해 보세요.

6 판다가 대나무잎을 <u>질근질근</u> 씹고 있다. (바삭바삭 / 잘근잘근)

7 동생의 모습이 꼭 움직이는 인형과 <u>같다</u>. (비슷하다 / 다르다)

공부한 날 월 일

추석에는 무엇을 하나요?

핵심 내용 이해

Q. 다음 글자 카드를 활용하여 글쓴이가 이 글을 쓴 목적을 완성해 보자!

| 정 | 추 | 석 | 보 |

✎ 글쓴이는 독자에게 ☐☐ 에 대한 ☐☐ 를 전달하기 위해 이 글을 썼다.

새로 알게 된 사실

Q. 이 글을 읽고 새롭게 알게 된 내용을 적어 보자!

✎ ____

____

나의 생각 정리

Q. 다음 글을 읽고 '나'는 추석이 옛날 사람들에게 어떤 명절이라고 생각하는지 써 보자!

"더도 말고 덜도 말고 늘 한가윗날만 같아라."라는 말은 추석에 대한 속담 중 하나예요. 옛날 사람들은 한가위 때 외에는 다양한 음식을 넉넉하게 먹기 어려웠어요. 반면에 한가위 때는 온갖 곡식이 익어 추수를 했기 때문에 먹을 것이 풍성했어요. 그래서 사람들은 음식을 넉넉하게 해 서로 나눠 먹고, 좋은 옷을 만들어 입고, 즐거운 놀이를 하며 한가위를 지냈어요.

✎ '나'는 ________________________________

____

1~3 다음 낱말의 알맞은 뜻을 찾아 선으로 이어 보세요.

1 조상 •　　• ㉠ 돌아간 어버이 위로 대대의 어른

2 가마 •　　• ㉡ 농사가 다른 해에 비해 훨씬 많이 거둔 것

3 풍작 •　　• ㉢ 한 사람이 타고 여럿이 들거나 메던 작은 집 모양의 탈 것

4~6 다음 문장의 빈칸에 들어갈 알맞은 낱말을 보기 에서 찾아 써 보세요.

보기

지지다	합치다	앞세우다

4 친구와 나의 힘을 　　　.

　　　여럿을 하데 모으다.

5 엄마가 추석에 녹두전을 　　　.

　　　전을 부쳐 익히다.

6 밤길이 너무 무서워서 아빠를 　　　.

　　　앞에 서게 하다.

7 다음 문장과 어울리도록 틀린 글자를 바르게 고쳐 써 보세요.

전은 자료를 얇게 썰어 밀가루와 달걀을 묻힌 후 기름에 지진 음식이다.

물의 여행

핵심 내용 이해

Q. 다음 낱말 카드를 활용하여 물의 여행을 정리해 보자!

| 비와 눈 | 강이나 바다 | 작은 물방울 | 구름 | 수증기 |

물의 여행은 물이 돌고 도는 거예요. 강물이나 바닷물은 __________ 가 되고, 수증기가 모여 __________ 이 되고, 작은 물방울이 모여 __________ 이 되고, 구름은 다시 __________ 이 되어 땅에 떨어지고, 땅에 떨어진 물은 다시 __________ 로 흘러요.

새로 알게 된 사실

Q. 이 글을 읽고 새롭게 알게 된 내용을 적어 보자!

____

____

나의 생각 정리

Q. 다음 글을 읽고 '나'는 어떤 모습이 물이라고 생각하는지 써 보자!

우리가 마시는 물은 흐르는 모습이에요. 이 물이 0℃ 이하의 낮은 온도에 있으면 단단한 얼음이 되어요. 그리고 100℃ 이상의 높은 온도에 있으면 수증기가 되어요. 물은 단단한 얼음이 되기도, 공기 중으로 퍼지는 수증기가 되기도 하는 거예요.

'나'는 ____________________________

____

🔬 어휘력 확인

1~3 다음 뜻에 알맞은 낱말을 찾아 ○표 해 보세요.

1 물체의 바닥 부분

천장   바탕

2 물체의 모가 진 가장자리

모서리   모양

3 삶에서 누리는 좋고 만족할 만한 행운

복   삶

4~6 다음 문장의 빈칸에 들어갈 알맞은 낱말을 보기 에서 찾아 써 보세요.

보기

방위   공예품   깃봉

4 동서남북은 [ ]이다.

어떠한 쪽의 위치

5 깃발을 달 때 사용하는 것은 [ ]이다.

깃대 끝에 만든 꽃봉오리 모양의 꾸밈새

6 외국인들에게 선물하려고 우리나라 전통 [ ]을/를 샀다.

쓸모 있으면서 예술적으로 만든 물건

7 다음 문장과 어울리도록 틀린 글자를 바르게 고쳐 써 보세요.

오방색 중 노랑은 임금님의 옷을 만드는 대 사용되었어요.

우리집 고양이, 구름이

핵심 내용 이해

Q. 다음 낱말 카드를 활용하여 반려동물 구름이의 특징을 정리해 보자!

자동차	생선	풀	벌레	고양이

✎ 구름이는 ____________________________________

✎ 구름이는 ____________________________________

✎ 구름이는 ____________________________________

새로 알게 된 사실

Q. 이 글을 읽고 새롭게 알게 된 내용을 적어 보자!

✎ ____________________________________

____

나의 생각 정리

Q. 다음 글을 읽고 '나'는 구름이를 어떻게 생각하는지 써 보자!

구름이는 회색 털에 발만 하얘요. 회색 털은 반짝여서 바람이 불면 털이 물결치는 것처럼 보여요. 눈은 맑고 아름다운 녹색이어서 구름이의 눈을 바라보고 있으면 신비로운 느낌이 들어요. 구름이는 사료를 많이 먹는 편이 아니어서 몸은 가늘어요.

✎ '나'는 ____________________________________

____

____

어휘력 확인

1~3 다음 낱말에 알맞은 뜻을 찾아 선으로 이어 보세요.

1 반려 •

    • ㉠ 짝이 되는 동무

2 사료 •

    • ㉡ 주인에게 버려진 고양이

3 유기묘 •

    • ㉢ 가축에게 주는 먹을거리

4~6 다음 문장의 빈칸에 들어갈 알맞은 낱말을 골라 색칠해 보세요.

4 물건을 숨길 만한 비밀 장소를 ☐ 했다.

    발전   발견

5 나는 ☐ 이 많아서 밤길에 혼자 못 다닌다.

    겁   운

6 구름이는 자동차 소리를 ☐ 무서워한다.

    제일   별로

7~8 다음 문장의 밑줄 친 말과 바꿔 쓸 수 있는 낱말에 ○표 해 보세요.

7 고양이가 쥐를 <u>쫓다</u>. (뒤따르다 / 머무르다)

8 집을 수리하려고 벽지를 <u>뜯다</u>. (붙이다 / 떼다)

대형 상점의 돈은 어디로 갈까요?

Q. 다음 글자 카드를 활용하여 글쓴이가 이 글을 쓴 목적을 완성해 보자!

| 용 | 점 | 돈 | 사 | 상 |

글쓴이는 독자에게 대형 ☐☐에 낸 ☐이 ☐☐되는 곳을 알려 주기 위해 이 글을 썼다.

Q. 이 글을 읽고 새롭게 알게 된 내용을 적어 보자!

____

____

Q. 다음 글을 읽고 '나'는 돈의 역사에 대해 어떤 생각을 하는지 써 보자!

　　먼 옛날에는 필요한 물건이 있으면 그것을 가진 사람과 물건을 맞바꾸었어요. 하지만 여러 가지 불편한 점이 많았어요. 내게 필요한 물건을 가진 사람을 찾기도 힘들었고, 무겁거나 잘 상하는 물건은 가지고 다니기 불편했어요. 이런 불편함을 해결하기 위해 금이나 은으로 돈을 만들었어요. 나중에는 동전, 지폐, 수표, 신용카드, 전자 화폐 등 다양한 형태의 돈이 생겨났어요.

'나'는 _________________________________

____

어휘력 확인

1~3 다음 뜻에 알맞은 낱말을 찾아 ○표 해 보세요.

1 물건을 실어 나를 수 있도록 만든 작은 손수레

카트   주머니

2 여러 사람에게 보이기 위하여 물건을 죽 벌여 놓음.

진열   진도

3 나라를 운영하는 데 필요한 비용을 국민에게 거두어들이는 것

세금   기부금

4~5 다음 빈칸에 모두 들어갈 수 있는 낱말을 뜻을 참고하여 써 보세요.

4 우리 아빠는 가게를 [   ]한다.

— 조직을 관리하고 경영함.

5 우체국의 [   ] 시간은 아침 9시부터 저녁 6시까지이다.

6~7 다음 문장의 밑줄 친 말과 바꿔 쓸 수 있는 낱말에 ○표 해 보세요.

6 장사가 잘 되어서 <u>매장</u> 크기를 늘리게 되었다. (가게 / 시장)

7 언니는 편의점에서 일하고 매달 <u>월급</u>을 받는다. (용돈 / 임금)

28일차

북극곰은 왜 하얄까요?

☆ 핵심 내용 이해

Q. 다음 낱말 카드를 활용하여 북극곰이 하얀 까닭을 정리해 보자!

북극	환경	눈	사냥

✎ 북극곰이 하얀 까닭은

____

____

✈ 새로 알게 된 사실

Q. 이 글을 읽고 새롭게 알게 된 내용을 적어 보자!

✎ ____

____

☆ 나의 생각 정리

Q. 다음 글을 읽고 '나'는 북극곰이 사냥하는 모습에 대해 어떻게 생각하는지 써 보자!

북극곰은 얼음 위에서도 미끄러지지 않아요. 거대한 발에 작고 단단한 돌기가 있기 때문이에요. 또한 다른 동물을 사냥할 때 특이한 습관이 있어요. 사냥할 동물을 발견하면 북극곰은 가다가 멈춰 서고, 다시 가고를 반복해요. 마치 놀이를 하는 것처럼 보이는데, 이것은 북극곰이 몸집이 큰 자신의 모습을 하얀 눈 사이에 숨기기 위해서예요.

✎ '나'는 _______________________________________

____

1~3 다음 낱말의 알맞은 뜻을 찾아 선으로 이어 보세요.

1 띄다 •

• ㉠ 눈에 보이다.

2 살아남다 •

• ㉡ 감추어 보이지 않게 하다.

3 숨기다 •

• ㉢ 여럿 가운데 일부가 죽음을 피해 살아서 남아 있게 되다.

4~6 다음 문장의 빈칸에 들어갈 알맞은 낱말을 보기 에서 찾아 써 보세요.

⟨ 보기 ⟩

| 잡아먹히다 | 발견하다 | 도망가다 |

4 쥐가 고양이에게 ☐ .

다른 동물에게 잡혀 먹이가 되다.

5 토끼가 호랑이를 피해 멀리 ☐ .

벗어나기 위하여 다른 곳으로 가다.

6 방구석에서 잃어버렸던 귀걸이를 ☐ .

찾아내지 못한 것을 찾아내다.

7~8 다음 문장의 밑줄 친 말과 반대되는 뜻의 낱말에 ○표 해 보세요.

7 북극여우와 북극곰의 공통점은 둘 다 하얗다는 것이다. (차이점 / 문제점)

8 카멜레온이 몸의 색깔을 나무색과 비슷하게 바꾸었다. (빠르게 / 다르게)

색이 없는 그림인 수묵화

핵심 내용 이해

Q. 다음 낱말 카드를 활용하여 색이 없는 그림에 대해 정리해 보자!

| 먹 | 동양 | 검정 | 자연 | 수묵화 |

✎ 색이 없는 그림은 ______________________

✎ 색이 없는 그림은 ______________________

✎ 색이 없는 그림은 ______________________

새로 알게 된 사실

Q. 이 글을 읽고 새롭게 알게 된 내용을 적어 보자!

✎ ______________________

나의 생각 정리

Q. 다음 글을 읽고 '나'는 수묵화 〈몽유도원도〉가 어떤 그림이라고 생각하는지 써 보자!

　　수묵화 〈몽유도원도〉는 비단에 먹으로만 그린 그림이에요. 그림의 오른쪽 중간에는 복숭아밭이 있는데, 그 주변을 가파른 바위와 계곡이 둘러싸고 있어요. 복숭아밭에는 안개가 자욱하게 끼여 있고, 복숭아꽃이 활짝 피어 있어요. 그리고 밭 주변에는 집이 옹기종기 모여 있어요. 절벽에는 환상적인 폭포수가 쏟아져 내리고 있고, 물가에는 빈 배도 떠 있어요.

✎ '나'는 ______________________

🔬 어휘력 확인

(1~3) 다음 낱말의 알맞은 뜻을 찾아 선으로 이어 보세요.

1 표현 •

• ㉠ 유럽과 아메리카의 여러 나라를 통틀어 이르는 말

2 서양 •

• ㉡ 생각이나 느낌 따위를 언어나 몸짓 등으로 드러내어 나타냄.

3 동양 •

• ㉢ 아시아의 동쪽 및 남쪽 지역의 여러 나라를 통틀어 이르는 말

(4~6) 다음 문장의 빈칸에 들어갈 알맞은 낱말을 **보기** 에서 찾아 써 보세요

· 보기 ·

복잡하다   진하다   이용하다

4 퇴근 시간이라 길이 ☐☐☐☐ .
복작거리어 혼잡스럽다.

5 배가 아파서 학원에 있는 화장실을 ☐☐☐☐ .
필요에 따라 이롭게 쓰다.

6 동해 바다는 물이 깊어서 바다색이 ☐☐☐☐ .
액체의 농도가 짙다.

7 다음 문장과 어울리도록 틀린 글자를 바르게 고쳐 써 보세요.

수묵화를 그릴 때는 검정을 진하거나 연게 해서 산의 신비로운 모습을 그린다.

시르릉 비쭉 할라뽕

Q. 다음 낱말 카드를 활용하여 〈시르릉 비쭉 할라뽕〉의 줄거리를 정리해 보자!

| 궁이 | 정승 | 깃털 | 활대 | 사위 |

궁이는 집에서 쫓겨나 길을 가다 시르릉새, 비쭉새, 할라뽕새를 만나 소리 나는 깃털을 얻게 된다.

Q. 이 글을 읽고 새롭게 알게 된 내용을 적어 보자!

Q. 다음 글을 읽고 '나'가 궁이라면 집에서 쫓겨났을 때 어떻게 했을지 생각을 써 보자!

궁이는 밤낮 없이 활만 쏘러 다녔어요.

어느 날, 활을 쏘러 나가는 궁이에게 아버지가 버럭 화를 냈어요.

"쌀 한 톨도 안 나오는 활을 또 쏘러 가는 게냐? 더 이상 못 참겠다. 나가라! 정승 사위라도 되면 그때나 들어와라!"

할 줄 아는 게 활 쏘는 것뿐인데 궁이가 어떻게 정승 사위가 되겠어요? 아버지는 정신 차리면 집에 돌아오라는 뜻으로 말한 거였을 거예요.

'나'는

어휘력 확인

1~3 다음 뜻에 알맞은 낱말을 찾아 ○표 해 보세요.

1 딸의 남편을 이르는 말

> 사위　　　며느리

2 화살을 쏘아 보내는 기구의 몸체

> 장대　　　활대

3 손을 놀려 무엇을 만들거나 어떤 일을 하는 재주

> 솜씨　　　말씨

4~5 다음 빈칸에 모두 들어갈 수 있는 낱말을 뜻을 참고하여 써 보세요.

4 도대체 무슨 [　　　]을/를 하는 것인지 모르겠다.

5 깃털을 붙이니 걸을 때마다 '시르릉' [　　　]이/가 났다.

— 귀청을 울리어 귀에 들리는 것

6~8 다음 문장의 빈칸에 들어갈 알맞은 낱말을 **보기** 에서 찾아 써 보세요.

> **보기**
>
> 매달다　　　엿보다　　　발휘하다

6 행사에서 숨겨진 능력을 [　　　].

떨치어 나타내다.

7 학교 가방에 인형 열쇠고리를 [　　　].

잡아매어서 달려 있게 하다.

8 친구에게 먼저 사과할 기회를 [　　　].

이루고자 온 마음을 쏟아서 눈여겨보다.

MEMO

MEMO

초등 국어 문해력

정답과 해설

1단계 | 실력편

초등 1·2학년

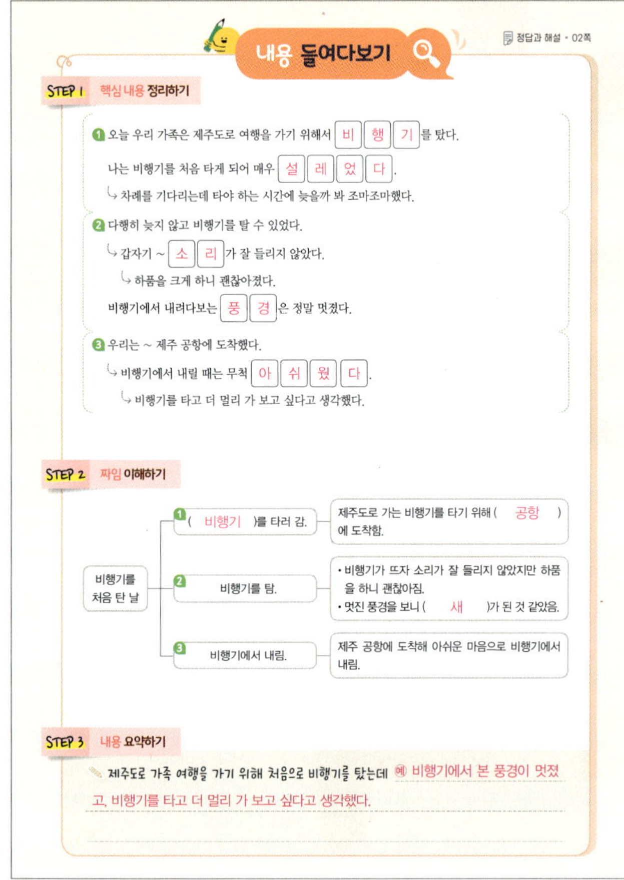

문제로 확인하기   본문 • 016쪽

1 ④   **2** ⑤   **3** ㉡ → ㉠ → ㉢
4 형민

1 '나'는 일기의 처음 부분에 우리 가족은 제주도로 여행을 가기 위해서 비행기를 탔다고 비행기를 탄 까닭을 밝히고 있어요.

2 2문단에서 비행기가 떠오르자 갑자기 귀가 꽉 막힌 듯 소리가 잘 들리지 않아 깜짝 놀랐지만, 다행히 하품을 하니 괜찮아졌다고 하였어요.

오답 풀이
귀가 들리지 않는 문제를 해결하기 위해 일부러 하품을 했지만, 하품이 계속 나지는 않았어요. 배가 아프거나, 심장이 빠르게 두근거리거나, 눈앞이 흐려져 아무것도 보이지 않았다는 내용은 이 글에 나와 있지 않아요.

3 공항에 도착한 '나'는 비행기를 타려고 줄을 선 사람들이 많은 것을 보고 혹시 늦을까 봐 조마조마했어요. 비행기를 탄 뒤에는 작게 보이는 건물과 도로, 자신의 옆으로 흘러가는 구름을 보고 마치 새가 된 것 같다고 생각했어요. 그리고 비행기에서 내릴 때에는 다음에는 비행기를 타고 더 멀리 가 보고 싶다고 생각했어요.

4 **보기** 에서는 공항에 모인 사람들을 보고 어떤 마음이 들었는지 이야기하고 있어요. '나'의 상황을 생각해 보고 언제 이와 같은 생각을 했을지 짐작해 보세요. 공항의 상황에 대해 이야기하고 있으므로 공항에 도착했을 때 한 생각인 것을 알 수 있어요.

오답 풀이
비행기가 떠올랐을 때에는 비행기 안의 모습이나 비행기 창문 밖으로 보이는 풍경에 대해 생각했을 거예요. 또 비행기가 제주도에 도착했을 때에는 비행기에서 내리며 든 생각이나 새로운 장소에 대한 생각을 할 수 있어요.

어휘력 다지기   본문 • 017쪽

1 ㉠   **2** ㉡   **3** 공중   **4** 북적이다
5 공항   **6** 차례   **7** 풍경

낱말 더 보기

• **두둥실**: 물 위나 공중으로 가볍게 떠오르거나 떠 있는 모양
예 하늘에는 흰 구름이 <u>두둥실</u> 떠 있었다.

• **맞이하다**: 오는 사람이나 물건을 예의 있게 받아들이다.
예 우리 집에 온 손님을 반갑게 <u>맞이했다.</u>

글의 내용 이 글에서는 재판을 언제 하는지, 재판을 하는 사람은 누구인지에 대해 설명하고 있어요. 재판에 참여하는 사람은 검사, 변호사, 판사이고 각각 다른 역할을 맡고 있어요.

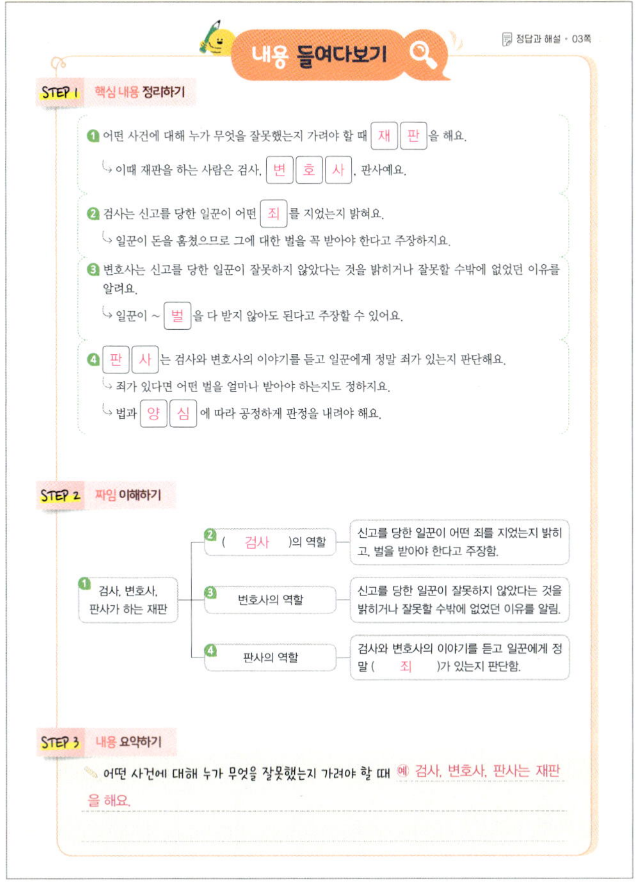

1 재판   **2** ○   **3** ②, ③   **4** 변호사

1 1문단에 어떤 사건에 대해 누가 무엇을 잘못했는지 가려야 할 때 재판을 한다고 나와 있어요.

2 재판을 할 때 검사와 변호사 모두 사건에 대해 가지고 있는 입장을 판사 앞에서 주장해요. 그러나 재판에서 검사와 변호사가 하는 일은 달라요. 만약 농장 주인의 돈을 훔친 일꾼에 대한 재판이 열린다면 검사는 일꾼이 어떤 죄를 지었는지 밝힐 거예요. 반면에 변호사는 검사와 다른 입장에서 일꾼이 잘못하지 않았다는 것을 밝히거나 잘못할 수밖에 없었던 이유를 알릴 거예요.

3 변호사는 일한 만큼 돈을 주지 않은 농장 주인으로부터 돈을

훔친 일꾼이 벌을 받지 않도록 해야 해요. 그러므로 농장 주인보다 큰 잘못을 한 일꾼이 벌을 받아야 한다는 말은 하지 않을 거예요. 반면, 검사는 일꾼의 죄를 밝혀야 하므로 일꾼에게 벌을 주지 말아야 한다는 말은 검사와 어울리지 않아요.

오답 풀이
판사는 검사와 변호사의 말을 모두 듣고 그중 옳다고 생각하는 주장을 받아들여 일꾼에게 줄 벌을 정해요. ⑤에서 판사는 도둑질은 나쁜 일이라는 검사의 주장과 농장 주인에게도 잘못이 있다는 변호사의 주장을 듣고 어떤 벌을 내릴지 고민하고 있어요.

4 빈칸에 들어갈 사람은 교통 신호를 지키지 않은 아버지의 상황을 생각하며 아버지가 벌을 받지 않아야 한다고 주장하고 있어요. 이와 같은 역할을 하는 사람은 변호사예요.

오답 풀이
검사는 교통 신호를 지키지 않은 아버지의 죄를 밝히고 이에 알맞은 벌을 주어야 한다고 주장할 거예요. 그리고 판사는 검사와 변호사의 이야기를 모두 듣고 아버지에게 내릴 벌을 결정할 거예요.

1 밝히다   **2** 훔치다   **3** 신고   **4** 주장
5 벌   **6** 죄

낱말 더 보기

- **신호**: 일정한 기호, 표지, 소리, 몸짓 따위로 내용 또는 정보를 전하거나 지시를 함. 또는 그렇게 하는 데 쓰는 기호
  예 횡단보도에서 신호를 지켜 길을 건너야 한다.
- **성장**: 사람이나 동물, 식물이 자라서 점점 커짐.
  예 성장하는 어린이들은 잠을 충분히 자야 한다.

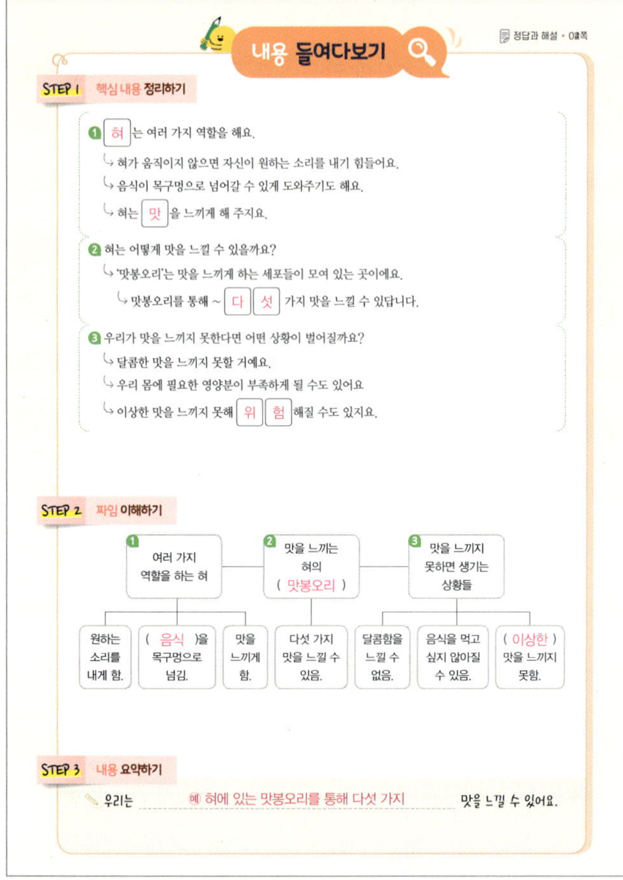

오답 풀이

혀에는 모두 1만여 개의 맛봉오리가 모여 있어요. 이 글에서 맛봉오리를 몸 어디에서든 발견할 수 있다는 내용은 찾을 수 없어요. 맛봉오리는 혀에 있어요.

4 보기 의 아이는 감기에 걸려서 맛을 느낄 수 없게 되었어요. 3문단에서 맛을 느낄 수 없게 되면 상한 음식을 먹었을 때 이 상한 맛을 느끼지 못해 위험할 수 있다고 하였어요.

오답 풀이

㉠ 맛을 느낄 수 없게 되었다고 하였으므로 아이스크림의 단 맛도 잘 느낄 수 없을 거예요.

㉢ 상한 음식의 맛을 느끼지 못하므로 유통 기한이 지난 우유 의 맛을 구별하기도 힘들어요.

어휘력 다지기　본문 · 025쪽

1 (2) ○　　**2** (1) ○　　**3** 영양분　　**4** 역할
5 비밀　　**6** 상황

낱말 더 보기

- **과장**: 사실보다 지나치게 불려서 나타냄.
  예 이야기를 할 때에는 과장하지 말고 사실 그대로 전하는 것이 좋다.
- **싱싱하다**: 시들거나 상하지 아니하고 생기가 있다.
  예 오늘 밭에서 딴 오이가 매우 싱싱하다.
- **풍부하다**: 넉넉하고 많다.
  예 주변에 산이 있어서 새의 먹이가 풍부하다.

문제로 확인하기　본문 · 024쪽

1 ③　　**2** (1) ○　　**3** 하나　　**4** ㉢

1 이 글에서는 여러 가지 혀의 역할 중 맛을 느끼게 하는 역할에 대해 이야기하고 있어요. 이 글을 통해 우리는 혀의 '맛봉오리'를 통해 맛을 느낀다는 사실을 알 수 있어요.

2 혀는 다양한 역할을 해요. 이 글에서 혀는 우리가 원하는 소리를 내게 도와주고, 음식이 목구멍으로 넘어갈 수 있게 도와주며, 맛을 느끼게 해 준다고 나타나 있어요.

3 2문단에서 맛봉오리는 맛을 느끼게 하는 세포들이 모여 있는 곳이라고 하였어요. 우리는 이 맛봉오리를 통해 모두 다섯 가지의 맛을 느낄 수 있어요.

Day 04 우리의 소리, 판소리

글의 내용 이 글은 우리의 전통 음악인 판소리에 대해 설명하고 있어요. 판소리는 넓은 마당에 모인 관객 앞에서 노래하는 사람인 소리꾼과 북을 치는 사람인 고수가 공연을 해요. 소리꾼은 북 장단에 맞춰 말과 노래, 표정과 몸짓으로 공연의 내용을 전달하지요.

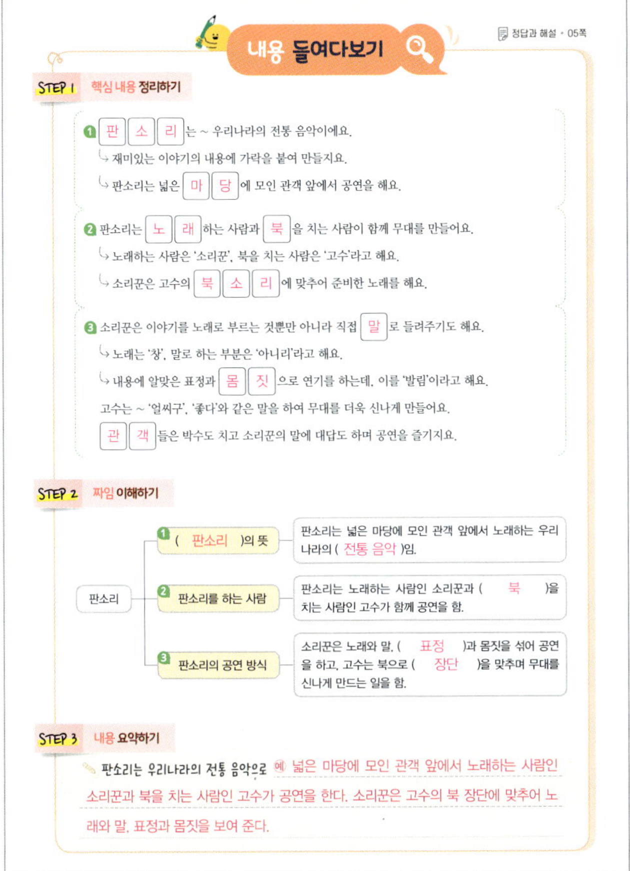

어요. 또 관객들은 박수도 치고 소리꾼의 말에 대답도 하며 공연을 즐긴다고 했어요. 따라서 판소리가 좁고 조용한 곳에서 하는 공연이라는 설명은 알맞지 않아요.

오답 풀이

① 판소리는 조선 시대부터 내려오는 우리나라의 전통 음악이므로 아주 오래되었어요.

② 관객들은 판소리 공연을 보며 박수도 치고 소리꾼의 말에 대답도 해요.

④ 판소리는 노래하는 사람인 '소리꾼'과 북을 치는 사람인 '고수'가 함께하는 공연이에요.

⑤ 오래전부터 내려오는 전통 음악인 판소리는 관객들이 함께 즐기는 공연이에요. 그러므로 옛날 사람들이 판소리를 보며 즐거운 시간을 보냈을 거라고 짐작할 수 있어요.

4 판소리 공연을 할 때 소리꾼은 내용에 알맞은 표정과 몸짓을 하며 노래와 말을 해요.

오답 풀이

판소리에서는 고수가 이야기의 내용에 어울리는 장단으로 북을 쳐요. 판소리에 피아노는 사용되지 않으므로 피아노 연주가 아름다웠다는 유미의 말은 알맞지 않아요.

어휘력 다지기

1 ㉡   **2** ㉠   **3** 연기   **4** 전통
5 공연   **6** 관객

낱말 더 보기

· **서럽다**: 억울하고 슬프다.
  예 동생과 싸웠는데 엄마가 나만 혼을 내서 서러웠다.

문제로 확인하기

1 (1) 소리꾼 (2) 고수   **2** 발림   **3** ③
4 지흥

1 판소리는 노래하는 사람과 북을 치는 사람이 함께 무대를 만들어요. 판소리에서 노래하는 사람은 '소리꾼', 북을 치는 사람은 '고수'라고 불러요.

2 3문단에서 소리꾼이 하는 노래와 말, 표정과 몸짓을 각각 무엇이라고 부르는지 설명하고 있어요. 노래로 전하는 부분은 '창', 말로 전하는 부분은 '아니리', 표정과 몸짓을 연기하는 것은 '발림'이라고 해요.

3 판소리는 넓은 마당에 모인 관객 앞에서 하는 공연이라고 했

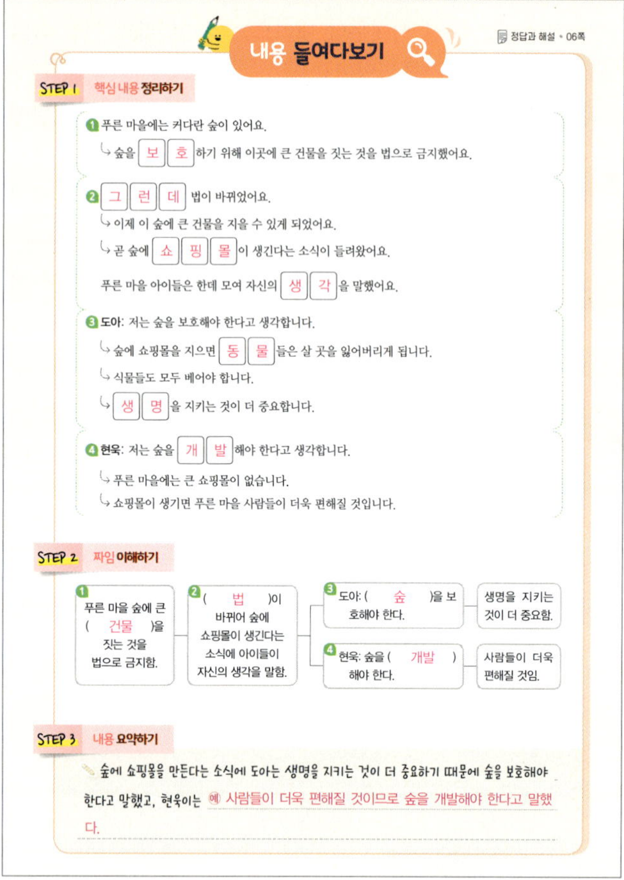

3 3문단에서 도아는 숲에 쇼핑몰을 지으면 동물들은 살 곳을 잃게 되고 식물들도 모두 베어야 할 것이라고 말했어요. 따라서 도아는 쇼핑몰을 지어 편리해지는 것보다 생명을 지키는 것이 더 중요하다고 생각한다는 것을 알 수 있어요.

오답 풀이

① 도아의 집이 어디에 있는지는 이 글에 나와 있지 않아요.

② 도아는 쇼핑몰이 생기면 사람들이 편리해지겠지만 생명을 지키는 것이 더 중요하다고 했어요.

③ 숲을 개발하는 데 돈이 얼마나 드는지에 대해서는 이 글에 나와 있지 않아요.

4 연희는 할머니께 드릴 장갑을 사려고 쇼핑몰에 가고 싶었지만 너무 멀어서 사러 가기가 힘들었어요. 만약 쇼핑몰이 가까이에 있었다면 쉽게 갈 수 있었을 거예요. 그러므로 연희는 숲에 쇼핑몰을 지으면 편리할 것이라고 생각할 거예요.

어휘력 다지기 본문 · 033쪽

| 1 울창하다 | 2 베다 | 3 보호 | 4 개발 |
| 5 편리 | 6 금지 | | |

낱말 더 보기

· **멸종:** 생물의 한 종류가 아주 없어짐.
  예 공룡은 오래전에 지구상에서 멸종되었다.

· **경호:** 위험한 일이 일어나지 않도록 미리 조심하고 보호함.
  예 해외에서 온 유명한 축구 선수를 경호했다.

· **계발:** 슬기나 재능, 사상 따위를 일깨워 줌.
  예 자신이 잘하는 것을 한 가지씩 계발하도록 하자.

문제로 확인하기 본문 · 032쪽

| 1 쇼핑몰 | 2 ① | 3 ④, ⑤ | 4 (2) ○ |

1 법이 바뀌게 되어 푸른 마을의 숲에 큰 건물을 지을 수 있게 되자, 쇼핑몰이 생긴다는 소식이 들려왔어요.

2 1문단에서 숲을 보호하기 위해 푸른 마을에 있는 커다란 숲에 큰 건물을 짓는 것을 법으로 금지했다고 하였어요.

오답 풀이

② 숲에 위험한 동물이 사는지는 이 글을 읽고 알 수 없어요.

③ 이 글에는 숲의 주인에 대한 내용은 나와 있지 않아요.

④ 현욱이처럼 숲을 개발하여 큰 건물을 짓자고 하는 사람도 있어요.

⑤ 푸른 마을의 숲은 커다란 숲이에요. 그리고 건물을 지을 자리가 없다는 내용은 나와 있지 않아요.

도서관에서는 어떻게 해야 할까요?

글의 내용 이 글은 책 깨끗이 보기, 보고 난 책을 알맞은 곳에 두기, 조용히 하기 등 도서관을 이용할 때 지켜야 할 점들에 대해 알려 주고 있어요. 도서관은 여러 사람이 이용하는 곳이므로 서로 배려하는 마음을 가져야 해요.

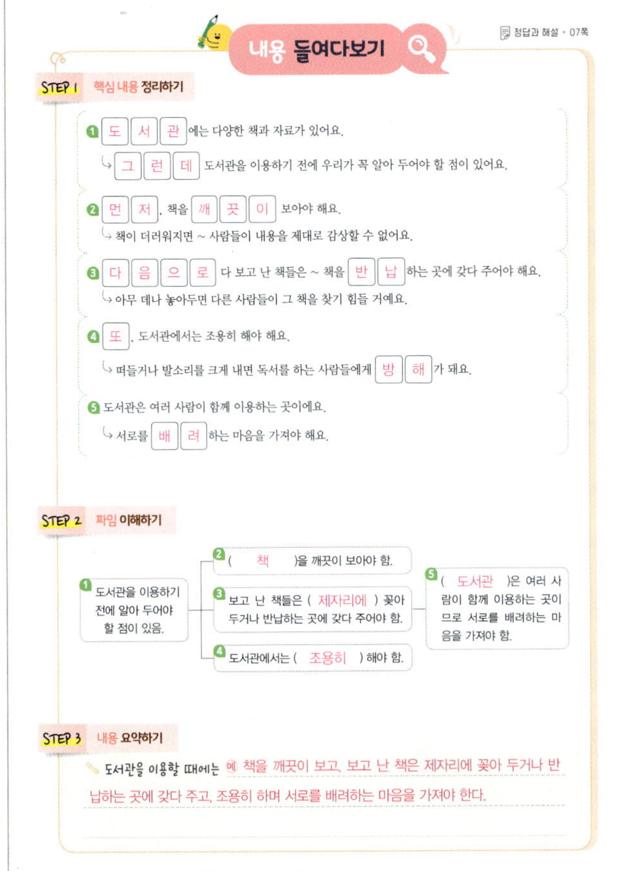

문제로 확인하기

1 ④   **2** ②   **3** [3] ○   **4** 재민

1 이 글은 책 깨끗이 보기, 다 보고 난 책들은 제자리에 꽂아 두거나 반납하는 곳에 갖다 주기, 도서관에서는 조용히 하기 등 도서관을 이용하기 전에 꼭 알아 두고 지켜야 할 것들에 대해 알려 주고 있어요.

2 5문단에서 도서관은 여러 사람이 함께 이용하는 곳이므로 모두가 즐겁게 도서관을 이용하기 위해서는 서로 배려하는 마음을 가져야 한다고 했어요.

3 4문단에는 소란스럽게 떠들거나 발소리를 크게 내면 독서를 하는 사람에게 방해가 되므로 도서관에서 조용히 해야 한다

는 것을 알려 주었어요. 그러므로 친구와 이야기를 하고 싶을 때에는 휴게실과 같이 쉬는 공간을 찾아가야 해요.

오답 풀이

책을 읽은 다음에는 제자리에 꽂아 두거나 책을 반납하는 곳에 갖다 주어야 다음 사람이 책을 쉽게 찾을 수 있어요. 도서관에서는 조용히 해야 하므로 친구들과 책을 읽고 느낀 점을 이야기하고 싶으면 휴게실과 같은 공간을 찾아가야 해요.

4 **보기**의 친구는 도서관에서 책을 찢고 있어요. 2문단에서 도서관에 있는 책에 낙서를 하거나 책을 찢어서는 안 된다고 했어요.

오답 풀이

책을 찢어서도 안 되지만 낙서를 해도 안 되므로 형광펜으로 밑줄을 긋는 것은 옳지 않아요. 도서관에 있는 책은 다음에 그 책을 읽을 사람을 위해 깨끗이 보아야 해요.

어휘력 다지기

1 방해   **2** 배려   **3** 감상   **4** 반납
5 휴게실   **6** 자료

낱말 더 보기

- **취하다**: 자기 것으로 만들어 가지다
  예 건강을 위해서 충분한 영양을 취해야 한다.
- **철저히**: 깊은 속까지 모조리 미치어 빈틈이나 부족함이 없이
  예 실수하지 않도록 철저히 준비해야 한다.

 이 글에서는 세계 여러 나라에서 열리는 다양한 축제들에 대해 소개하고 있어요. 태국에서는 '송끄란', 브라질에서는 '리우 카니발', 스페인에서는 '라 토마티나'라는 축제가 열려요.

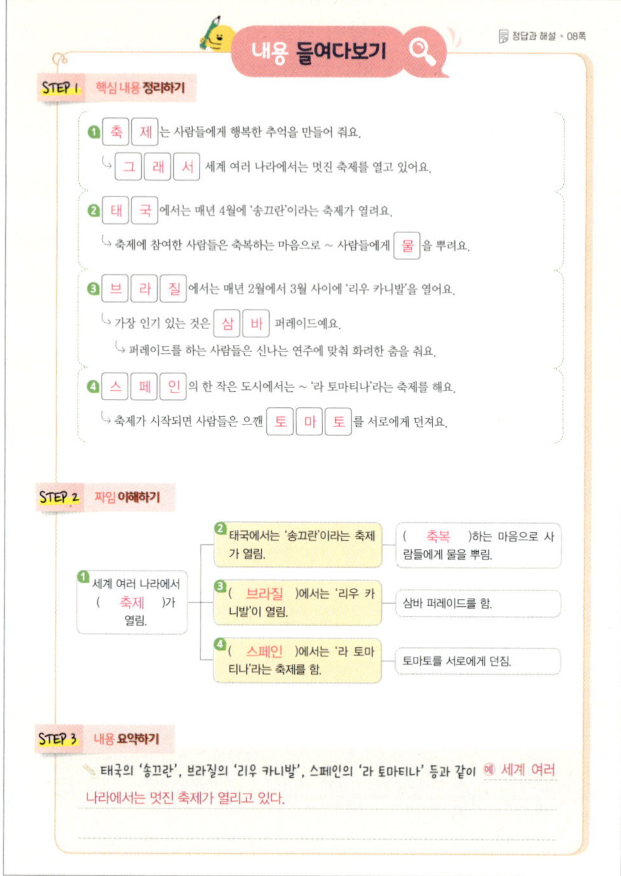

사람들에게 물을 뿌리는 축제는 태국에서 열리는 '송끄란'이에요. 스페인에서 열리는 '라 토마티나'에서 토마토를 던진다고 하였지만, 가지를 이용한 다양한 요리를 먹을 수 있다는 내용은 이 글에 나와 있지 않아요.

4 성빈이가 참여한 축제는 브라질에서 열리는 '리우 카니발'이에요. 이 축제에서는 브라질의 전통 음악이자 춤인 삼바를 보여 주는 퍼레이드가 가장 인기 있어요.

② '라 토마티나'는 스페인에서 열리는 축제예요.
③ 브라질의 축제 '리우 카니발'은 매년 2월에서 3월 사이에 열려요. 매년 8월 마지막 주 수요일에 열리는 축제는 '라 토마티나'예요.
⑤ '리우 카니발'은 누구나 참여할 수 있는 축제예요. 이 글에는 이 축제에 참여하기 위해 예약을 해야 한다는 내용은 나와 있지 않아요.

어휘력 다지기   본문 · 043쪽

1 ㉠   **2** ㉡   **3** 열었다   **4** 화려하다
5 으깨다   **6** 매년

낱말 더 보기

· **화목하다**: 서로 뜻이 맞고 정답다.
 예 서로 사랑하며 사는 우리 가족은 <u>화목하다</u>.
· **즐기다**: 즐겁게 누리거나 맛보다.
 예 물놀이를 <u>즐기는</u> 우리 가족은 수영장으로 향했다.

문제로 확인하기   본문 · 042쪽

1 (1) ㉢ (2) ㉡ (3) ㉠   **2** 송끄란   **3** 예슬
4 ①, ④

1 태국에서는 '송끄란', 브라질에서는 '리우 카니발', 스페인에서는 '라 토마티나'라는 축제가 열려요.

2 태국에서 열리는 '송끄란'에서는 축제에 참여한 사람들을 축복하는 마음으로 가족이나 이웃 또는 지나가는 사람에게 물을 뿌려요. 그래서 '송끄란'은 '물의 축제'라고도 불려요.

3 스페인에서 열리는 축제인 '라 토마티나'에서는 서로에게 으깬 토마토를 던져요. 그러므로 토마토를 맞고 즐거워하는 사람들에 대해 이야기한 예슬이의 말이 알맞아요.

겨울에 나뭇잎이 모두 떨어지는 나무도 있고 일 년 내내 나뭇잎을 달고 있는 나무도 있어요. 은행나무나 단풍나무는 봄마다 새 잎이 돋지만, 전나무나 소나무는 일 년 내내 늘 푸른 모습이에요.

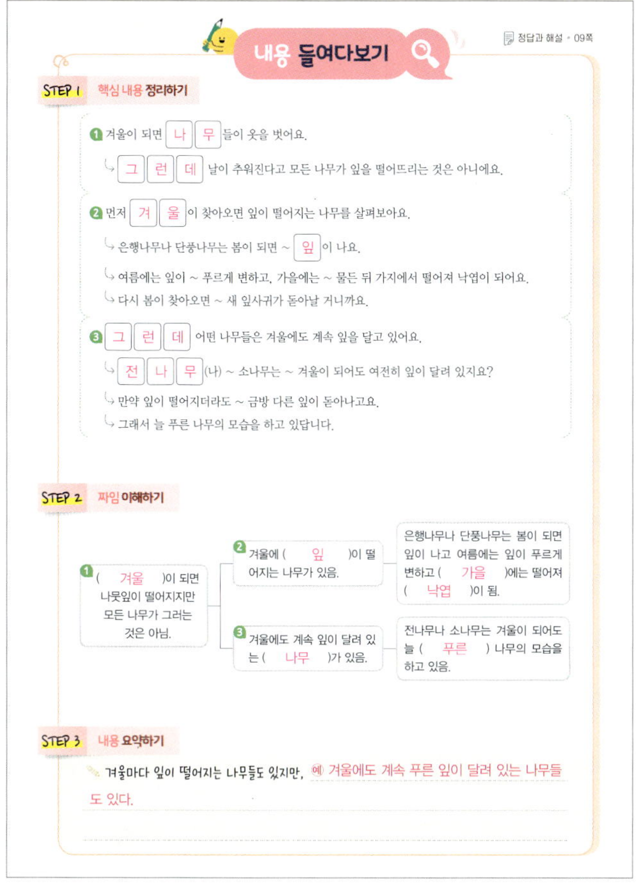

지에 새 잎이 나고 여름에는 잎이 더욱 푸르게 변하고 가을에는 노란색으로 물들어 낙엽이 돼요.

오답 풀이

모든 나무가 겨울에 잎을 모두 떨어뜨리거나 일 년 내내 푸른 빛을 띠는 것은 아니에요. 나무에 따라 가을에 낙엽이 지는 나무도 있고, 항상 푸른 잎을 달고 있는 나무도 있어요. 겨울에 잎이 떨어지는 나무는 봄이 되면 새 잎이 돋아나요. 단풍나무도 그와 같은 나무 중 하나예요.

4 크리스마스 장식을 꾸미기 위해 사용한 나무는 겨울에도 푸른 나뭇잎을 갖고 있어요. 3문단에서 이와 같은 나무는 잎이 오래 살고, 만약 잎이 떨어지더라도 그 자리에 금방 다른 잎이 돋아난다고 하였어요.

오답 풀이

봄마다 가지에 새 잎이 나고, 가을에 잎이 붉은색, 노란색으로 물들어 낙엽이 되는 나무는 겨울이 찾아오면 잎이 떨어지는 나무예요. 주어진 글에서는 푸른 나뭇잎에 알록달록한 장식을 달았다고 하였어요.

---

1 이 글은 겨울에 잎을 떨어뜨리는 나무와 겨울에도 계속 잎을 달고 푸른 모습을 하고 있는 나무의 특징에 대해서 구분하여 설명하고 있어요.

2 2문단에서 가을이 지나면 잎이 떨어지는 나무의 예로 은행나무와 단풍나무를 들고 있어요.

오답 풀이

3문단에서 겨울에도 계속 잎을 달고 있는 나무의 예로 크리스마스 트리를 만들 때 쓰는 전나무와 늘 푸른빛을 띠는 소나무를 들고 있어요.

3 은행나무는 겨울에 잎을 떨어뜨리는 나무예요. 봄이 되면 가

낱말 더 보기

• **돋아나다**: 속에 생긴 것이 겉으로 또렷이 나오거나 나타나다.
예 씨를 뿌린 화분에서 새싹이 돋아나다.

• **저물다**: 해가 져서 어두워지다.
예 겨울이 되니 해가 일찍 저문다.

Day 09 자연을 닮은 건축물

글의 내용 건축물 가운데에는 자연을 본떠 만든 것들이 있어요. 스페인의 사그라다 파밀리아 성당은 잎사귀, 나뭇가지, 곤충, 새 등 다양한 자연의 모습을 닮았어요. 그리고 미국의 구겐하임 미술관은 달팽이와 소라 껍데기를, 호주의 오페라 하우스는 조개껍데기를 닮았어요.

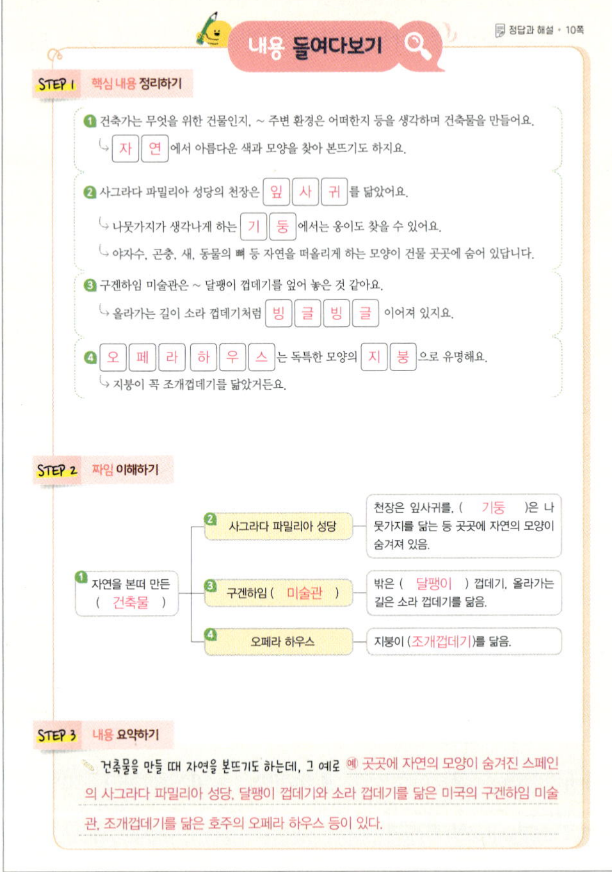

있어요. 사그라다 파밀리아 성당은 스페인의 건축가 가우디가 만든 건축물로, 천장은 잎사귀를, 기둥은 나뭇가지를 닮았어요. 그 외에도 건물 곳곳에서 야자수, 곤충, 새, 동물의 뼈 등 자연의 모습을 찾을 수 있어요.

3 이 글에서는 자연을 닮은 건축물에 대해 설명하고 있어요. 거미줄을 닮은 통신탑이나 새 둥지를 닮은 베이징 내셔널 스타디움 모두 자연의 모습을 본떠 만들었어요.

4 이 글에서 설명한 건축물 중 조개껍데기와 닮은 지붕에 바다의 풍경과 어울리는 건축물은 '오페라 하우스'예요. 오페라 하우스는 호주의 시드니에 있어요.

오답 풀이

① 주어진 글은 호주 시드니에 있는 오페라 하우스에 관한 설명이에요.

② 건축물이 완성되지 않았다는 내용은 이 글에 나와 있지 않아요.

④ 밖에서 보면 달팽이 껍데기를 엎어 놓은 것 같은 건물은 미국의 구겐하임 미술관이에요.

⑤ 야자수, 곤충, 새, 동물의 뼈 등의 모양을 찾아볼 수 있는 건물은 스페인의 사그라다 파밀리아 성당이에요.

어휘력 다지기

1 건축물   **2** 건축가   **3** 조화롭다   **4** 본뜨다
5 옹이   **6** 설계

낱말 더 보기

• **모형:** 실제로 있는 물건이나 사람을 본떠 만든 물건
  예 아이스크림 모형이 진짜 아이스크림처럼 먹음직스럽게 생겼다.

• **꼼꼼하다:** 빈틈이 없이 차분하고 조심스럽다.
  예 성격이 꼼꼼해서 실수를 잘 하지 않는다.

문제로 확인하기

1 원우   **2** ①, ⑤   **3** (1) ○ (3) ○   **4** ③

1 이 글은 자연을 닮은 세계의 여러 건축물들에 대해 설명하고 있어요.

2 건물 주변에 펼쳐진 바다와 잘 어울린다는 내용은 4문단의 시드니의 오페라 하우스에 관한 설명에서 찾을 수 있어요. 관람객들이 빙글빙글 이어진 길을 따라 안쪽을 구경할 수 있는 건물은 미국의 구겐하임 미술관으로, 3문단에서 설명하고 있어요.

오답 풀이
사그라다 파밀리아 성당에 대한 설명은 2문단에서 찾을 수

 옛날 어느 마을에 살던 게으름뱅이 총각이 소가 되었어요. 소가 되면 매일 풀만 먹고 놀 줄 알았는데 생각했던 것과 달리 하루 종일 일만 하게 되었지요. 소가 된 총각은 무를 먹고 다행히 사람으로 돌아올 수 있었어요. 그리고 앞으로 성실하게 살아야겠다고 다짐했지요.

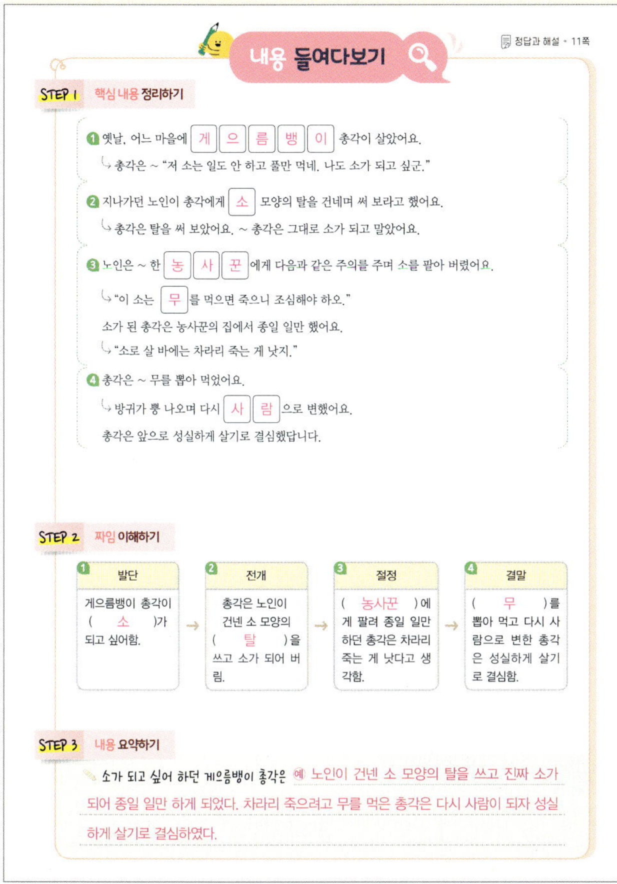

          본문 · 054쪽

1 태영   2 ⓛ → ⓒ → ⓔ → ㉠   3 ②
4 ④

1 일하기를 싫어하고 게으름을 피울 생각만 하던 총각은 그 벌로 소가 되어서 하루 종일 일을 해야 했어요. 소가 된 총각의 이야기를 통해 게으름을 피우지 말고 성실하게 살아가야 한다는 교훈을 얻을 수 있어요.

오답 풀이
게으름뱅이 총각은 무를 먹지 말라는 주의 사항을 지키지 않았지만 죽지 않고 다시 사람이 되었어요. 따라서 주의 사항을 안 지켜서 벌을 받은 것은 아니에요.

2 1문단에서 게으름뱅이 총각은 일을 안하고 풀만 먹는 소가 되

고 싶어 했어요.(ⓛ) 2문단에서는 총각이 노인이 준 탈을 쓰고 소가 되었어요.(ⓒ) 3문단에서 소가 된 총각은 농부의 집에 팔려가 하루 종일 일만 해야 했어요.(ⓔ) 4문단에서 너무 힘이 들어 죽고 싶은 마음에 무를 먹은 총각은 다시 사람으로 돌아왔어요.(㉠)

3 소가 되어 매일 일을 하느라 고되었던 총각은 소로 사느니 차라리 죽겠다고 생각했어요. 그리고 무를 먹으면 죽는다는 노인의 말을 떠올리고는 무를 먹기로 했어요.

오답 풀이
③ 총각은 무를 먹으면 사람으로 돌아온다는 사실을 알지 못했어요. 죽고 싶은 마음에 무를 먹었는데 뜻밖에도 다시 사람으로 돌아올 수 있었지요.

4 1문단에서 옛날 어느 마을에서 일어난 일이라고 시간과 장소를 알려 주고 있어요. 이 이야기의 주인공은 게으름뱅이 총각이에요.

오답 풀이
① 무 장수는 이 이야기에서 나오지 않아요.
② 노인이 소 모양의 탈을 건네주었지만 탈을 만드는 사람은 이야기에서 나오지 않아요.

          본문 · 055쪽

낱말 더 보기

• **슬그머니**: 남이 알아차리지 못하게 슬며시
  예 지각을 한 친구가 슬그머니 교실에 들어왔다.

• **어차피**: 이렇게 하든지 저렇게 하든지
  예 내가 말하지 않아도 어차피 모두가 알게 될 것이다.

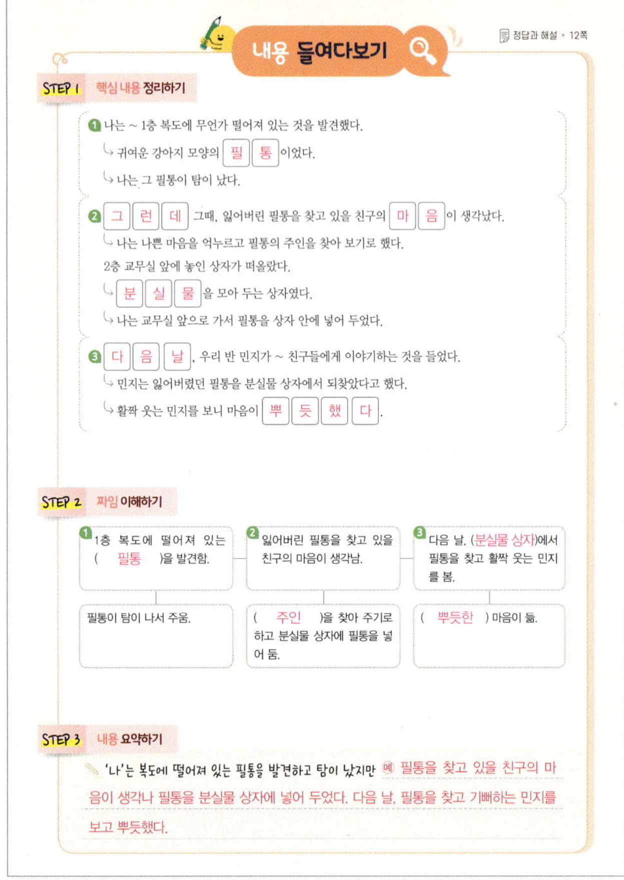

③ 선생님께 혼이 날까 봐 걱정하는 내용은 이 글에 나와 있지 않아요.

⑤ 마침 복도에 아무도 없어 주변을 살피며 슬쩍 필통을 주웠다고 하였어요.

3 '나'는 필통을 찾고 기뻐하는 민지를 보고 마음이 뿌듯했다고 하였어요. 그러므로 분실물 상자에 필통을 넣어 두기를 잘했다고 생각하는 것이 알맞아요.

4 주어진 글에서 '나'는 필통의 주인을 찾고 싶었지만 필통에 이름이 쓰여 있지 않아 곤란해 했어요. 그러므로 친구들이 자신의 물건에 이름을 쓰기를 바란다는 말이 알맞아요.

오답 풀이

③ 떨어져 있는 물건을 함부로 줍지 않거나 ④ 물건을 잃어버리지 않도록 주의하는 것도 분실물을 줄일 수 있는 방법이에요. 그러나 주어진 내용과는 직접적인 관련이 없어요. 또 ⑤ 분실물을 선생님께 말씀드리는 것은 주어진 내용과 직접적인 관련이 없어요.

어휘력 다지기　　　본문 • 061쪽

1 분실물　　**2** 탐　　**3** 억누르다　　**4** 발견
5 슬쩍　　**6** 되찾다

낱말 더 보기

• **짓누르다**: 함부로 마구 누르다.
　㉠ 딸기를 짓눌러 으깼다.
• **발명**: 아직까지 없던 기술이나 물건을 새로 생각하여 만들어 냄.
　㉠ 전화기의 발명은 우리의 생활을 더욱 편리하게 해 주었다.

문제로 확인하기　　　본문 • 060쪽

1 1층 복도　　**2** ④　　**3** (1) ○　　**4** ①

1 수업을 마치고 집으로 돌아가던 '나'는 1층 복도에 떨어져 있는 필통을 발견했어요.

2 '나'는 귀여운 강아지 모양의 필통이 탐이 났지만, 잃어버린 필통을 찾고 있을 친구의 마음을 떠올리고 필통의 주인을 찾아 주기로 했어요. '필통을 잃어버려서 얼마나 슬퍼하고 있을까?'라는 표현을 통해 '나'의 생각을 알 수 있어요.

오답 풀이

① '나'는 복도에 떨어져 있던 필통이 누구의 필통인지 알 수 없었어요.

② 귀여운 강아지 모양의 필통이 탐이 났다고 하였어요.

고기를 먹지 않는 사람들

글의 내용 이 글은 고기를 먹지 않고 채소를 먹는 채식에 대해 이야기하고 있어요. 채식을 하는 이유는 다양해요. 환경을 지키기 위해서, 동물을 위해서 채식을 하기도 하지요. 채식을 하는 사람들을 위한 음식들도 점점 다양해지고 있어요.

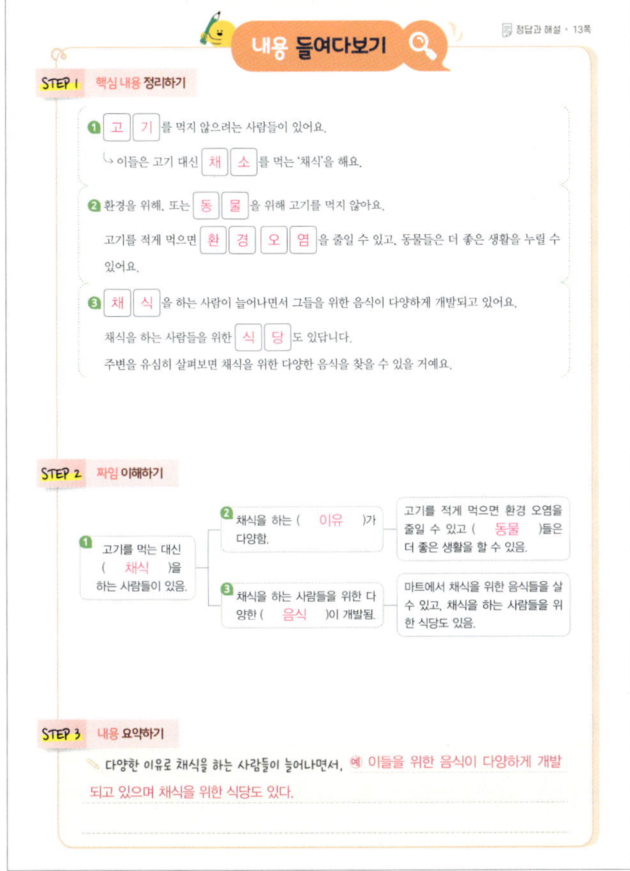

③ 가축을 많이 키우면 사람들이 먹을 수 있는 고기가 더 늘어날 거예요.

④ 나쁜 환경에서 가축을 키우는 곳들도 있다고 하였어요. 사람들이 키우는 가축이 늘어난다고 해서 동물들이 더 행복한 삶을 사는 것은 아니에요.

3 튀김옷을 입힌 양념 치킨은 닭고기로 만든 음식이에요. 고기를 사용한 음식은 채식을 하는 사람을 위한 음식으로 알맞지 않아요.

4 **보기** 에서는 나쁜 환경에서 닭을 키우는 상황에 대해 이야기하고 있어요. 더 많은 고기나 달걀을 팔기 위해 일어나는 일이므로, 고기를 적게 먹는 것이 해결 방법이 될 수 있어요.

오답 풀이
달걀이 많이 팔리면 더 많은 닭을 키우기 위해 **보기** 와 같은 문제가 계속 일어날 수 있어요. 그러므로 달걀을 더 많이 생산할 수 있는 방법을 연구해야 한다는 현진이의 해결 방법은 알맞지 않아요.

문제로 확인하기

본문 · 064쪽

1 채식　　**2** ①, ⑤　　**3** ④　　**4** 시은

1 이 글은 고기를 먹는 대신 채소를 먹는 채식에 대해 설명하고 있어요. 오늘날에는 환경을 위해서, 동물을 위해서 등 여러 가지 이유로 채식을 하는 사람들을 위해 다양한 음식들이 개발되고 있다고 하였어요.

2 2문단에서 가축을 키우려면 많은 땅과 물이 필요하다고 하였어요. 또 가축이 방귀를 뀌거나 트림을 하며 내뿜는 가스는 공기를 오염시키고 지구를 뜨거워지게 만들어요.

오답 풀이
② 가축을 많이 키워서 사람들이 채소를 더 먹지 않게 된다는 내용은 나와 있지 않아요.

어휘력 다지기

본문 · 065쪽

1 ⓒ　　**2** ⓐ　　**3** 개발　　**4** 가축
5 유제품　　**6** 유심히

낱말 더 보기

• **상품**: 사고파는 물건
ⓔ 백화점에서는 다양한 상품을 구경할 수 있다.

Day 13 태양계를 이루는 행성들

글의 내용 이 글은 태양계를 이루는 행성들에 대해 설명하고 있어요. 태양과 그 주위를 도는 행성들, 그리고 공간을 태양계라고 해요. 수성, 금성, 지구, 화성, 목성, 토성, 천왕성, 해왕성은 태양계를 이루는 여덟 개의 행성들이에요.

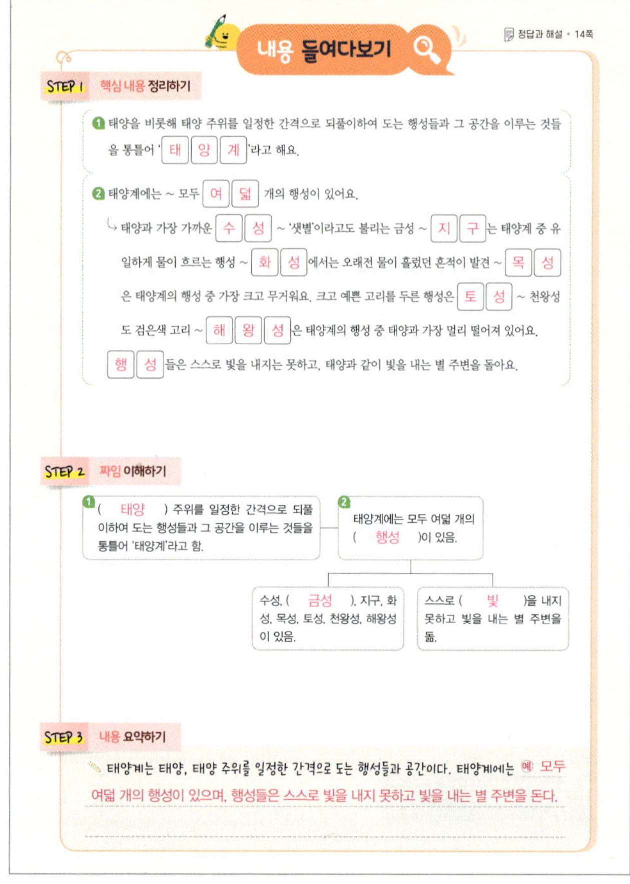

일정한 간격으로 돌아요.
④ 오래전 물이 흘렀던 흔적이 발견된 행성은 화성이에요.

3 2문단에서 '샛별'이라고도 불리는 금성은 지구에서도 밝게 보인다고 하였어요. 금성은 특히 새벽하늘에서 잘 보여요.

4 **보기**에서 행성에 물이 있으면 생명체가 살았을 가능성이 높아진다고 하였어요. 지구를 제외한 태양계의 행성들 중 화성에서 물이 흘렀던 흔적이 발견되었다고 하였으므로, 화성에 생명체가 있었을 가능성을 생각해 볼 수 있어요.

오답 풀이

보기에 주어진 내용으로는 지구와 가깝거나(한솔), 태양계에서 가장 크고 무겁다(예원)는 이유로 그 행성에 생명체가 있었을 가능성이 높아지는지는 알 수 없어요.

어휘력 다지기

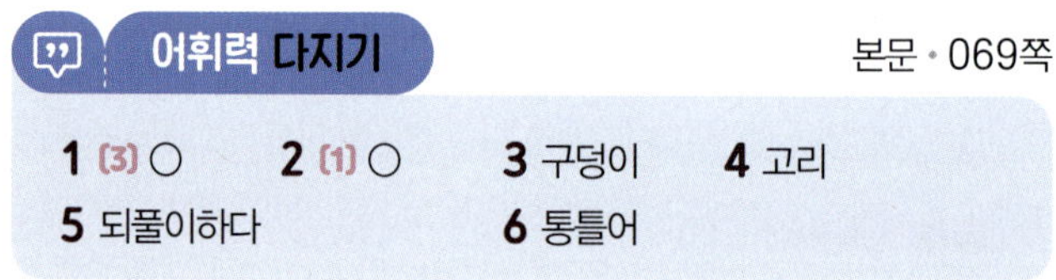

1 [3] ○   **2** [1] ○   **3** 구덩이   **4** 고리
5 되풀이하다   **6** 통틀어

낱말 더 보기

- **화석**: 지질 시대에 살았던 동식물의 뼈와 활동 흔적 따위가 그대로 보존되어 남아 있는 것을 통틀어 이르는 말
  예 화석을 통해 공룡의 모습을 상상해 볼 수 있다.
- **분실**: 자기도 모르는 사이에 물건 따위를 잃어버림.
  예 중요한 물건을 분실하지 않도록 조심해야 한다.

문제로 확인하기

1 태양계   **2** ⑤   **3** 금성   **4** 형윤

1 1문단에서 태양 주위를 일정한 간격으로 되풀이하여 도는 행성들과 그 공간을 이루는 것들을 통틀어 '태양계'라고 한다고 하였어요.

2 2문단에서 우리가 사는 지구는 태양계 중 유일하게 물이 흐르는 행성이라고 하였어요.

오답 풀이

① 태양과 가장 가까운 행성은 수성이에요.
② 태양계에는 수성, 금성, 지구, 화성, 목성, 토성, 천왕성, 해왕성이라는 모두 여덟 개의 행성이 있어요.
③ 태양이 지구 주위를 도는 것이 아니고 지구가 태양 주위를

Day 18 음식은 어떻게 똥이 될까요?

 이 글은 음식이 지나가는 몸속 길에 대해 설명하고 있어요. 음식이 우리 몸에 들어온 후 어떤 곳으로 이동하는지, 이동한 곳에서는 어떤 일이 벌어지는지 알 수 있어요.

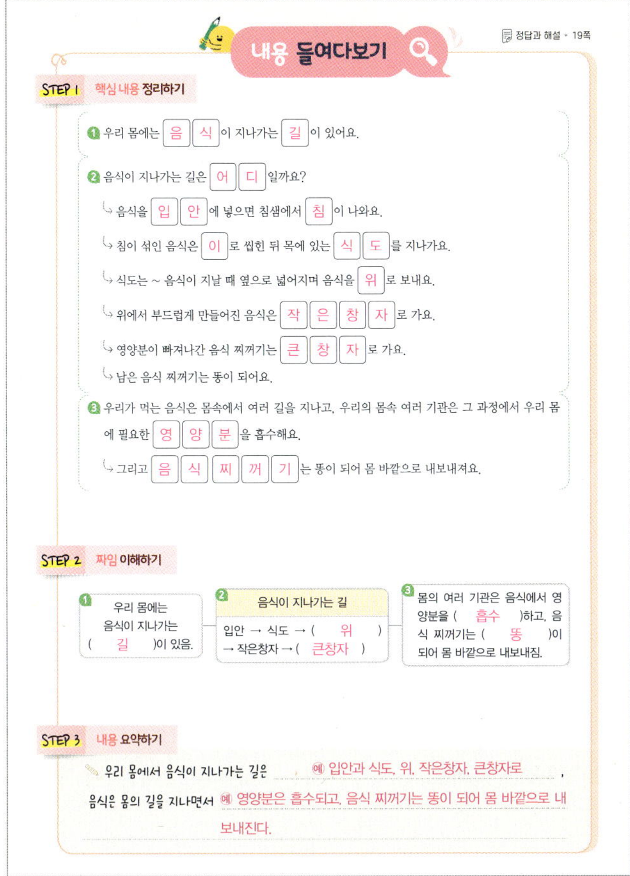

문제로 확인하기

1 ⑤ **2** (1) × (2) × **3** 정수
4 작은창자

1 이 글은 음식을 먹었을 때 우리 몸속에서 음식이 어떻게 이동하는지 설명하고 있어요. 1문단에 '우리 몸에는 음식이 지나가는 길이 있어요.'와 2문단에 '음식이 지나가는 길은 어디일까요?'를 통해 이 글이 우리 몸에서 음식이 지나가는 길을 알려 주기 위해서 쓴 글이라는 것을 알 수 있어요.

오답 풀이
① 2문단에서 '식도는 엄지손가락만 한 굵기의 통로'라고 식도의 생김새를 간단히 설명하고 있지만, 그것은 음식이 지나가는 길을 설명하기 위해서예요. '식도의 생김새'는 이 글을 쓴 까닭이 아니에요.

2 (1) 침은 음식을 미끄럽게 만들어 식도로 보내요.
(2) 작은창자에서 음식이 머물 때 작은창자는 우리 몸에 필요한 영양분을 빨아들여요.

3 식도에 대한 설명은 2문단에 나와요. 2문단에서 식도는 '엄지손가락만 한 굵기의 통로로, 음식이 지날 때 옆으로 넓어지며 음식을 위로 보내요.'라고 설명하고 있어요. 따라서 정수가 식도에 대해 바르게 말하고 있어요.

오답 풀이
음식을 죽처럼 부드럽게 만드는 일을 하는 곳은 위예요. 3시간 동안 음식이 머물면서 영양분을 빨아들이는 곳은 작은 창자예요.

4 보기 는 스파게티가 은서의 입안에 들어가 식도를 지나 위까지 움직인 내용을 알려 주고 있어요. 2문단을 통해 음식이 지나가는 길에서 스파게티가 어디까지 움직였고, 앞으로 어디로 갈지 생각해 보면, 스파게티는 곧 '작은창자'로 이동할 것이라는 것을 알 수 있어요.

어휘력 다지기

1 ⓒ **2** ⓐ **3** 잔뜩 **4** 굵기
5 흡수 **6** 영양분

낱말 더 보기

- **거의:** 전부에서 약간 모자라게. 어떤 기준에 매우 가깝게
  예 집에 거의 다 왔다.
- **향기:** 꽃, 향, 향수 따위에서 나는 좋은 냄새
  예 장미에서 기분 좋은 향기가 난다.

Day 19 흥겨운 풍물놀이

글의 내용 이 글은 우리나라 전통놀이인 풍물놀이와 풍물놀이가 변형된 사물놀이에 대해 설명하고 있어요. 풍물놀이의 뜻과 풍물놀이에서 사용되는 전통 악기가 무엇인지 알 수 있어요. 또, 풍물놀이에서 변형된 사물놀이에 대해서도 알 수 있어요.

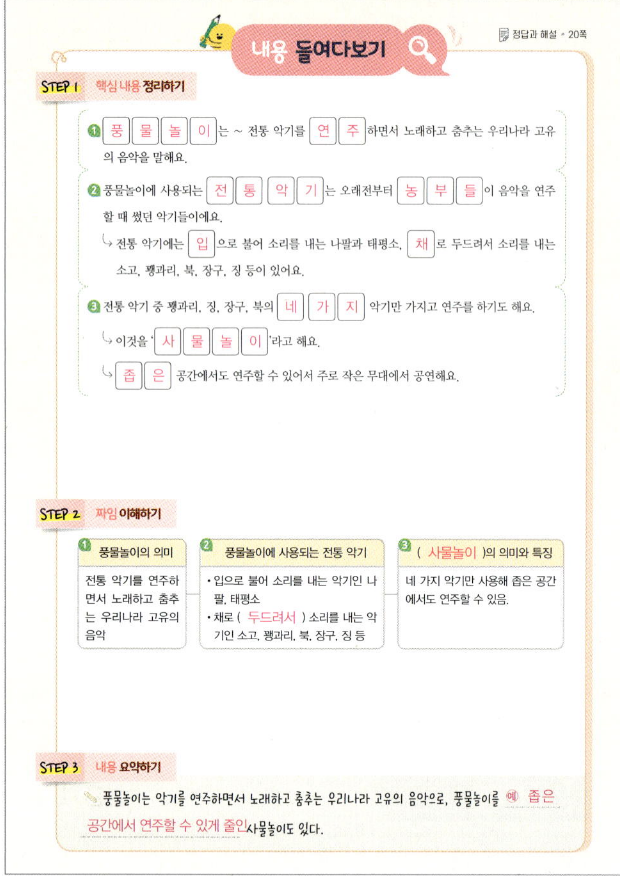

오답 풀이
① 네 가지 전통 악기만 가지고 연주하는 것은 '사물놀이'예요.

3 사물놀이를 연주하는 전통 악기는 꽹과리, 징, 장구, 북 네 가지예요.

오답 풀이
④ 나팔은 풍물놀이에서 연주하는 악기예요.

4 **보기** 는 많은 사람과 넓은 공간이 필요해서 주로 야외에서 공연하는 풍물놀이의 특징에 대해 설명하고 있어요. 따라서 풍물놀이 공연 포스터에서 '공연 장소: 실내의 작은 극장'이 잘못된 정보인 것을 찾을 수 있어요.

오답 풀이
① 나팔, 태평소, 소고, 꽹과리, 북, 장구, 징 등은 풍물놀이에서 연주되는 악기예요.
② 풍물놀이를 하는 공연 시간은 '20○○년 5월 5일 오후 4시'로, 포스터의 내용으로 알맞아요.
④ 공연 제목은 '전통 풍물놀이에 초대합니다'로, 악기와 공연 참가자에 대한 설명으로 보아 제목이 맞게 쓰여 있다는 것을 알 수 있어요.
⑤ 공연 참가자는 '서울시 풍물놀이패'로, 포스터에 담을 내용으로 알맞아요.

📋 문제로 확인하기

1 풍물놀이　　　**2** ①　　　**3** ④　　　**4** ③

1 이 글은 우리나라 전통놀이인 풍물놀이와 사물놀이에 대해 설명하고 있어요. 이 글에는 풍물놀이와 사물놀이의 특징, 풍물놀이와 사물놀이에 사용되는 전통 악기에 대한 설명이 담겨 있어요.

2 풍물놀이에 대한 설명은 1문단에 나와 있어요. 풍물놀이는 '전통 악기를 연주하면서 노래하고 춤추는 우리나라 고유의 음악'으로, 사용되는 전통 악기로는 입으로 불어 소리 내는 나팔, 태평소 등이 있고, 채로 두드려 소리를 내는 악기 중 나무로 만든 틀에 가죽으로 싸여 있는 소고, 북, 장구, 놋쇠로 만들어져 있어 크고 시원한 소리가 나는 꽹과리나 징 등이 있어요.

💬 어휘력 다지기

1 ○　　　**2** ○　　　**3** 연주　　　**4** 야외
5 틀　　　**6** 덩실덩실

🔍 낱말 더 보기

• **연설:** 여러 사람 앞에서 자기의 생각이나 주장을 말함.
　예 대통령 후보가 사람들 앞에서 <u>연설</u>을 한다.
• **실내:** 건물이나 방의 안
　예 <u>실내</u>가 너무 더워서 창문을 열었다.

Day 20 행복한 왕자

 이 글은 오스카 와일드의 동화 〈행복한 왕자〉를 다시 쓴 이야기예요. 동상이면서도 제비에게 부탁해 가난한 사람들을 도운 행복한 왕자를 통해 다른 사람을 도와주는 일의 가치에 대해 생각해 볼 수 있어요.

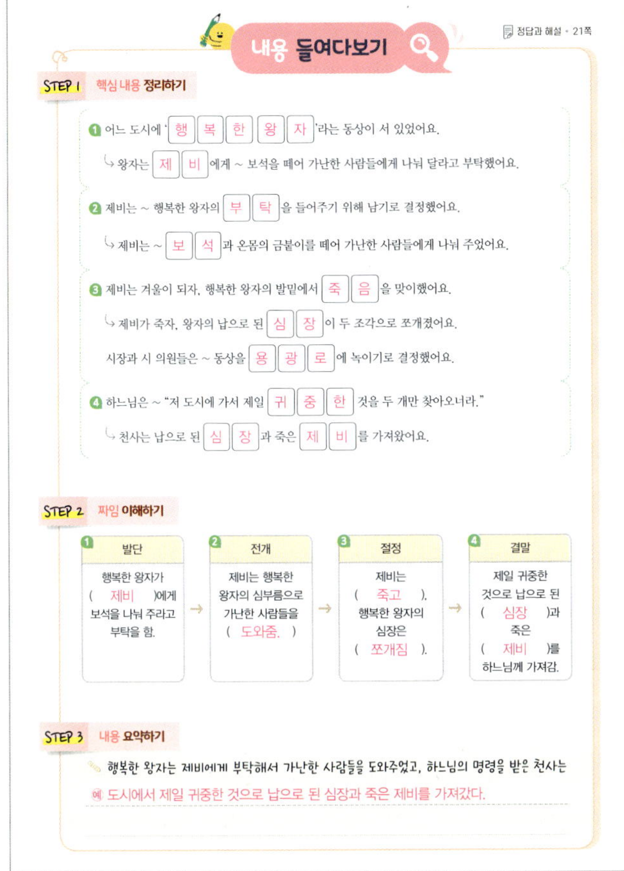

3 3문단에서 미처 떠나지 못한 제비는 겨울이 되자 왕자의 발 밑에서 죽음을 맞이했어요. 그리고 제비가 죽자 왕자의 납으로 된 심장이 두 조각으로 쪼개졌어요. 이를 보아, 왕자는 제비가 자신을 돕느라 떠나지 못하고 죽어서 마음이 아팠다는 것을 알 수 있어요.

오답 풀이

① 하느님은 왕자의 쪼개진 심장과 죽은 제비를 도시에서 제일 귀중한 보물이라고 했어요.

② 심장이 오래됐는지 아닌지는 이야기 속에 나오지 않아요.

③ 왕자는 스스로 가난한 사람을 돕고 싶은 마음에 보석과 금붙이를 모두 나누어 주었어요.

④ 왕자의 납으로 된 심장이 쪼개진 때는 시장이 용광로에 동상을 녹이기로 한 때가 아니라, 제비가 죽었을 때예요.

4 주어진 글은 죽은 제비와 행복한 왕자의 심장에 대한 사람들과 하느님의 생각이에요. 사람들은 죽은 제비와 행복한 왕자의 심장을 쓰레기통에 버렸어요. 쓰레기통은 쓸모없는 것을 버리는 곳이므로, 사람들이 이 둘을 귀중하게 여기지 않았다는 것을 알 수 있어요. 반면에 하느님은 이 둘이 가난한 사람들을 도왔기 때문에 행복한 왕자의 심장과 죽은 제비가 도시에서 제일 귀중한 것이라고 했어요.

오답 풀이

① 무엇이 귀중한지 사람들은 잘 몰랐고, 하느님은 잘 알고 있었어요.

③ 사람들은 행복한 왕자와 제비를 귀중히 여기지 않았지만, 하느님은 귀중한 것으로 생각했기 때문에 제비와 행복한 왕자를 불행했다고 말할 수는 없어요.

④ 행복한 왕자의 심부름으로 제비가 가난한 사람들을 도와준 것이에요. 하느님은 행복한 왕자와 제비에게 심부름을 시켰다고 말할 수는 없어요.

문제로 확인하기

1 행복한 왕자, 제비　　**2** 예 따뜻해요　　**3** ⑤

4 ②, ⑤

1 이 동화는 행복한 왕자의 심부름으로 제비가 가난한 사람들을 돕는 이야기예요. 행복한 왕자는 제비에게 부탁해서 자신의 몸에 붙어 있는 보석과 금붙이를 가난한 사람들에게 나누어 주었어요.

2 행복한 왕자는 도시 한가운데 서 있는 동상으로, 움직일 수가 없어요. 그런데도 가난한 사람들을 보면서 눈물을 흘리며 그들을 도와주고 싶어 해요. 따라서 왕자는 마음이 '따뜻해요.'라고 쓸 수 있어요.

어휘력 다지기

1 ㉠　　**2** ㉡　　**3** 정원　　**4** 용광로

5 동상　　**6** 귀중

낱말 더 보기

- **정상:** 산의 맨 꼭대기

　예 우리는 마침내 에베레스트 산 정상에 올랐다.

- **용암:** 화산에서 나온 암석이 녹은 물질(마그마). 또는 그것이 굳은 암석

　예 화산에서 용암이 쏟아져 나왔다.

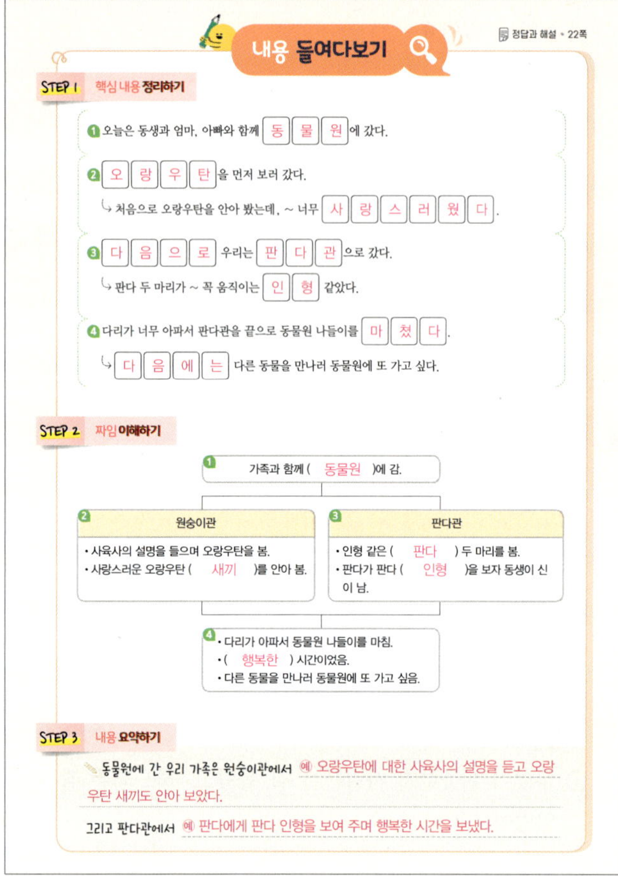

오답 풀이

③ 이 글에는 원숭이관에서 오랑우탄을 보았다는 내용은 있지만, 원숭이를 보았다는 내용은 나오지 않아요.

3 (1) 우리 가족은 원숭이관에서 오랑우탄을 보았어요. '나'는 오랑우탄 새끼를 안아 보고 너무 사랑스러웠다고 했어요.

(2) 우리 가족은 판다관에서 판다를 보았어요. 동생은 판다가 판다 인형을 쳐다봐서 신이 났어요.

4 제시된 글은 오랑우탄이라는 이름의 뜻과 오랑우탄의 특징에 대해 사육사가 설명하고 있는 글이에요. 글에 따르면 오랑우탄은 '숲에서 사는 사람'이라는 뜻으로, 특징으로는 나무 위에서 살고, 과일을 주로 먹으며, 거의 매일마다 새로운 둥지를 만들고, 암컷이 새끼를 키워요. '숲에서 사는 사람'이라는 이름을 가지고 있지만, 그렇다고 해서 숲에서 사는 사람이 모두 오랑우탄인 것은 아니에요.

오답 풀이

① 사람은 주로 땅 위에 집을 짓고 살지만, 오랑우탄은 나무 위에서 살아요.

② 거의 매일마다 새로운 둥지를 만드는 것은 사람과 다른 오랑우탄의 특징이에요.

③ 오랑우탄 이름이 '숲에서 사는 사람'인 것은 오랑우탄의 행동이 사람과 비슷해서예요.

⑤ 오랑우탄과 달리 사람은 고기와 채소도 모두 먹어요.

📋 **문제로 확인하기**   본문 · 104쪽

1 동물원   **2** ③   **3** (1) ㉠ (2) ㉠
4 ④

1 이 글은 글쓴이가 동물원에 다녀와서 쓴 기행문이에요. 기행문은 여행하면서 겪는 일이나 본 것, 느낀 것을 쓴 글이에요. 글쓴이는 1문단에서 가족과 함께 동물원을 갔다는 말로 글을 시작해서, 2~4문단에서 동물원의 어디를 갔는지, 무엇을 보았는지, 그곳에서 어떤 점을 느꼈는지 썼어요.

2 '나'가 본 것은 2문단과 3문단에 나와 있어요. 2문단에서는 원숭이관에서 오랑우탄과 오랑우탄 새끼를 보았다는 내용이 나와요. 3문단에서는 대나무를 먹는 판다 두 마리를 보았다는 내용이 나와요.

💬 **어휘력 다지기**   본문 · 105쪽

1 ㉠   **2** ㉠   **3** 질근질근   **4** 먼저
5 품   **6** 입구

🔍 **낱말 더 보기**

· **오글오글**: 작은 벌레나 짐승, 사람 따위가 한곳에 빽빽하게 많이 모여 자꾸 움직이는 모양
  예 마당 한 구석에 벌레가 <u>오글오글</u> 모여 있었다.

· **나중**: 다른 일을 먼저 한 뒤의 차례
  예 수학 공부는 국어 공부를 다 하고 나서 <u>나중</u>에 하고 싶다.

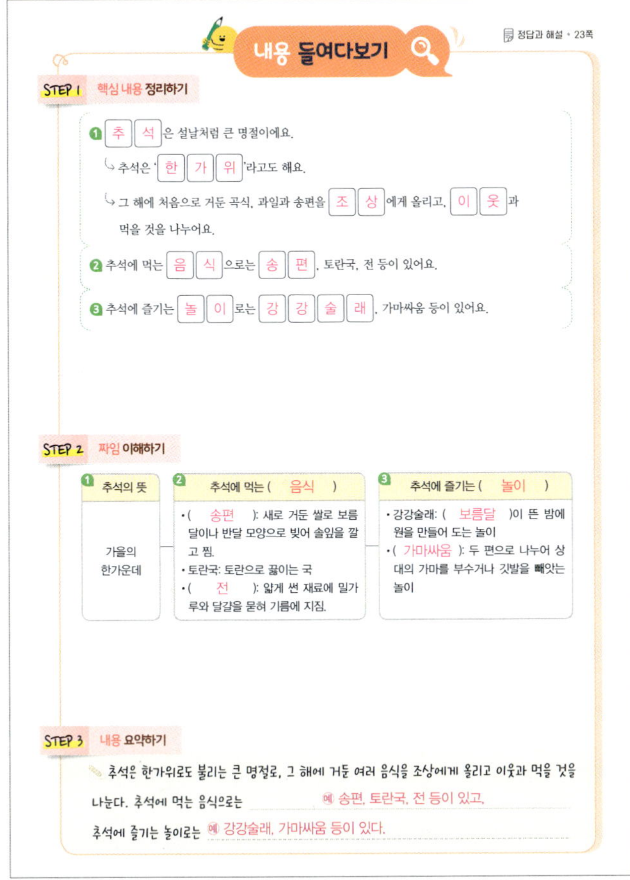

차례차례 설명하고 있어요. 1문단에서는 추석의 뜻을, 2문단에서는 추석에 먹는 음식, 3문단에서는 추석에 즐기는 놀이를 소개하고 있어요. 따라서 (3) 추석의 뜻, (1) 추석에 먹는 음식, (2) 추석에 즐기는 놀이 순서로 글을 나열하면 돼요.

3 3문단에서 추석에 즐기는 놀이로 '강강술래'와 '가마싸움'을 소개하고 있어요. '강강술래'는 풍작을 비는 놀이로, 보름달이 뜬 밤에 마을 부녀자들이 손을 잡고 원을 만들어 노는 거예요. '가마싸움'은 두 편으로 나눠서 가마를 앞세우고 양편이 반대편 가마에 접근해 가마를 부수거나 깃발을 빼앗으면 이기는 놀이예요.

오답 풀이

① 가마싸움은 두 편으로 나눠서 하는 놀이예요.

② 강강술래는 풍작을 비는 놀이예요.

③ 가마를 부수거나 깃발을 뺏는 놀이는 가마싸움이예요.

④ 강강술래는 젊은 남자들이 아니라, 마을 부녀자들이 하는 놀이예요.

4 보기 의 '덥지도 않고 춥지도 않은 선선한 날씨에 온갖 곡식과 열매가 무르익는 계절'은 '가을'이예요. 그리고 빈칸 앞에 '온갖 곡식이 익어하는 계절'이라는 말을 통해서도 빈칸에 들어갈 말은 '가을'이라는 것을 짐작할 수 있어요.

문제로 확인하기　본문 · 108쪽

1 ③　**2** (1) 2 (2) 3 (3) 1　**3** ⑤

4 가을

1 이 글은 추석에 대해 설명한 글로, 설날을 설명하고 있지 않아요. 이 글에는 추석의 뜻과 추석에 하는 일, 주로 먹는 음식과 즐기는 놀이에 대한 설명이 담겨 있어요.

오답 풀이

① 전, ② 송편은 추석에 먹는 음식으로 2문단에 설명되어 있어요.

④ 가마싸움, ⑤ 강강술래는 추석에 즐기는 놀이로 3문단에 설명되어 있어요.

2 이 글은 추석의 뜻, 추석에 먹는 음식과 즐기는 놀이에 대해

어휘력 다지기　본문 · 109쪽

1 ㉠　**2** ㉠　**3** 조상　**4** 편

5 풍작　**6** 가마

🔍 낱말 더 보기

• **족보**: 한 집안의 대대로 내려온 혈통을 기록한 책
　예 옛날에는 조상에게 제사를 지내고 족보를 중요하게 여겼다.

• **판**: 일이 벌어진 자리. 또는 그 장면
　예 가족들이 모두 모여 오랜만에 흥겨운 놀이판을 벌였다.

Day 23 물의 여행

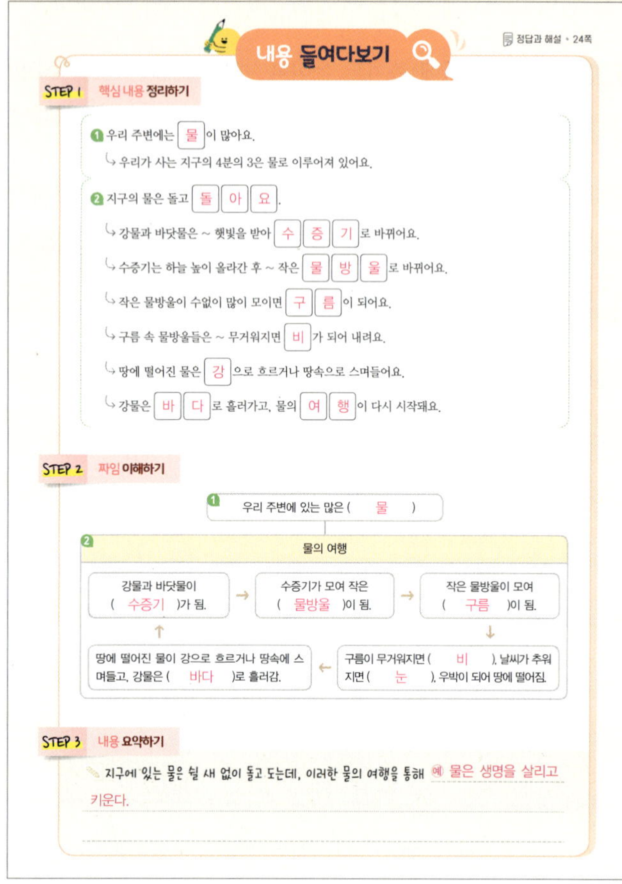

람이 물을 마시는 장면은 물이 돌고 도는 과정인 물의 여행과 관련이 없어요.

오답 풀이
① 물의 여행에서 강물과 바닷물은 햇빛을 받아 수증기로 바뀌어요.
③ 물의 여행에서 구름은 무거워지면 비, 눈, 우박이 되어 땅에 떨어져요.
④ 물의 여행에서 땅에 떨어진 물은 강물이 되어 바다로 흘러가요.

3 이 글 다음에 이어지는 내용을 짐작하려면 3문단에서 어떤 내용을 다루고 있는지 살펴보면 돼요. 3문단은 '물은 쉴 새 없이 지구의 여러 곳을 돌고 돌면서, 생명을 살리고 키워요.'라는 문장으로 끝나요. 따라서 이 글 다음에 '물이 생명을 살리고 키우는 내용'이 이어진다는 것을 짐작할 수 있어요.

4 제시된 글에서 구름은 무거워져서 물방울이 떨어지기 직전이에요. 그리고 날씨가 추워서 물방울들이 꽁꽁 얼어붙었다고 설명하고 있어요. 따라서 날씨가 아주 추워졌기 때문에 구름 속에 서로 달라붙어 있는 작은 물방울들이 '눈'이나 '우박'이 되어 땅에 떨어질 것이라는 것을 짐작할 수 있어요.

문제로 확인하기
본문 · 112쪽

1 (1) ○   **2** ②, ⑤   **3** ③   **4** ②, ③

1 이 글은 물이 어떻게 돌고 도는지 설명하는 글이에요. 1문단에서는 우리 주변에 다양하게 존재하는 물에 대해 설명하고, 2문단에서는 강물과 바닷물이 어떻게 돌고 돌아서 다시 강물과 바닷물이 되는지 설명하고 있어요.

오답 풀이
'물이 우리 몸에 어떤 영향을 주는지'는 이 글에 나와 있지 않아요.

2 ①은 바닷물이 수증기로 변하는 장면, ②는 냉장고 속의 얼음이 물로 변하는 장면, ③은 구름이 비로 내리는 장면, ④는 강물이 바다로 흐르는 장면, ⑤는 사람이 물을 마시는 장면이에요. 이중 ② 냉장고 속의 얼음이 물로 변하는 장면과 ⑤ 사

어휘력 다지기
본문 · 113쪽

1 ㉠   **2** ㉡   **3** 흘러가다   **4** 달라붙다
5 공기   **6** 식다

낱말 더 보기

- **올라가다**: 낮은 곳에서 높은 곳으로 또는 아래에서 위로 가다.
  예 높은 산을 힘겹게 올라가다.
- **따라가다**: 다른 사람이나 동물의 뒤에서, 그가 가는 대로 가다.
  예 강아지가 어미 개의 뒤를 졸졸 따라가다.

[글의 내용] 이 글은 우리가 매일 입는 옷을 만드는 과정에 대해 설명하고 있어요. 옷을 만들 때 가장 먼저 무엇을 하는지, 옷의 크기와 모양은 어떻게 정하는지, 옷을 완성하기 전 마무리로 무엇을 하는지 등에 대해 알 수 있어요.

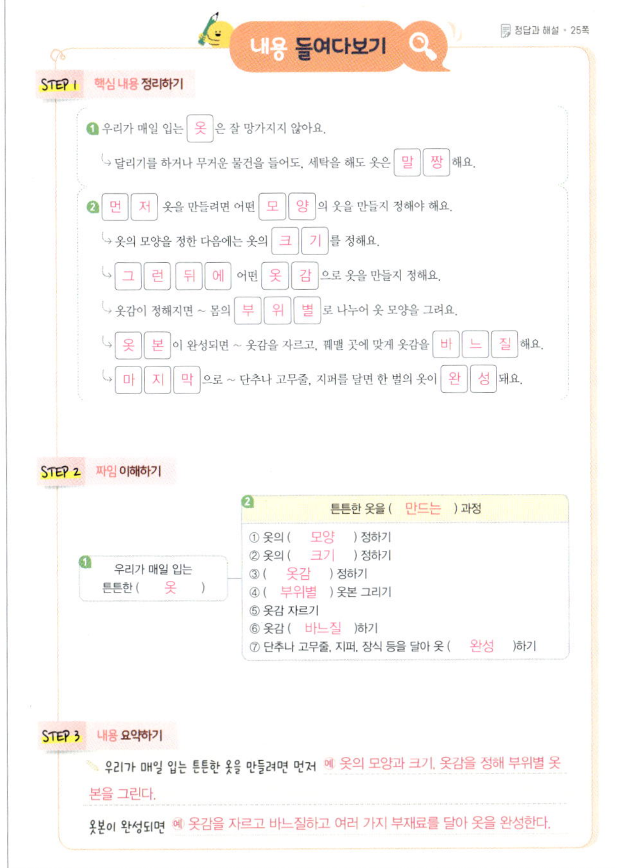

3 옷을 만드는 과정은 2문단에 나와 있어요. 먼저 어떤 모양의 옷을 만들지 정해서 그린 뒤에, 옷의 크기를 정해요. 옷의 크기를 정할 때는 몸의 크기를 재면 돼요. 그런 뒤에 어떤 옷감으로 옷을 만들지 정하고, 옷감이 정해지면 몸의 부위별로 나누어 옷본을 그려요. 옷본이 완성되면 자르는 선을 따라 옷감을 자르고 꿰맬 곳에 맞게 옷감을 바느질해요. 마지막으로 단추나, 고무줄, 지퍼 등을 달면 한 벌의 옷이 완성돼요. 따라서 '③ 종이 붙이기'는 옷을 만드는 과정이 아니에요.

4 [보기] 는 옷본을 만드는 방법에 대한 설명이에요. 설명에 따르면 옷본에는 자를 곳, 접을 곳, 꿰맬 곳을 꼼꼼히 그려야 해요. 사람의 몸은 평평하지 않기 때문에 그림의 옷본에는 접을 곳이 반드시 들어가야 해요. 따라서 접을 곳이 그려져 있지 않다는 설명이 알맞아요.

오답 풀이
① 점선으로 표시되어 있는 것이 꿰맬 곳이에요.
③ 실선으로 표시되어 있는 것이 자를 곳이에요.
④ 옷본에 끈 표시가 그려져 있어요.
⑤ 그림 속 옷본은 티셔츠를 그린 옷본으로 이 옷본으로는 치마를 만들 수 없어요.

문제로 확인하기   본문 • 116쪽

1 옷을 만드는 과정   **2** (1) × (2) ○ (3) ×
3 ③   **4** ②

1 이 글은 우리가 매일 입는 옷을 만드는 과정을 설명하는 글이에요. 1문단에는 우리가 매일 입는 튼튼한 옷에 대한 내용을, 2문단에는 옷을 만드는 과정을 설명하고 있어요.

2 (1) 옷의 크기를 정하려면, 옷감의 크기가 아니라 몸의 크기를 재야 해요.
(2) 옷을 만들려면 먼저 옷의 생김새를 자세히 그려야 해요.
(3) 자를 곳, 꿰맬 곳 등을 꼼꼼히 그리는 것을 '옷본'을 그린다고 해요.

어휘력 다지기   본문 • 117쪽

1 ㉡   **2** ㉠   **3** 옷감   **4** 등판
5 지퍼   **6** 생김새

낱말 더 보기

• **예감:** 어떤 일이 일어나기 전에 본능적으로 미리 느낌.
예 비가 올 것이라는 엄마의 <u>예감</u>이 맞았다.

• **심판:** 어떤 문제와 관련된 일이나 사람에 대하여 잘잘못을 가려 결정을 내리는 일
예 이 사건은 오랜 시간이 흐른 후에 사람들의 <u>심판</u>을 받을 것이다.

Day 25 — 우리나라의 전통 색깔

글의 내용 이 글은 우리나라의 전통 색깔인 오방색에 대해 설명하고 있어요. 색깔에 담긴 특별한 의미와 우리나라 전통 색깔인 오방색의 종류와 담긴 의미, 오방색을 사용한 예를 알 수 있어요.

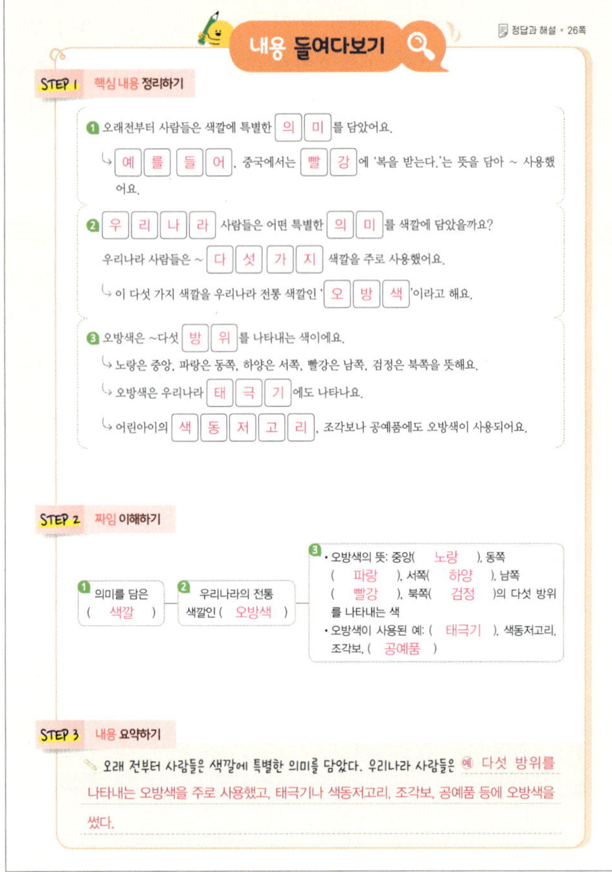

와 있지 않아요.

2 ①은 태극기, ②는 오방색 복주머니, ③은 오방색 조각보, ④는 오방색 밥상 덮개, ⑤는 청사초롱 그림이에요. 오방색은 노랑, 파랑, 하양, 빨강, 검정 다섯 색깔을 뜻해요. 오방색이 쓰이지 않은 그림은 ⑤ 파란 천과 빨간 천으로 만들어진 청사초롱이에요. 조선 시대에 혼인할 때 불을 밝혀 길을 비추어 주는 역할을 했어요.

오답 풀이

① 태극기에서 오방색을 사용한 부분은 태극 무늬의 위(빨강), 아래(파랑), 바탕(하양), 태극기 모서리의 4괘(검정) 그리고 태극기를 달 때 사용하는 깃봉(노랑)이에요.

3 오방색이 나타내는 방위와 색깔에 대한 설명은 3문단에 나와요. 오방색은 노랑, 파랑, 하양, 빨강, 검정의 다섯 색깔로, 노랑은 중앙, 파랑은 동쪽, 하양은 서쪽, 빨강은 남쪽, 검정은 북쪽을 의미해요.

4 보기 는 오방색의 빨강(남쪽)과 다른, 오늘날 빨강의 의미를 설명하는 글이에요. 빨강이 '남쪽'이라는 뜻에서 '정지, 금지, 위험'이라는 뜻으로 바뀌었으므로, 그 뜻이 시대에 따라 달라졌다는 것을 알 수 있어요.

문제로 확인하기

본문 • 120쪽

1 ④ **2** ⑤ **3** [1] ㉢ [2] ㉠ [3] ㉣ [4] ㉤ [5] ㉡ **4** 달라지기도 해요

1 이 글은 우리나라 전통 색깔에 대해 설명하고 있어요. 1문단에서는 의미를 담은 색깔에 대해 다루고, 2문단에서는 우리나라 전통 색깔인 오방색에 대해 소개하고, 3문단에서는 오방색의 의미와 사용된 예를 설명하고 있어요.

오답 풀이

① 색깔에 특별한 의미를 담는 예를 들기 위해 중국에서의 빨강의 의미를 예로 들었어요. 하지만 초록의 의미를 설명하지는 않았어요.

② 1문단에서 중국에서의 빨강의 의미를 설명하였지만 중국의 전통 색깔을 설명한 것이 아니에요.

③ 방위를 찾는 방법과 ⑤ 태극기를 다는 방법은 이 글에 나

어휘력 다지기

본문 • 121쪽

1 ㉠ **2** ㉡ **3** 의미 **4** 복
5 공예품 **6** 방위

낱말 더 보기

• **의지**: 어떠한 일을 이루고자 하는 마음
  예 나는 어려운 수학 문제를 풀고자 하는 의지가 강하다.

• **화**: 모든 뜻하지 않게 당하는 죽음이나 사고, 재앙
  예 말을 조심하면 화를 멀리할 수 있다.

[2] 구름이는 비 오는 날 아빠가 처음 발견했어요.
[3] 구름이는 자동차 소리가 나면 겁이 나서 재빨리 냉장고 위로 올라가요.

3 구름이가 무서워하는 것은 2문단에, 구름이가 좋아하는 것은 3문단에 나와요. 구름이는 자동차 소리와 쥐, 벌레를 무서워해요. 그리고 생선, 풀은 구름이가 좋아하는 것이에요.

4 주어진 글은 버려진 고양이가 유기묘 보호소로 가게 되면 생기는 일을 설명하고 있어요. 만약에 아빠가 구름이를 발견했을 때 데려오지 않고 유기묘 보호소로 보냈다면 구름이는 어떻게 되었을지 글의 내용을 바탕으로 짐작해 볼 수 있어요. 글에 따르면 버려진 고양이가 유기묘 보호소로 가면 한동안은 보살핌을 받지만, 새 주인을 만나지 못하면 죽게 돼요. 따라서 구름이도 유기묘 보호소로 갔다면 한동안 보살핌을 받다 죽게 되었을 것이라는 사실을 짐작할 수 있어요.

오답 풀이

① 전염병에 걸린다는 내용은 제시된 글로는 짐작할 수 없어요.

② 새로운 주인을 만나지 못하면 죽게 되지만 다시 길거리에 버려지지는 않아요.

④ 사람들의 놀림거리가 될 것이라는 내용은 제시된 글만으로는 짐작할 수 없어요.

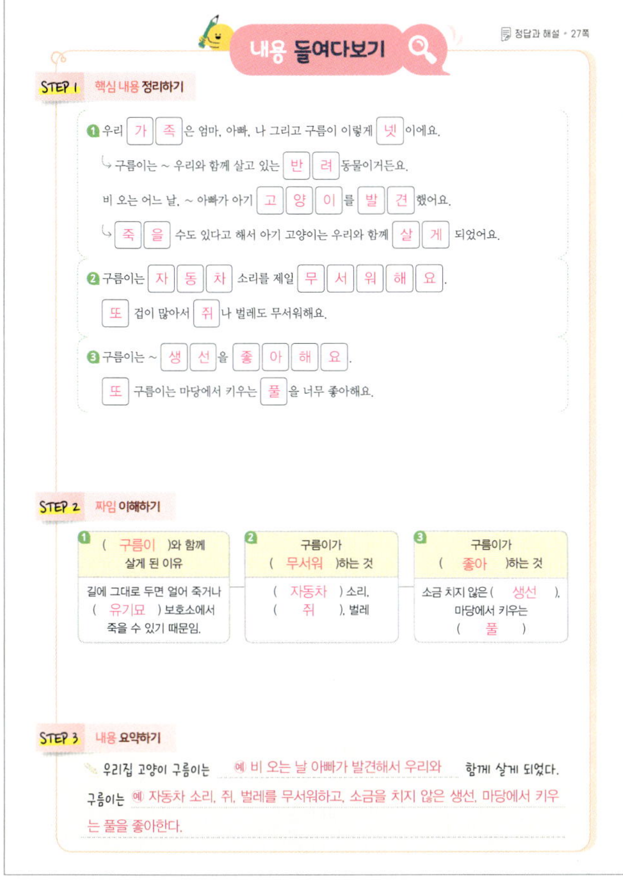

문제로 확인하기   본문 • 126쪽

1 ④   **2** (1) × (2) × (3) ○

3 무서워하는 것: 자동차 소리, 벌레, 쥐 / 좋아하는 것: 생선, 풀

4 ③, ⑤

1 이 글은 반려동물인 구름이에 대해 소개하는 글이에요. 1문단에서는 구름이를 키우게 된 까닭에 대해, 2문단에서는 구름이가 무서워하는 것, 3문단에서는 구름이가 좋아하는 것에 대해 설명하고 있어요.

오답 풀이

② 이 글에 친구 가족에 대한 내용은 나와 있지 않아요.

① 아빠를 소개하는 내용, ③ 나의 정보를 소개하는 내용, ⑤ 유기묘 보호소를 소개하는 내용은 나오지 않아요.

2 [1] 구름이는 회색 털에 발만 하얀 고양이예요.

어휘력 다지기   본문 • 127쪽

1 ㉡   **2** ㉠   **3** 발견   **4** 사료

5 후다닥   **6** 반려

낱말 더 보기

• **발생**: 어떤 일이나 사물이 생겨남.

㉮ 사건이 발생한 지 한 달만에 범인을 잡게 되었다.

• **재료**: 물건을 만드는 데 들어가는 것

㉮ 신선한 재료로 맛있는 요리를 만들었다.

대형 상점의 돈은 어디로 갈까요?

본문 · 128~131쪽

글의 내용 이 글은 대형 상점에서 무엇을 할 수 있는지, 우리가 대형 상점에 낸 돈이 어디로 가는지 설명하고 있어요. 사람들이 대형 상점에서 물건을 사고 낸 돈이 어디로 어떻게 흘러가는지 알 수 있어요.

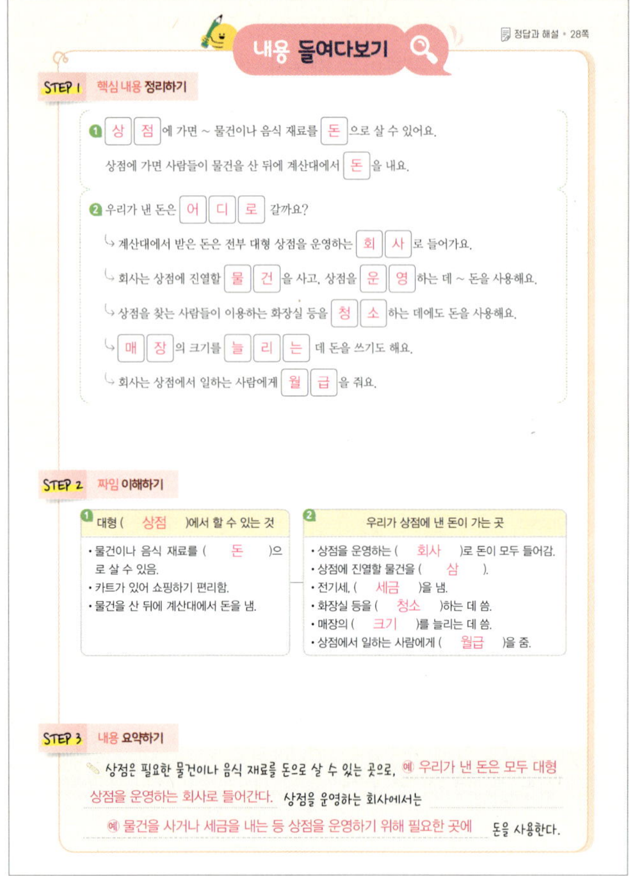

은 2문단에 나와 있어요. 대형 상점을 운영하는 회사는 세금, 청소비, 진열할 물건값, 대형 상점에서 일하는 사람의 월급에 돈을 사용해요. 그러나 장 보는 사람의 세금을 내는 데 돈을 사용하지는 않아요. 장 보는 사람의 세금은 그 사람이 버는 돈으로 내요.

3 제시된 글은 대형 상점을 운영하는 회사가 일하는 사람에게 돈을 주면 그 돈으로 다시 대형 상점의 물건을 사기도 한다는 내용이에요. 따라서 이 글을 통해 대형 상점에서 받은 돈이 대형 상점로 다시 들어오는 과정을 알 수 있어요.

오답 풀이

대형 상점의 이름, 대형 상점을 운영하는 회사에서 주는 월급의 액수, 대형 상점을 운영하는 회사에서 파는 음식의 종류, 대형 상점에서 일하는 사람의 이름은 제시된 글의 내용을 통해 알 수 없어요.

4 보기 는 어제는 대형 상점에 없었던 오렌지 주스가 오늘 다시 가 보니 있었다는 내용이에요. 이렇게 전에는 살 수 없었던 물건을 살 수 있게 된 까닭은 대형 상점을 운영하는 회사가 진열할 물건을 사는 데 돈을 사용했기 때문이에요.

어휘력 **다지기**

본문 · 131쪽

1 ㉠ **2** ㉡ **3** 운영 **4** 계산대
5 세금 **6** 월급

낱말 **더** 보기

· **번영:** 나라나 단체가 잘되어 부유하게 되거나 더욱 커짐.
  예 나라의 <u>번영</u>을 위해 많은 사람들이 땀 흘려 일했다.
· **전시대:** 물품을 전시할 수 있도록 벌여 놓은 곳
  예 가게의 <u>전시대</u>에 사고 싶은 인형이 진열되어 있었다.

문제로 **확인**하기

본문 · 130쪽

1 [3] ○ **2** ④ **3** ⑤
4 진열할 물건을 사는

1 이 글은 대형 상점에서 우리가 필요한 물건이나 음식 재료를 사고 돈을 내면 그 돈이 어떻게 사용되는지 설명한 글이에요. 1문단에서는 대형 상점에서 할 수 있는 것에 대해 알려 주고, 2문단에서는 우리가 상점에 낸 돈이 어디로 가고 어떻게 사용되는지를 알려 줘요.

오답 풀이

이 글은 돈의 역사에 대해서는 다루고 있지 않고, 상점에서 물건을 판다는 사실은 알 수 있지만, 어떤 물건을 파는지는 자세히 알 수 없어요.

2 대형 상점을 운영하는 회사에서 돈을 쓰는 방법에 대한 설명

글의 내용 이 글은 북극에서 사는 동물들이 왜 하얀 털을 지니고 있는지에 대해 설명하고 있어요. 북극 환경의 특징과 그곳에서 사는 동물들이 환경에 적응하기 위해 어떤 모습을 하고 있는지 알 수 있어요.

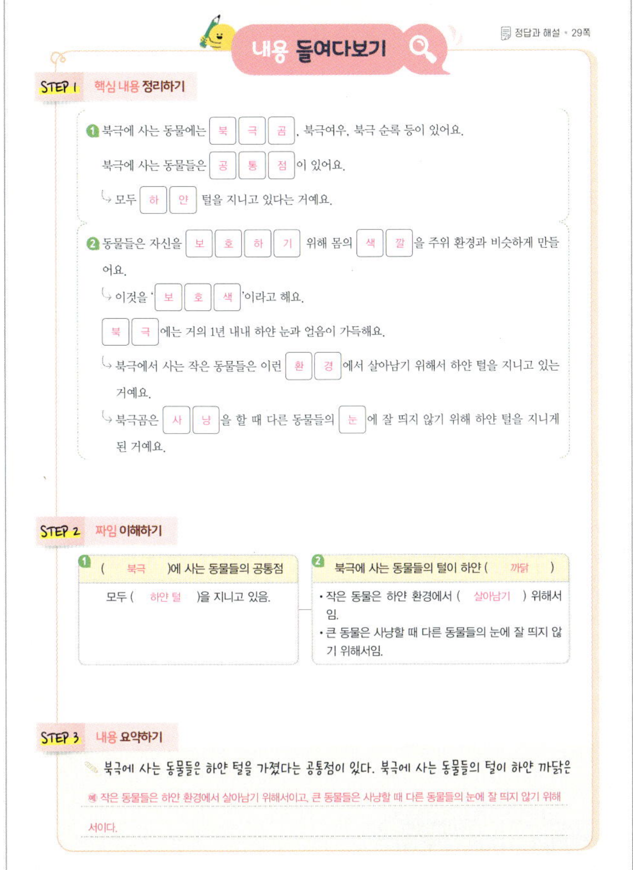

집이 큰 동물은 사냥할 때 다른 동물들의 눈에 띄지 않게 하려고 하얀 털을 가지고 있어요.

3 2문단에서 북극곰은 눈과 얼음으로 뒤덮여 있는 북극의 환경에서 살아남기 위해 털의 색이 하얗다고 설명하고 있어요. 따라서 만약에 북극이 나무가 울창한 숲이 된다면 북극곰은 나무와 같이 갈색의 털을 가지게 될 것이라고 짐작할 수 있어요.

오답 풀이
① 하양은 눈과 얼음으로 덮힌 환경에서 북극곰이 가진 털의 색깔이에요.
② 파랑, ③ 검정, ⑤ 노랑은 나무가 많고 숲이 우거진 환경에서 자신을 보호하기에 적합한 색이 아니에요.

4 주어진 글의 호랑나비 애벌레가 자신을 보호하는 방법을 설명하고 있어요. 대부분의 애벌레들은 새로부터 자기 몸을 보호하기 위해 주변의 나뭇잎과 같은 초록색을 띠어요. 하지만 호랑나비 애벌레는 몸에 눈알 무늬가 그려져 있어요. '자기를 잡아먹는 동물을 위협할 만한 무늬를 만들기도 합니다.'라는 설명을 통해 호랑나비 애벌레가 가짜 눈인 눈알 무늬로 새를 위협하려고 했다는 것을 짐작할 수 있어요.

오답 풀이
① 호랑나비 애벌레가 몸 크기를 키운다는 내용은 제시되지 않았어요.
② 호랑나비 애벌레가 나뭇가지 모양을 만든다는 내용은 제시되지 않았어요.
④ 호랑나비 애벌레가 몸에 새 모양의 무늬를 만든다는 내용은 제시되지 않았어요.
⑤ 호랑나비 애벌레가 보이지 않게 몸 크기를 줄인다는 내용은 제시되지 않았어요.

📋 **문제로 확인하기**　　　　본문 · 134쪽

1 동물, 하얀　　**2** [1] ㉢　[2] ㉠　　**3** ④
4 ③

1 이 글은 북극에 사는 동물들의 털이 하얀 까닭을 설명하고 있어요. 1문단에서는 북극에 사는 동물들의 공통점을 알려 주고, 2문단에서는 북극에 사는 동물들의 털이 하얀 까닭을 설명하고 있어요.

2 북극에 사는 동물들의 털이 하얀 까닭은 2문단에 나와 있어요. 2문단에서는 북극여우처럼 몸집이 작은 동물들과 북극곰처럼 몸집이 큰 동물들의 털이 하얀 까닭을 나누어서 설명하고 있어요. 북극여우처럼 작은 동물은 큰 동물에게 잡아먹히지 않게 자신을 숨기려고 털이 하얘요. 반면에 북극곰처럼 몸

💬 **어휘력 다지기**　　　　본문 · 135쪽

1 ㉢　　**2** ㉠　　**3** 공통점　　**4** 환경
5 도망　　**6** 잡아먹히다

🔍 **낱말 더 보기**

• **차이점**: 둘 이상이 서로 같지 아니하고 다른 점

　예 고양이와 호랑이의 차이점을 써 보세요.
• **환기**: 관심이나 생각 등을 불러 일으킴.
　예 나만 바라보는 사람들의 시선을 환기시킬 필요가 있었다.

글의 내용 이 글은 그림을 그리는 다양한 이유와 방법, 서양에는 없는 동양의 그림 방식에 대해 설명하고 있어요. 사람들이 그림을 왜 그리는지, 동양과 서양에서는 어떻게 그림을 그리는지, 서양과 달리 동양의 그림인 수묵화는 어떤 특징이 있는지 알 수 있어요.

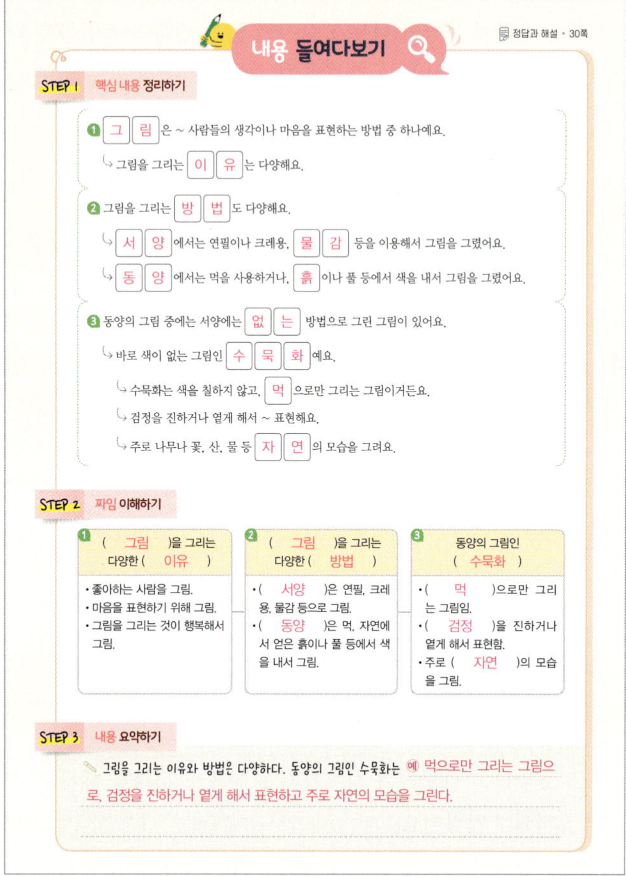

📋 **문제로 확인**하기　　본문 · 138쪽

1 [2] ○ [3] ○　　**2** [1] ⓛ [2] ⓖ　　**3** ④
4 서양의 그림은 수준이 매우 낮다고 생각해요.

1 이 글은 1문단에서 그림을 그리는 다양한 이유에 대해 설명하고, 2문단에서 그림을 그리는 다양한 방법, 3문단에서 서양에는 없는 동양의 그림 방식에 대해 설명하고 있어요. 글쓴이가 이 글을 '그림을 그리는 이유가 다양하다는 것을 알려 주려고', '동양에만 있는 그림 방식인 수묵화에 대해 알려 주려고' 썼다는 것을 알 수 있어요.

오답 풀이
그림을 잘 그리는 방법은 이 글에 나와 있지 않아요.

2 서양과 동양에서 그림을 그린 방법은 2문단에 나와 있어요.

서양에서는 연필이나 크레용, 물감 등을 이용해서 그림을 그렸어요. 반면에 동양에서는 먹을 사용하거나, 자연에서 얻은 흙이나 풀 등에서 색을 내서 그림을 그렸어요.

3 수묵화에 대한 설명은 3문단에 나와 있어요. 수묵화는 먹으로 그리는데, 먹의 특징상 검정의 진하기를 조절해서 표현할 수 있고, 주로 나무나 꽃, 산, 물 등 자연의 모습을 그려요.

오답 풀이
① 수묵화는 색이 없는 그림이에요.
② 수묵화는 먹으로만 그림을 그려요.
③ 수묵화는 검정을 진하거나 옅게 조절해서 그림을 그려요.
⑤ 안견의 「몽유도원도」는 수묵화로 그린 그림이에요.

4 보기 는 수묵화에 대한 민지의 생각을 쓴 글이에요. 민지는 수묵화가 서양에는 없고 동양에만 있기 때문에 서양의 그림이 수준이 낮다고 말하고 있어요. 서양에도 동양에는 없는 그림이 있을 수 있고, 동양에도 서양에 없는 그림이 있을 수 있어요. 따라서 특정 지역의 그림이 더 뛰어나고 다른 지역의 그림이 수준이 낮다고 말할 수는 없어요.

💬 **어휘력 다지기**　　본문 · 139쪽

1 ⓛ　　**2** ⓖ　　**3** 진하다　　**4** 복잡하다
5 옅다　　**6** 이용하다

🔍 낱말 더 보기

· **강하다:** 무엇에 견디는 힘이 크거나 어떤 것에 대처하는 능력이 뛰어나다.
　예 이 옷은 열에 강하다.
· **한산하다:** 일이 없어 한가하다.
　예 가게에 손님이 없어 한산하다.

글의 내용 이 글은 우리나라 옛이야기 〈시르릉 비쭉 할라뽕〉을 다시 쓴 이야기예요. 매일 활만 쏘다가 집에서 쫓겨난 궁이가 새의 깃털을 이용해 정승 사위가 되는 과정을 통해 옛이야기를 읽는 즐거움을 느낄 수 있어요.

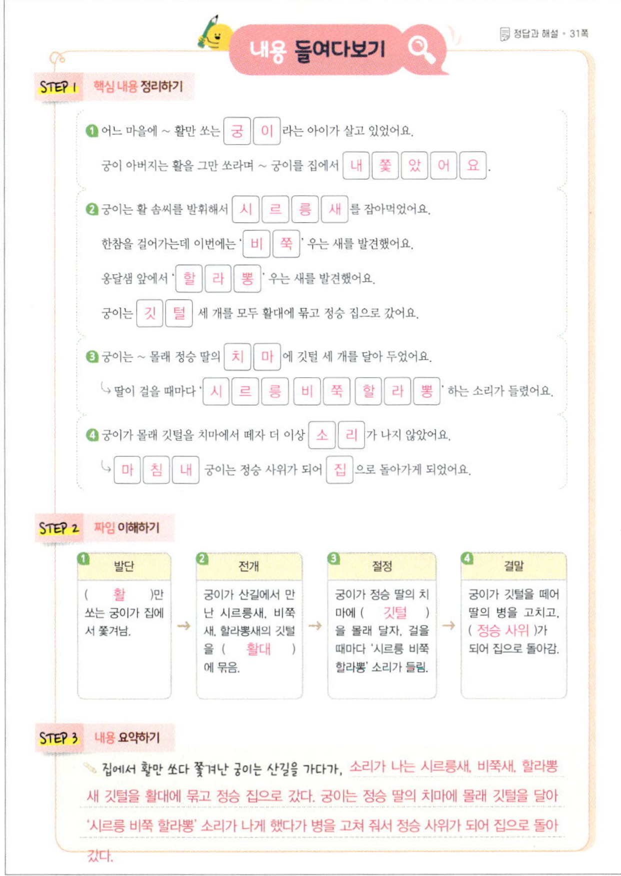

위가 되게 해 달라고 말했어요. 2문단을 통해 시르릉새, 비쭉새, 할라뽕새 깃털은 머리가 아니라 활대에 묶어 두었다는 것을 알 수 있어요.

3 1문단에서 궁이는 활만 쏘다가 아버지에게 쫓겨나면서 "정승 사위라도 되면 그때나 집에 들어올 생각해라!"라는 말을 들었어요. 궁이는 이런 아버지에게 자기 능력을 보여 주고 싶어서 정승 사위가 되려고 했다는 것을 짐작할 수 있어요.

오답 풀이

①, ②, ③, ④는 이야기에 나오지 않았으며, 이야기 속 내용을 통해 짐작할 수 없는 내용이에요.

4 주어진 글을 통해 궁이가 어떻게 정승 사위가 되었는지 알 수 있어요. 딸이 걸을 때마다 '시르릉 비쭉 할라뽕' 소리가 난 것은 병 때문이 아니라 궁이가 몰래 깃털을 달아 두었기 때문이에요. 정승 딸이 궁이를 좋아했다는 내용은 이야기에 나오지 않아요.

오답 풀이

① 몰래 정승 딸의 치마에 깃털을 달아 둔 것은 궁이가 꾀를 부린 것이에요.
③ 정승은 딸의 병을 고칠 수만 있으면 무엇이든 할 수 있을 만큼 자기 딸을 아꼈어요.
④ 정승은 병을 고쳐 주면 궁이를 사위로 삼겠다는 약속을 지켰어요.
⑤ '시르릉 비쭉 할라뽕' 소리가 나는 것은 병 때문이 아니라, 궁이가 정승 딸의 치마에 붙여 둔 깃털 때문이었어요.

문제로 확인하기 본문 · 142쪽

1 궁이, 시르릉새, 비쭉새, 할라뽕새, 깃털, 딸, 병, 정승 사위
2 ③   **3** ⑤   **4** ②

1 〈시르릉 비쭉 할라뽕〉은 활만 쏘던 궁이가 새 깃털을 이용해 정승 사위가 되는 이야기예요. 이야기의 줄거리를 요약하기 위한 중심 낱말에는 주인공인 '궁이', '시르릉새', '비쭉새', '할라뽕새'와 새의 '깃털', 정승의 '딸'과 딸의 '병', '정승 사위' 등이 있어요.

2 궁이는 매일 활만 쐈어요. 그래서 집에서 쫓겨났고, 산길에서 만난 시르릉새, 비쭉새, 할라뽕새 깃털을 챙겨서 정승 집에 머슴으로 갔어요. 궁이는 기회를 엿보다 정승 딸의 치마에 깃털 세 개를 몰래 달아 두었고, 정승에게 병을 고치면 사

어휘력 다지기 본문 · 143쪽

1 ㉠   **2** ㉡   **3** 발휘하다   **4** 사위
5 아리땁다   **6** 매달다

낱말 더 보기

• **며느리:** 아들의 아내를 이르는 말
  ㉮ 오빠가 결혼을 해서 엄마에게 며느리가 생겼다.
• **발견하다:** 미처 찾아내지 못하였거나 아직 알려지지 아니한 사물이나 현상, 사실 따위를 찾아내다.
  ㉮ 우연히 책 사이에서 언니가 숨겨 둔 돈을 발견했다.

비행기를 처음 탄 날

핵심 내용 이해

Q. 다음 낱말 카드를 활용하여 글쓴이가 이 글을 쓴 목적을 완성해 보자!

| 비행기 | 일기 | 생각 |

글쓴이는 (비행기)를 처음 타면서 어떤 (생각)이나 느낌이 들었는지 정리하기 위해 (일기)를 썼다.

새로 알게 된 사실

Q. 이 글을 읽고 새롭게 알게 된 내용을 적어 보자!

예 일기를 쓸 때 겪은 일에 대한 생각이나 느낌을 자세히 쓰면 더 재미있다는 것을 알게 되었다.

나의 생각 정리

Q. 다음 글을 읽고 '나'는 겪은 일에 대해 어떤 생각이나 느낌이 들었을지 써 보자!

> **대청소를 한 날**
> 주말을 맞아 가족과 함께 미뤄 왔던 대청소를 했다. 아빠는 걸레로 창문과 바닥을 닦았다. 엄마는 커튼을 빨고 옷장 안을 정리했다. 나는 어질러진 물건들을 정리하고 가구 위에 쌓인 먼지를 털었다.

'나'는 예 가족과 함께 청소를 해서 즐거웠을 것이다. 청소가 끝난 뒤에는 깨끗해진 집을 보고 뿌듯한 느낌이 들었을 것이다.

어휘력 확인

1~2 다음 낱말의 알맞은 뜻을 찾아 선으로 이어 보세요.

1 공항 · · ㉠ 비행기가 뜨고 내릴 수 있게 다양한 시설이 마련된 곳

2 도로 · · ㉡ 사람, 차 따위가 잘 다닐 수 있도록 만들어 놓은 비교적 넓은 길

3~4 다음 뜻에 알맞은 낱말을 찾아 ○표 해 보세요.

3 솟아서 위로 오르다.

(떠오르다)   (떠내려가다)

4 많은 사람이 한곳에 모여 매우 어지럽게 움직이다.

(끈적이다)   (복적이다)

5 다음 문장과 어울리도록 틀린 글자를 바르게 고쳐 써 보세요.

| 토끼는 빠르게 달려 눈 깜쩍할 사이에 사라졌다. | 깜 | 짝 |

6~7 다음 문장의 빈칸에 들어갈 알맞은 낱말을 골라 색칠해 보세요.

6 열심히 외운 노래 가사를 틀릴까 봐 [조마조마] 했다.

(어마어마)   (조마조마)

7 가족과 함께 놀이공원에 놀러갈 생각을 하니 [두근거렸다].

(두근거렸다)   (두려웠다)

누가 재판을 할까요?

핵심 내용 이해

Q. 다음 낱말 카드를 활용하여 재판에 참여하는 사람들의 역할을 정리해 보자!

| 죄 | 벌 | 판단하다 | 밝히다 |

검사는 재판을 받는 사람이 예 어떤 죄를 지었는지 밝힌다.

변호사는 재판을 받는 사람이 잘못하지 않았다는 것을 밝히거나 잘못할 수밖에 없었던 이유를 알린다.

판사는 재판을 받는 사람이 정말 죄를 저질렀는지, 예 어떤 벌을 받아야 할지 판단한다.

새로 알게 된 사실

Q. 이 글을 읽고 새롭게 알게 된 내용을 적어 보자!

예 재판을 하는 사람인 검사, 변호사, 판사의 역할이 각각 다르다는 사실을 알게 되었다.

나의 생각 정리

Q. 다음과 같은 재판이 열렸을 때, '나'가 판사라면 어떤 결정을 내릴지 써 보자!

> 가게에서 빵을 훔친 남자가 재판을 받게 되었다. 검사는 빵을 훔친 것은 도둑질이므로 벌을 받아야 한다고 주장하였다. 변호사는 남자가 먹을 것이 없어 며칠 동안 굶고 있던 중이었다며 남자의 사정을 헤아려 주어야 한다고 주장하였다.

'나'는 예 남자가 너무 배가 고파 어쩔 수 없이 도둑질을 한 상황이었으므로 이를 고려하여 다른 도둑질을 한 사람보다 벌을 조금만 줄 것이다.

어휘력 확인

1~2 다음 낱말의 알맞은 뜻을 찾아 선으로 이어 보세요.

1 정하다 · · ㉠ 옳은 것과 잘못된 것을 판단하고 알리다.

2 밝히다 · · ㉡ 규칙이나 법 따위를 얼마나 어떻게 맞추어 쓸지 결정하다.

3~4 다음 문장의 빈칸에 들어갈 알맞은 낱말을 골라 색칠해 보세요.

3 남의 물건을 훔치는 [도둑질] 을 해서는 안 된다.

(도둑질)   (장난질)

4 해야 할 일이 너무 많을 때에는 [일꾼] 의 도움을 받을 수 있다.

(일꾼)   (사기꾼)

5~7 다음 문장의 빈칸에 들어갈 알맞은 낱말을 보기 에서 찾아 써 보세요.

> **보기**
> 재판   주장   신고

5 그는 자신이 잘못하지 않았다고 [주장] 했다.
의견을 굳게 내세움.

6 이웃집에 도둑이 들어 경찰에 [신고] 을/를 했다.
관청에 사실을 알림.

7 누가 잘못을 하였는지 판단하기 위해 [재판] 이/가 열렸다.
사건을 해결하기 위해 판단함.

혀는 어떻게 맛을 느낄까요?

핵심 내용 이해

Q. 다음 글자 카드를 활용하여 글쓴이가 이 글을 쓴 목적을 완성해 보자!

법	혀	맛	방

글쓴이는 **혀** 가 **맛** 을 느끼는 **방** **법** 과 혀가 맛을 느끼지 못하면 생길 수 있는 문제를 독자에게 알려 주기 위해 글을 썼다.

새로 알게 된 사실

Q. 이 글을 읽고 새롭게 알게 된 내용을 적어 보자!

예 혀의 맛봉오리라는 곳에서 음식의 맛을 느낄 수 있다는 사실을 알게 되었다.

나의 생각 정리

Q. 다음 상황과 같이 '나도 맛을 느끼는 혀의 소중함을 느꼈던 경험이 있다면 써 보자!

연수는 감기에 걸려 맛을 느끼지 못했습니다. 그래서 상한 우유를 마시면서도 맛이 이상하다는 사실을 알 수 없었습니다. 연수는 결국 배탈이 나서 병원에 입원하고 말았습니다. 만약 연수가 맛을 느낄 수 있었다면 상한 우유를 마시지 않았을 것입니다.

'나는 예 감기에 걸렸을 때 달콤한 아이스크림의 맛을 느끼지 못했던 경험이 있다. 이 경험을 통해 혀가 매우 중요하다는 것을 알게 되었다.

어휘력 확인

(1~2) 다음 낱말의 알맞은 뜻을 찾아 선으로 이어 보세요.

1　세포 •　　　• ㉠ 영양이 되는 성분
2　영양분 •　　　• ㉡ 생물의 몸을 이루는 가장 기본적인 단위

(3~5) 다음 뜻에 알맞은 낱말을 찾아 ○표 해 보세요.

3　보통 이상으로 대단하다.
　　(굉장하다)　　(성장하다)

4　소리, 냄새 따위를 밖으로 드러내다.
　　(새다)　　(내다)

5　음식물이나 침이 목구멍을 지나가다.
　　(넘어지다)　　(넘어가다)

(6~7) 다음 문장의 빈칸에 들어갈 알맞은 낱말을 보기 에서 찾아 써 보세요.

보기　필요하다　부족하다

6　사람에게는 마실 물이 꼭 **필요하다** .
　　반드시 요구되는 바가 있다.

7　준비한 음식이 적어서 배불리 먹기에는 **부족하다** .
　　양이나 기준에 충분하지 않다.

우리의 소리, 판소리

핵심 내용 이해

Q. 다음 낱말 카드를 활용하여 판소리의 특징을 정리해 보자!

아니리	북	장단	발림	창

판소리에서 소리꾼은 예 창과 아니리를 하며 발림을 보여 준다.
판소리에서 고수는 예 북을 쳐서 소리꾼의 소리에 장단을 맞추어 준다.

새로 알게 된 사실

Q. 이 글을 읽고 새롭게 알게 된 내용을 적어 보자!

예 판소리는 공연하는 사람뿐 아니라 관객들도 함께 즐길 수 있는 예술이라는 사실을 알게 되었다.

나의 생각 정리

Q. 다음 글을 읽고, '나'는 우리나라 문화를 지키기 위해 어떤 노력을 할 수 있을지 써 보자!

우리가 다른 나라의 문화를 즐기는 사이에 정작 우리나라의 문화와 예술이 점점 사라지고 있습니다. 어린이들은 우리나라 전통 음악을 거의 듣지 않고, 한복도 자주 입지 않습니다. 우리의 것을 지키고 오랫동안 이어나가기 위해 노력해야 합니다.

'나'는 예 우리나라 전통 문화에 대해 열심히 공부하고 다른 나라 친구들에게 소개해 줄 것이다. 또한 일상생활에서 우리나라의 전통문화를 자주 즐기려고 노력할 것이다.

어휘력 확인

(1~2) 다음 문장의 빈칸에 들어갈 알맞은 낱말을 골라 색칠해 보세요

1　공연이 끝나자 사람들이 박수를 **쳤다** .
　　(쵔다)　　(쳤다)

2　마을 사람들이 모여서 신나게 축제를 **즐겼다** .
　　(즐겼다)　　(질겼다)

3　다음 문장과 어울리도록 틀린 글자를 바르게 고쳐 써 보세요.

박자에 맞치어 노래를 불렀다.　　| 맞 | 추 | 어 |

(4~7) 다음 문장의 빈칸에 들어갈 알맞은 낱말을 보기 에서 찾아 써 보세요.

보기　몸짓　장단　관객　공연

4　공연장에 **관객** 들이 가득 찼다.
　　경기, 공연, 영화를 보거나 듣는 사람

5　배우들은 **공연** 을 하기 전에 열심히 연습한다.
　　음악, 무용, 연극 등 많은 사람 앞에서 보이는 일

6　무용수는 **장단** 에 맞추어 흥겹게 춤을 춘다.
　　춤이나 노래의 박자

7　말뿐만 아니라 **몸짓** 을 보고도 상대방이 전하려는 뜻을 알 수 있다.
　　몸을 놀리는 모양

숲속에 건물을 지어도 될까요?

📘 핵심 내용 이해

Q. 다음 글자 카드를 활용하여 숲에 쇼핑몰을 짓는 문제에 대한 친구들의 생각을 정리해 보자!

| 발 | 호 | 보 | 개 |

🖊 숲에 쇼핑몰이 생긴다는 소식에 도아는 숲을 **보 호** 해야 한다고 생각하였고, 현욱은 숲을 **개 발** 해야 한다고 생각하였다.

✏️ 새로 알게 된 사실

Q. 이 글을 읽고 새롭게 알게 된 내용을 적어 보자!

🖊 예 같은 문제에 대해서도 사람마다 관점이 달라 의견이 다를 수 있다는 사실을 알게 되었다.

⭐ 나의 생각 정리

Q. 다음 글을 읽고, 시골 마을에 놀이공원이 생기는 문제에 대하여 '나'는 어떻게 생각하는지 써 보자!

> 시골 마을에 놀이공원이 생긴다고 합니다. 놀이공원이 생기면 사람들이 많이 놀러 오기 때문에 마을에서 장사를 하는 사람들은 돈을 더 많이 벌 수 있고, 다양한 시설이 생겨서 마을이 더욱 발전할 수 있습니다. 그러나 시골에서 조용히 살고 싶었던 사람들은 살던 곳을 떠나야 할 수 있습니다. 또 놀이공원에서 나온 오염 물질이 마을을 더럽힐 수도 있습니다.

🖊 '나'는 예 시골 마을에 놀이공원이 생겨야 한다고 생각한다. 마을이 발전하면 마을 사람들에게 많은 이익이 생길 수 있기 때문이다.

🎀 어휘력 확인

1~2 다음 낱말의 알맞은 뜻을 찾아 선으로 이어 보세요.

1 울창하다 ● ● ㉠ 나무가 빽빽하게 자라서 푸르다.
2 황폐하다 ● ● ㉡ 집, 토지, 숲 따위가 거칠어져 못 쓰게 되다.

3~5 다음 문장의 빈칸에 들어갈 알맞은 낱말을 골라 색칠해 보세요.

3 마을에 도서관을 **짓다**.
　짓다　／　짖다

4 마당에 길게 자란 풀을 **베다**.
　베다　／　뻗다

5 환경을 **지키기** 위해 노력해야 한다.
　비키기　／　지키기

6~7 다음 뜻에 알맞은 낱말을 찾아 ○표 해 보세요.

6 땅 등 자연 환경을 쓸모가 있게 만들다.
　계발하다　／　(개발하다)

7 위험이나 곤란 따위를 피할 수 있게 잘 보살펴 돌보다.
　보고하다　／　(보호하다)

도서관에서는 어떻게 해야 할까요?

📘 핵심 내용 이해

Q. 다음 글자 카드를 활용하여 글쓴이가 이 글을 쓴 목적을 완성해 보자!

| 서 | 용 | 도 | 관 | 이 |

🖊 글쓴이는 **도 서 관** 을 **이 용** 하는 방법에 대해 알려 주기 위해서 이 글을 썼다.

✏️ 새로 알게 된 사실

Q. 이 글을 읽고 새롭게 알게 된 내용을 적어 보자!

🖊 예 도서관을 이용할 때에는 다른 사람에게 방해가 되는 행동을 해서는 안 된다는 사실을 알게 되었다.

⭐ 나의 생각 정리

Q. 다음 글을 읽고, 미술관 이용 방법을 지켜서 좋았던 경험이나 미술관 이용 방법을 지키지 않은 사람 때문에 불편했던 경험을 써 보자!

> **미술관 이용 방법**
> 미술관을 이용할 때에는 다른 사람에게 방해가 되지 않도록 관람 순서대로 작품을 봐야 합니다. 다른 사람이 작품을 감상할 때에는 끼어들거나 밀치지 않습니다. 또, 뛰거나 장난을 쳐서는 안 되고 작품을 함부로 만져서도 안 됩니다. 그리고 사진을 찍기 전, 먼저 사진을 찍을 수 있는 곳인지 확인해야 합니다.

🖊 '나'는 예 미술관에서 뛰어다니는 친구들 때문에 작품을 제대로 감상하지 못한 적이 있다.

🎀 어휘력 확인

1~2 다음 낱말의 알맞은 뜻을 찾아 선으로 이어 보세요.

1 자료 ● ● ㉠ 도로 돌려줌.
2 반납 ● ● ㉡ 연구나 조사 따위의 바탕이 되는 재료

3~5 다음 문장의 빈칸에 들어갈 알맞은 낱말을 골라 색칠해 보세요.

3 **발소리** 를 줄이기 위해 살금살금 걸었다.
　발소리　／　목소리

4 수업 시간에 장난을 치면 다른 친구들에게 **방해** 가 된다.
　방해　／　장애

5 여러 사람이 쓰는 물건을 사용한 뒤에는 **제자리** 에 가져다 놓아야 한다.
　가장자리　／　제자리

6~7 다음 문장의 빈칸에 들어갈 알맞은 낱말을 보기 에서 찾아 써 보세요.

| 보기 |
| 이용　　실천 |

6 공공시설은 여러 사람이 함께 **이용** 하는 곳이다.
　필요에 따라 씀.

7 자신이 세운 계획을 **실천** 하는 습관을 가져야 한다.
　생각한 바를 실제로 행동함.

세계의 재미있는 축제들

핵심 내용 이해

Q. 다음 낱말 카드를 활용하여 각 나라의 축제에서는 무엇을 하는지 정리해 보자!

삼바	토마토	물	퍼레이드

태국에서 열리는 '송끄란'에서는 예 축제에 참여한 사람들에게 물을 뿌린다.

브라질에서 열리는 '리우 카니발'에서는 예 삼바 퍼레이드가 열린다.

스페인에서 열리는 '라 토마티나'에서는 예 사람들이 으깬 토마토를 서로에게 던진다.

새로 알게 된 사실

Q. 이 글을 읽고 새롭게 알게 된 내용을 적어 보자!

예 '삼바'라는 음악에 대해 들어 본 적이 있는데 삼바는 브라질의 전통 음악과 춤이라는 것을 알게 되었다.

나의 생각 정리

Q. 다음 글을 읽고, '강릉 단오제'에 대해 더 알고 싶은 점이나 궁금한 점을 써 보자!

강릉 단오제는 음력 4월부터 5월 초까지 한 달 동안 강릉에서 열리는 우리나라 전통 축제이다. 강릉 단오제에서는 마을 사람들이 더욱 평화롭게 잘 살기를 바라며 신에게 제사를 지내고 단오굿을 지낸다. 또, 관노 가면극을 볼 수 있으며 그네뛰기, 씨름, 줄다리기 등 다양한 민속놀이도 즐길 수 있다. 강릉 단오제는 2005년에 유네스코 인류 무형 문화유산으로 지정되었다.

'나'는 예 단오굿을 지내는 방법과 관노 가면극의 내용에 대해 더 자세히 알고 싶다.

어휘력 확인

1~2 다음 뜻에 알맞은 낱말을 찾아 ○표 해 보세요.

1 모임이나 회의 따위를 시작하다.

   옅다   (열다)

2 어떤 일이 일어나거나 진행되다.

   벌다   (벌어지다)

3~5 다음 문장의 빈칸에 들어갈 알맞은 낱말을 보기 에서 찾아 써 보세요.

보기
축복   연주   참여

3 아름다운 피아노 연주 에 감동을 받았다.
   악기를 다루어 곡을 표현함.

4 크리스마스에는 서로에게 축복 을/를 빌어 준다.
   행복을

5 학급 회의에 적극적으로 참여 하기를 바란다.
   어떤 일에 끼어들어 관계함.

6 다음 문장과 어울리도록 틀린 글자를 바르게 고쳐 써 보세요.

으껜 얼음 위에 팥을 올려 팥빙수를 만들었다.   우   깬

7~8 다음 빈칸에 모두 들어갈 수 있는 낱말을 뜻을 참고하여 써 보세요.

7 한복은 우리나라 전통 의상이다.

8 그곳은 오랜 전통 을 이어 온 가게이다.
   지난날부터 이미 내려오는 생각, 행동 등의 양식

단풍나무와 늘푸른나무

핵심 내용 이해

Q. 다음 글자 카드를 활용하여 이 글을 쓴 목적을 완성해 보자!

푸	단	른	늘	풍

글쓴이는 단 풍 나무와 늘 푸 른 나무의 다른 점을 알려 주기 위해 글을 썼다.

새로 알게 된 사실

Q. 이 글을 읽고 새롭게 알게 된 내용을 적어 보자!

예 나무는 대부분 가을에 낙엽이 지고 겨울이 되면 잎이 떨어진다고 생각했는데 겨울 내내 푸른 잎을 달고 있는 나무도 많다는 것을 알게 되었다.

나의 생각 정리

Q. 다음 글을 읽고, '나'가 침엽수와 활엽수를 본 경험을 써 보자!

나뭇잎의 모양으로 나무를 나눌 수 있어요. 뾰족한 바늘 모양의 잎을 가진 나무는 '침엽수'라고 해요. 소나무, 잣나무, 향나무 등이 침엽수예요. 반면 넓적한 잎을 가진 나무는 '활엽수'예요. 떡갈나무, 상수리나무 등이 넓적한 모양의 잎을 가진 활엽수예요. 이제 나무를 관찰할 때 잎의 모양도 자세히 들여다보세요.

'나'는 예 송편을 찔 때 바늘처럼 뾰족한 모양의 솔잎을 까는 것을 본 적이 있다. 또 단풍이 든 넓적한 잎으로 예쁜 책갈피를 만든 적이 있다.

어휘력 확인

1~2 다음 뜻에 알맞은 낱말을 찾아 ○표 해 보세요

1 빛깔이나 색채 따위를 가지다.

   띠다   (띄다)

2 빛깔이 스미거나 옮아서 묻다.

   물리다   (물들다)

3~4 다음 문장의 빈칸에 들어갈 알맞은 낱말을 골라 색칠해 보세요.

3 푸른 잎 사이에 알록달록한 꽃들이 피어나다 .

   피어나다   일어나다

4 겨울이 지나자 흙 위로 여린 새싹이 돋아나다 .

   돋아나다   묻어나다

5~7 다음 문장의 빈칸에 들어갈 알맞은 낱말을 보기 에서 찾아 써 보세요.

보기
낙엽   금방   잎사귀

5 줄기에 매달린 푸른 잎사귀 이/가 싱그러웠다.
   낱낱의 잎

6 금방 돌아오겠다는 약속을 지키기 위해 서둘렀다.
   말하고 있는 때보다 조금 후에

7 땅에 떨어진 낙엽 을/를 밟자 바스락거리며 부서졌다.
   나뭇잎이 떨어짐.

자연을 닮은 건축물

핵심 내용 이해

Q. 다음 글자 카드를 활용하여 이 글의 주요 내용을 완성해 보자!

| 축 | 건 | 연 | 물 | 자 |

✎ 이 글은 자 연 을 닮은 세계의 여러 건 축 물 에 대해 소개하고 있다.

새로 알게 된 사실

Q. 이 글을 읽고 새롭게 알게 된 내용을 적어 보자!

✎ 예 건축물과 같이 우리 생활 곳곳에 자연의 모습이 숨어 있다는 것을 알게 되었다.

나의 생각 정리

Q. 다음 글을 읽고, '나'는 자연의 어떤 모습을 닮은 건물을 짓고 싶은지 써 보자!

> 스페인의 대표 건축가 가우디는 자연을 사랑한 건축가로도 유명해요. 그는 '자연은 신이 만든 건축이며 인간의 건축은 그것에서 배워야 한다.'고 말하며 건물 곳곳에 자연의 모습을 담으려고 했어요. 예를 들어 그가 지은 '카사바트요'라는 건물의 계단은 동물의 뼈를, 창문은 거북이의 등껍질을, 벽난로는 버섯을 닮았어요.

✎ '나'는 예 지붕은 구름의 모양을, 창문은 해와 달의 모양을 본떠 건물을 만들 것이다. 그리고 계단은 덩굴 모양으로 만들고 싶다.

어휘력 확인

1~2 다음 문장의 빈칸에 모두 들어갈 수 있는 낱말을 써 보세요.

1 에펠탑은 프랑스 파리 한가운데에 서 있는 건축 물이다.

2 가우디는 멋진 건물들을 만든 스페인의 대표 건축 가이다.

3 다음 문장과 어울리도록 틀린 글자를 바르게 고쳐 써 보세요.

조개껍대기를 모아 예쁜 목걸이를 만들었다. → 껍 데 기

4~5 다음 뜻에 알맞은 낱말을 찾아 ○표 해 보세요.

4 특별하게 다르다.

(독특하다) (기특하다)

5 큰 것이 잇따라 미끄럽게 도는 모양

(빙글빙글) (둥글둥글)

6~7 다음 문장의 빈칸에 들어갈 알맞은 낱말을 골라 색칠해 보세요.

6 이 종은 물방울의 모양을 본떠 만들었다.

[본떠] [들떠]

7 튼튼한 건축물을 만들기 위해서는 설계 를 꼼꼼하게 해야 한다.

[통계] [설계]

소가 된 게으름뱅이

핵심 내용 이해

Q. 다음 글자 카드를 활용하여 이 글의 주제를 완성해 보자!

| 름 | 으 | 실 | 게 | 성 |

✎ 이 글은 게 으 름 을 피우지 말고 성 실 하게 살아야 한다는 주제를 담고 있다.

새로 알게 된 사실

Q. 이 글을 읽고 새롭게 알게 된 내용을 적어 보자!

✎ 예 게으름을 피우면 결국 나에게 좋지 않은 결과를 불러온다는 것을 알게 되었다.

나의 생각 정리

Q. 다음 글을 읽고, '나'가 총각이라면 말하고 싶은 소원을 그 까닭과 함께 써 보자!

> 다시 사람이 된 총각은 하루하루 성실하게 살았어요. 그러던 어느 날, 총각 앞에 다시 노인이 나타났어요.
> "열심히 지내는 모습을 보니 뿌듯하군. 이전에는 벌을 주어 자네를 소가 되게 했으니, 이번에는 자네에게 상을 내리려고 하네. 이루고 싶은 소원을 한 가지 말해 보게. 그리고 그 소원을 이루고 싶은 까닭도 말해 주게나."

✎ '나'는 예 우리 가족이 아프지 않고 오래오래 행복하게 살게 해 달라는 소원을 말하고 싶다. 내가 사랑하는 가족이 이 세상에서 가장 소중하기 때문이다.

어휘력 확인

1~2 다음 빈칸에 알맞은 글자를 쓰고, 낱말의 알맞은 뜻을 찾아 선으로 이어 보세요.

1 농사 + 꾼 ● ● ㉠ 게으른 사람을 이르는 말

2 게으름 + 뱅이 ● ● ㉡ 농사를 짓는 일꾼을 이르는 말

3~5 다음 문장의 빈칸에 들어갈 알맞은 낱말을 골라 색칠해 보세요.

3 쉬지 않고 이어지는 훈련이 고되다 .

[늦되다] [고되다]

4 배가 살살 아팠던 민호는 뿡 하고 방귀를 뀌었다.

[땅] [뿡]

5 병뚜껑이 너무 꽉 닫혀 있어 좀처럼 열리지 않았다.

[좀처럼] [조금씩]

6~7 다음 문장의 빈칸에 들어갈 알맞은 낱말을 보기 에서 찾아 써 보세요.

보기
빌딩   종일

6 어제 종일 비가 내려서 계곡물이 불어났다.
아침부터 저녁까지 내내

7 너무 피곤해서 침대를 보자마자 빌러덩 드러누웠다.
팔을 벌리고 뒤로 눕는 모양

필통의 주인을 찾아 주세요

핵심 내용 이해

Q. 다음 낱말 카드를 활용하여 이 글에서 일어난 일을 정리해 보자!

| 주인 | 필통 | 분실물 | 복도 |

✎ (복도)에 떨어져 있는 (필통)을 주운 나는 (주인)을 찾아 주기로 하고 (분실물)을 모아 두는 상자에 필통을 넣어 두었다.

새로 알게 된 사실

Q. 이 글을 읽고 새롭게 알게 된 내용을 적어 보자!

✎ 예 분실물을 발견했을 때 분실물을 모아 두는 곳에 가져다 놓으면 주인을 찾아 주기 쉽다는 것을 알게 되었다.

나의 생각 정리

Q. 다음 글을 읽고, 물건을 잃어버리지 않기 위한 '나'만의 방법을 떠올려 써 보자!

우리 학교에서는 매달 많은 분실물이 생긴다. 친구들이 물건을 잃어버리는 까닭을 조사해 보니 물건을 챙기는 습관이 들지 않아서, 덜렁거리는 성격 때문에, 신경 써야 할 다른 일이 너무 많아서 등과 같이 다양한 대답을 들을 수 있었다. "분실물을 발견했을 때 어떻게 하는가?"라는 물음에는 많은 친구들이 분실물 상자에 넣어 놓는다고 대답하였다. 그런데 분실물 상자를 살펴보니 이름이 써 있지 않아 누구의 것인지 알 수 없는 물건들이 많았다.

✎ '나'는 예 이동하기 전에 놓고 가는 물건은 없는지 살펴본다. 또 잃어버리더라도 다시 찾을 수 있도록 내 이름을 물건에 써 놓는다.

어휘력 확인

(1~2) 다음 낱말의 알맞은 뜻을 찾아 선으로 이어 보세요.

1 슬쩍 • • ㉠ 남의 눈을 피하여 재빠르게

2 활짝 • • ㉡ 얼굴이 밝거나 가득히 웃음을 띤 모양

(3~4) 다음 뜻에 알맞은 낱말을 찾아 ○표 해 보세요.

3 자기도 모르는 사이에 잃어버린 물건

(준비물)　(분실물)

4 어떤 감정이나 마음이 일어나거나 나타나지 아니하도록 스스로 참다.

(짓누르다)　(억누르다)

5 다음 문장과 어울리도록 틀린 글자를 바르게 고쳐 써 보세요.

친구의 새 신발이 마음에 들어 틈이 났다.　탐

(6~7) 다음 문장의 빈칸에 들어갈 알맞은 낱말을 보기 에서 찾아 써 보세요.

보기
뿌듯하다　모으다

6 어머니의 생신 선물을 사기 위해 용돈을 [모으다].
　돈을 써 버리지 않고 쌓아 두다.

7 열심히 준비했던 태권도 대회에서 좋은 성적을 거두어 [뿌듯하다].
　기쁨이 마음에 가득 차다.

고기를 먹지 않는 사람들

핵심 내용 이해

Q. 다음 낱말 카드를 활용하여 이 글을 쓴 목적을 완성해 보자!

| 채식 | 환경 | 채소 | 고기 |

✎ (환경)과 동물을 위해 (고기)를 먹지 않고 대신 (채소)를 먹는 '(채식)'에 대해 알리기 위해 글을 썼다.

새로 알게 된 사실

Q. 이 글을 읽고 새롭게 알게 된 내용을 적어 보자!

✎ 예 채식을 하는 사람들을 위한 음식이 점점 다양해지고 있다는 사실을 알게 되었다.

나의 생각 정리

Q. 다음 글을 읽고, '나'는 트림세에 대해 어떻게 생각하는지 그 까닭과 함께 써 보자!

소가 방귀를 뀔 때 나오는 메탄 가스는 환경을 오염시켜요. 그래서 뉴질랜드에서는 소의 방귀에 세금을 걷어요. 뉴질랜드에서 소를 기르려면 방귀세를 내야 하는 거지요. 그런데 최근 방귀세에 이어 트림세도 걷겠다고 발표했어요. 트림을 할 때에도 메탄 가스가 나오거든요.
이에 사람들의 의견이 나뉘었어요. 트림세에 찬성하는 사람들은 세금을 걷어 환경을 위한 연구에 쓰면 도움이 될 거라고 생각해요. 반면 트림세에 반대하는 사람들은 트림세까지 걷으면 소를 키우는 사람들이 너무 큰 손해를 볼 것이므로 그보다는 소의 트림에서 메탄 가스를 줄일 수 있는 다른 기술을 개발해야 한다고 주장해요.

✎ '나'는 예 트림세를 걷지 말아야 한다고 생각한다. 무조건 세금을 내게 하는 것보다는 소의 트림에서 메탄 가스가 덜 나오도록 하는 기술을 개발하는 것이 더 좋은 방법이라고 생각하기 때문이다.

어휘력 확인

(1~2) 다음 빈칸에 알맞은 글자를 쓰고, 낱말의 알맞은 뜻을 찾아 선으로 이어 보세요.

1 채 + 식 • • ㉠ 음식으로 고기를 먹음. 또는 그런 식사

2 육 + 식 • • ㉡ 고기류를 피하고 주로 채소, 과일, 해초 따위의 식물성 음식만 먹음.

(3~4) 다음 뜻에 알맞은 낱말을 찾아 ○표 해 보세요.

3 약간 달콤한 맛이 있다.

(달짝지근하다)　(짭짤하다)

4 바스러지기 쉬울 정도로 물기가 아주 없이 보송보송하다.

(말랑말랑하다)　(바삭바삭하다)

(5~7) 다음 문장의 빈칸에 들어갈 알맞은 낱말을 골라 색칠해 보세요.

5 닭장에서 나온 닭이 자유를 [누리다].

[누리다]　[느리다]

6 펄펄 끓는 주전자가 수증기를 [내뿜다].

[내놓다]　[내뿜다]

7 우유나 버터와 같은 [유제품]은 신선하게 보관해야 해요.

[유제품]　[신상품]

태양계를 이루는 행성들

핵심 내용 이해

Q. 다음 낱말 카드를 활용하여 태양계가 무엇인지 정리해 보자!

공간	여덟	행성	태양

태양계는 (태양) 주위를 일정한 간격으로 되풀이하여 도는 (행성)들과 그 (공간)을 이루는 것을 말하며, 태양계에는 모두 (여덟) 개의 행성이 있다.

새로 알게 된 사실

Q. 이 글을 읽고 새롭게 알게 된 내용을 적어 보자!

예 금성은 지구에서도 쉽게 볼 수 있고, 샛별이라는 이름을 가지고 있다는 사실을 알게 되었다.

나의 생각 정리

Q. 다음 글을 읽고, 만약 '내'가 탐사선을 보낸다면 어떤 탐사선을 보내고 싶은지 써 보자!

우리는 아직 우주에 대해 많은 것을 알지 못해요. 그래서 우주에 대한 정보를 얻기 위해 탐사선을 발사해요. 지금까지 많은 탐사선이 우주로 보내졌어요. 달로 간 탐사선은 달이 무엇으로 이루어져 있는지 알아냈어요. 화성으로 보내진 탐사선은 화성에 물이 있었다는 사실을 밝혀내기도 했지요.

탐사선에는 사람이 직접 타기도 해요. 아폴로 11호를 타고 달에 간 우주 비행사들은 처음으로 달에 착륙한 사람들로 알려져 있어요.

'나'는 예 음악을 담은 탐사선을 우주로 보내고 싶다. 우주에 다른 생명체가 산다면 그들도 음악을 들을 수 있는지 알고 싶기 때문이다.

어휘력 확인

1~2 다음 낱말의 알맞은 뜻을 찾아 선으로 이어 보세요.

1 지다 — ㉡ 해나 달이 서쪽으로 넘어가다.
2 유일하다 — ㉠ 오직 하나밖에 없다.

3~5 다음 문장의 빈칸에 들어갈 알맞은 낱말을 골라 색칠해 보세요.

3 항아리를 묻기 위해 [구덩이]를 팠다.

 구덩이   웅덩이

4 하늘에서 별똥별이 떨어져 [운석]이 되었다.

운석   화석

5 방문에 달린 [고리]가 떨어져 문을 잠글 수 없게 되었다.

조리   고리

6~7 다음 문장의 빈칸에 들어갈 알맞은 낱말을 **보기**에서 찾아 써 보세요.

보기: 흔적   간격

6 뒷산에 곰이 왔다 간 [흔적]이 발견되었다.
　사라지거나 지나간 뒤에 남은 자국

7 책상과 의자 사이의 [간격]이 좁아서 움직일 수가 없다.
　공간적으로 벌어진 사이

세상에 맞선 시인, 허난설헌

핵심 내용 이해

Q. 다음 낱말 카드를 활용하여 이 글의 내용을 정리해 보자!

시	시인	포기	조선

(조선) 시대의 (시인) 허난설헌은 여성이 공부를 하거나 시를 쓰는 것을 싫어 하는 차별 속에서도 (포기)하지 않고 (시)를 썼어요.

새로 알게 된 사실

Q. 이 글을 읽고 새롭게 알게 된 내용을 적어 보자!

예 조선 시대에는 여성들이 마음껏 공부를 하거나 자신이 원하는 활동을 할 수 없었다는 사실을 알게 되었다.

나의 생각 정리

Q. 다음 글을 읽고, '나도 어려운 상황 속에서 무언가를 끝까지 포기하지 않고 해 냈던 경험이 있는지 써 보자!

장영실은 조선 세종 때 노비의 자식으로 태어났어요. 조선 시대에는 노비의 자식은 노비가 되어야 했고, 벼슬에 오를 수 없었지요. 그러나 장영실은 포기하지 않고 과학 지식과 기술을 갈고 닦았어요. 그는 뛰어난 능력을 세종에게 인정받았고, 우리나라 최초의 물시계인 자격루 등을 만들며 조선시대 최고 과학자이자 기술자가 되었답니다.

'나'는 예 운동을 잘 못하지만 포기하지 않고 열심히 연습하였고 어린이 마라톤 대회에 참가해 끝까지 달렸다.

어휘력 확인

1~2 다음 낱말의 알맞은 뜻을 찾아 선으로 이어 보세요.

1 일부 — ㉠ 한 부분. 또는 전체를 여럿으로 나눈 얼마
2 전부 — ㉡ 어떤 대상을 이루는 낱낱을 모두 합친 것

3~4 다음 뜻에 알맞은 낱말을 찾아 ○표 해 보세요.

3 가까운 사람이 죽어서 그와 이별하다.

잊다   (잃다)

4 부모나 사랑하는 사람이 죽어서 이별하다.

여리다   여의다

5 다음 문장과 어울리도록 틀린 글자를 바르게 고쳐 써 보세요.

그는 언제나 묵묵히 자신의 할 일을 한다.   묵 묵 히

6~7 다음 문장의 빈칸에 들어갈 알맞은 낱말을 **보기**에서 찾아 써 보세요.

보기: 보내다   전해지다

6 옛날이야기가 오랜 시간에 걸쳐 입에서 입으로 [전해지다].
　이어지거나 남겨지다

7 자신이 만든 계획표를 잘 지킨 지희가 알찬 방학을 [보내다].
　시간이나 세월이 지나가게 하다

왕이 잠든 곳, 종묘에 가다

핵심 내용 이해

Q. 다음 낱말 카드를 활용하여 이 글을 쓴 목적을 완성해 보자!

| 정전 | 역사 | 주말 | 종묘 |

글쓴이는 지난 (주말), 부모님과 (종묘)에 나들이를 가서 하마비와
(정전) 등을 본 뒤 우리나라 (역사)에 대해 더 공부해 보고 싶다고 생각했다.

새로 알게 된 사실

Q. 이 글을 읽고 새롭게 알게 된 내용을 적어 보자!

예 조선 시대에는 제사를 지내는 것을 매우 중요하게 생각했다는 것을 알게 되었다.

나의 생각 정리

Q. 다음 글을 읽고, '나'가 쓰고 싶은 여행 경험을 그 까닭과 함께 써 보자!

선생님: 여행이나 현장 체험 학습을 다녀온 경험을 글로 쓸 수 있어요. 그 장소를 가게 된 까
닭, 그곳에서 보고 들은 것, 생각하거나 느낀 점을 정리해 써 보세요. 이렇게 경험을 글로
정리해 두면 시간이 지나도 그때의 경험을 쉽게 기억해 낼 수 있어요.
현우: (혼잣말로) 그럼 나는 여름 방학에 가족과 함께 제주도에 다녀온 경험을 써야지. 성산
일출봉에 올라가서 보았던 풍경이 매우 아름다웠거든.

'나'는 예 지난주에 가족과 함께 경주에 다녀온 경험을 쓸 것이다. 경주에서 본 불국사의 모
습이 인상 깊었기 때문이다.

어휘력 확인

1~2 다음 낱말의 알맞은 뜻을 찾아 선으로 이어 보세요.

1 예의 •　　　• ㉠ 대대로 이어 내려온 여러 대. 또는 그동안

2 역대 •　　　• ㉡ 존경의 뜻을 표하기 위하여 예로써 나타내는
　　　　　　　　　말투나 몸가짐

3~4 다음 뜻에 알맞은 낱말을 찾아 ○표 해 보세요.

3 혼인이나 제사 같은 어떤 의식을 치르다.

(지내다)　　(보내다)

4 웃어른이나 존경하는 이를 가까이에서 받들다.

(모르다)　　(모시다)

5~6 다음 문장의 빈칸에 들어갈 알맞은 낱말을 골라 색칠해 보세요.

5 만들기 솜씨 가 뛰어난 예지의 꿈은 조각가이다.

(솜씨)　　(말씨)

6 오늘 날씨가 좋아서 공원으로 나들이 를 가기로 했다.

(나들이)　　(집들이)

7 다음 문장과 어울리도록 틀린 글자를 바르게 고쳐 써 보세요.

바게트는 길쭉하게 생긴 프랑스 빵이다.　　길 → 쭉

맛있는 피자를 만들어요

핵심 내용 이해

Q. 다음 글자 카드를 활용하여 글쓴이가 이 글을 쓴 목적을 완성해 보자!

| 자 | 정 | 피 | 과 |

글쓴이는 독자에게 피 자 를 만드는 과 정 을 알려 주기 위해 글을 썼다.

새로 알게 된 사실

Q. 이 글을 읽고 새롭게 알게 된 내용을 적어 보자!

예 토마토소스 위에 피자 치즈만 뿌려도 피자가 된다는 것을 알게 되었다.

나의 생각 정리

Q. 다음 글을 읽고 '나는 피자가 어떤 종류의 음식이라고 생각하는지 써 보자!

'피자'라는 말의 시작

피자(pizza)는 이탈리아 남부 지방의 말로, 고대 로마인들이 사용하던 '파이(pie)'라는 뜻의
'피체아(picea)'에서 생겨난 말이에요. 피체아는 로마인들이 '플라첸타(placenta)'라고 부르던
빵의 까맣게 그을린 아랫부분 혹은 그 빵 자체를 일컫는 말이었어요. 이 '피체아(picea)'가 오
늘날의 '피자(pizza)'로 굳어진 것으로 보여요.

'나'는 예 '피자'가 '파이'라는 뜻을 가진 '피체아'에서 생겨난 말이고, '피체아'는 '플라첸타'
라고 불리던 빵의 아랫부분을 일컫는 말이었다는 점에서, 피자는 빵의 한 종류라고 생각한
다.

어휘력 확인

1~2 다음 뜻에 알맞은 낱말을 주어진 첫소리를 참고하여 써 보세요.

1 일이 진행되어 가는 모습이나 단계

ㄱ ㅈ ___ 과정

2 만드는 물건이나 작품을 끝까지 다 이룩함.

ㅇ ㅅ ___ 완성

3~5 다음 문장의 빈칸에 들어갈 알맞은 낱말을 보기 에서 찾아 써 보세요.

보기
| 간단 | 취향 | 반죽 |

3 오늘 저녁은 간단 하게 먹을까?
　　간편하고 단출함.

4 사람마다 옷을 고르는 취향 이 다르다.
　　하고 싶은 마음이 생기는 방향

5 칼국수를 만들기 위해 밀가루 반죽 을 만들었다.
　　가루에 물을 부어 이겨 갠 것

6~7 다음 빈칸에 모두 들어갈 수 있는 낱말을 뜻을 참고하여 써 보세요.

6 동생은 스스로 할 수 있는 것 을 찾아서 했다.
　　　　　　　　　　　　　　　　　　일정한 일이나 구체적이지 않은
　　　　　　　　　　　　　　　　　　사물을 나타내는 말

7 피자에서 가장 중요한 것 은 피자판인 도우이다.

17일차

정답과 해설 ● 40쪽

규칙은 없으면 안 되나요?

핵심 내용 이해

Q. 다음 글자 카드를 활용하여 글쓴이가 이 글을 쓴 목적을 완성해 보자!

| 칙 | 설 | 규 | 명 |

글쓴이는 독자에게 [규] [칙] 이 무엇인지, 왜 필요한지 [설] [명] 하기 위해 이 글을 썼다.

새로 알게 된 사실

Q. 이 글을 읽고 새롭게 알게 된 내용을 적어 보자!

예) 더 안전하게 생활하기 위해서는 규칙을 지켜야 한다는 것을 알게 되었다.

나의 생각 정리

Q. 다음 글을 읽고 '나'는 학교 규칙에 대해 어떤 생각을 하는지 써 보자!

> 선생님께서 학교에서 꼭 지켜야 할 규칙 세 가지를 알려 주셨다.
> ① 인사하기, ② 뛰지 말기, ③ 조용히 말하기
> 선생님께서는 친구들과 서로 기분 좋게 지내려면 인사를 꼭 해야 하고, 뛰다가 부딪혀 다칠 수도 있기 때문에 실내에서는 뛰지 말아야 한다고 하셨다. 그리고 좁은 공간에서 많은 친구들이 다 같이 지내기 때문에 조용히 말해야 한다고 말씀하셨다.

'나'는 예) 많은 학생들이 학교라는 좁은 공간에서 함께 지내기 위해서는 규칙이 필요하다는 것을 깨닫게 되었다.

어휘력 확인

1~3 다음 낱말의 알맞은 뜻을 찾아 선으로 이어 보세요.

1 복잡 — ㉡ 많은 사람들이 한곳에 빽빽이 모여 어수선함.
2 불편 — ㉠ 이용하기에 어려움이 많음.
3 위험 — ㉢ 안전하지 않고, 사고나 피해가 생길 수 있음.

4~6 다음 문장의 빈칸에 들어갈 알맞은 낱말을 [보기]에서 찾아 써 보세요.

보기: 생명   좌우   도로

4 길을 건널 때는 [좌우] 을/를 살펴봐야 한다.
　 옆이나 곁 또는 주변
5 [도로] 에는 자동차가 빨리 다녀서 위험하다.
　 차가 다니게 만든 넓은 길
6 강아지, 고양이 등의 [생명] 을/를 소중히 해야 한다.
　 생물로서 살아 가게 하는 힘

7~8 다음 문장의 밑줄 친 말과 바꿔 쓸 수 있는 낱말에 ○표 해 보세요.

7 길을 천천히 걸어서 지나간다. ((서서히) / 빠르게)

8 수업 시간에 떠드는 친구들 때문에 힘들다. (조용한 / (재잘거리는))

18일차

정답과 해설 ● 40쪽

음식은 어떻게 똥이 될까요?

핵심 내용 이해

Q. 다음 낱말 카드를 활용하여 음식이 지나는 길을 정리해 보자!

| 입안 | 작은창자 | 식도 | 큰창자 | 위 |

우리 몸에 음식이 들어오면 음식은 (입안), (식도), (위), (작은창자), (큰창자)의 순서로 지나가요.

새로 알게 된 사실

Q. 이 글을 읽고 새롭게 알게 된 내용을 적어 보자!

예) 우리 몸 안으로 음식이 지나가면서 몸에 필요한 영양분이 흡수된다는 걸 알게 되었다. / 우리 몸 밖으로 나오는 똥이 음식 찌꺼기라는 것을 알게 되었다.

나의 생각 정리

Q. 다음 글을 읽고, 작은창자가 주름진 것에 대한 '나'의 생각을 써 보자!

> 작은창자는 계속 움직이면서 우리 몸에 필요한 영양분을 흡수해요. 작은창자는 아이들 일곱 명이 손을 벌리고 선 만큼 긴데요, 음식물이 오랜 시간 작은창자를 지나가는 동안 영양분을 잘 흡수하기 위해서예요. 또한 작은창자 벽에는 수없이 많은 주름이 있어요. 이 또한 창자의 길이가 긴 것과 같은 이유 때문이에요.

'나'는 예) 작은창자의 벽에 수없이 많은 주름이 있는 것은 우리 몸에 필요한 영양분을 잘 흡수하기 위해서라고 생각한다.

어휘력 확인

1~2 다음 뜻에 알맞은 낱말을 찾아 ○표 해 보세요.

1 긴 물건의 몸통 둘레가 큰 것
　 ((굵기))　 (길이)

2 어느 곳에서 다른 곳으로 가기 위해 거쳐야 하는 길이나 길목
　 (거리)　 ((통로))

3~4 다음 문장의 빈칸에 들어갈 알맞은 낱말을 골라 색칠해 보세요.

3 숨이 막혀서 집 [바깥] 으로 나갔다.
　 (안)　 (바깥)

4 공사 때문에 매일 다니던 [통로] 가 막혀서 돌아가야 한다.
　 (통로)　 (식도)

5~7 다음 빈칸에 모두 들어갈 수 있는 낱말을 뜻을 참고하여 써 보세요.

5 배가 고파서 식당에서 [음식] 을/를 사 먹었다.

6 입안에 [음식] 을/를 넣으면 침샘에서 침이 나온다.
　 사람이 먹을 수 있도록 만든 밥이나 국 등의 물건

7 영양분이 빠져나간 [음식] 찌꺼기는 똥이 된다.

흥겨운 풍물놀이

핵심 내용 이해

Q. 다음 낱말 카드를 활용하여 풍물놀이를 설명해 보자!

전통	악기	노래	춤	연주

풍물놀이는 **예** 전통 악기를 연주하면서 노래하고 춤추는 우리나라 고유의 음악이다.

새로 알게 된 사실

Q. 이 글을 읽고 새롭게 알게 된 내용을 적어 보자!

예 사물놀이가 풍물놀이에 쓰는 악기 중 네 가지만 가지고 연주하는 것임을 알게 되었다.

나의 생각 정리

Q. 다음 글을 읽고 '나'는 전통 악기의 모습을 보고 어떤 생각을 했는지 써 보자!

꽹과리는 놋쇠로 만들고, 채가 있어요.

태평소는 나팔 모양이며, 손가락으로 막는 여덟 개의 구멍과 입으로 부는 구멍이 있어요.

북은 나무나 쇠붙이 등으로 만든 둥근 통 모양으로, 양쪽에 가죽 부분이 있어요.

'나'는 **예** 전통 악기의 모양을 보고, 꽹과리는 채를 쳐서, 태평소는 입으로 불어서, 북은 가죽 부분을 쳐서 소리를 내는 악기라고 생각했다.

어휘력 확인

(1~2) 다음 뜻에 알맞은 낱말을 주어진 첫소리를 참고하여 써 보세요.

1 음악을 연주하는 데 쓰는 기구를 통틀어 이르는 말
ㅇ ㄱ : 악기

2 어떤 집단이나 공동체에서 지난날부터 이어 내려오는 생각, 행동 등의 양식
ㅈ ㅌ : 전통

(3~5) 다음 문장의 빈칸에 들어갈 알맞은 낱말을 **보기**에서 찾아 써 보세요.

보기

놋쇠	야외	틀

3 놋쇠 을/를 두드려 그릇을 만들었다.
구리에 아연을 섞어 만든 쇠붙이

4 봄이 되자 야외 으(로) 놀러가는 사람들이 많아졌다.
시가지에서 조금 멀리 떨어져 있는 들판

5 반죽에 강아지 모양 틀 을/를 찍어 쿠키를 만들었다.
물건을 만드는 데 본이 되는 물건

(6~7) 다음 문장에 어울리는 낱말을 골라 ○표 해 보세요.

6 운동장에서 연극 ((공연) / 연주)을/를 한다.

7 풍물놀이를 하며 (포근포근 / (덩실덩실)) 춤을 춘다.

행복한 왕자

핵심 내용 이해

Q. 다음 낱말 카드를 활용하여 행복한 왕자의 내용을 정리해 보자!

보석	제비	심장	왕자	가난한 사람

행복한 왕자는 제비에게 **예** 자신의 보석과 금으로 가난한 사람을 도와주라고 했다.

하느님은 도시에서 가장 소중한 것으로 **예** 행복한 왕자의 심장과 죽은 제비를 생각하였다.

새로 알게 된 사실

Q. 이 글을 읽고 새롭게 알게 된 내용을 적어 보자!

예 사람들이 소중하게 여기지 않는 것이라도 하느님은 소중한 것으로 생각할 수 있다는 것을 알게 되었다.

나의 생각 정리

Q. 다음 글을 읽고 '나'는 흉측해진 왕자의 동상을 보고 어떤 생각을 했는지 써 보자!

제비가 왕자의 몸에서 보석과 금을 조각조각 떼어 가난한 사람들에게 나누어 주자, 왕자는 보기 싫은 잿빛 동상이 되고 말았어요. 왕자의 모습은 흉측해졌지만, 가난한 사람들의 삶은 나아졌어요. / "아니, 행복한 왕자가 왜 저렇게 흉해졌어? 왕자가 거지보다 나을 게 없군. 아름답지 않은 왕자는 더 이상 필요가 없지." / 시장과 시 의원들은 행복한 왕자의 동상을 용광로에 넣어 녹여 버렸어요.

'나'는 **예** 왕자가 자신의 아름다운 모습을 포기하면서도 가난한 사람들을 도왔기 때문에 흉측해진 모습도 아름답다고 생각한다.

어휘력 확인

(1~3) 다음 낱말의 알맞은 뜻을 찾아 선으로 이어 보세요.

1 동상 ●   ● ㉠ 어떤 일을 해 달라고 청하거나 맡김.

2 정원 ●   ● ㉡ 집 안에 있는 뜰이나 꽃밭

3 부탁 ●   ● ㉢ 구리로 사람, 동물 등의 모습을 만든 기념물

(4~5) 다음 빈칸에 알맞은 글자를 쓰고, 낱말의 알맞은 뜻을 찾아 선으로 이어 보세요.

4 금 + 붙이 ●   ● ㉠ 높은 온도로 녹여서 쇠를 뽑아내는 화로

5 용광 + 로 ●   ● ㉡ 금으로 만든 물건을 통틀어 이르는 말

(6~8) 다음 문장의 밑줄 친 말과 바꿔 쓸 수 있는 낱말에 ○표 해 보세요.

6 나에게 가족은 귀중하다. (하찮다 / (소중하다))

7 왕자가 한 일을 찬양하다. ((찬미하다) / 낮추다)

8 영어를 공부하기로 결정하다. ((작정하다) / 시작하다)

동물원에 다녀왔어요

핵심 내용 이해

Q. 다음 글자 카드를 활용하여 글쓴이가 이 글을 쓴 목적을 완성해 보자!

| 험 | 동 | 경 | 원 | 물 |

✎ 글쓴이는 독자에게 가족이 함께 **동 물 원** 에서 **경 험** 한 일과 느낀 점을 알리기 위해 이 글을 썼다.

새로 알게 된 사실

Q. 이 글을 읽고 새롭게 알게 된 내용을 적어 보자!

✎ 예 오랑우탄이 숲에 사는 사람이라는 뜻의 이름이라는 것을 알게 되었다.

나의 생각 정리

Q. 다음 글을 읽고 '나'는 오랑우탄의 행동에 대해 어떤 생각을 했는지 써 보자!

> 오랑우탄은 긴 팔로 나무를 타고 다니며 먹이를 따 먹어요. 나무를 타다가 맛있는 과일을 발견하면 두 발로 과일을 붙들고 손으로 떼어 먹지요. 아기 오랑우탄은 엄마와 꼭 붙어 다니는데, 나무를 탈 때도 등이나 가슴에 꼭 매달려서 엄마 곁에서 떨어지지 않으려고 해요.

✎ '나'는 예 엄마 곁에서 안 떨어지려고 하는 오랑우탄의 행동은 사람과 비슷하지만, 나무를 타면서 먹이를 따 먹는 행동은 사람과 다른 모습이라고 생각한다. 그래서 오랑우탄은 숲에 사는 사람이라는 뜻이지만, 사람과는 다르다고 생각한다.

어휘력 확인

1~3 다음 문장의 빈칸에 들어갈 알맞은 낱말을 보기 에서 찾아 써 보세요.

보기

| 품 | 입구 | 나들이 |

1 엄마와 함께 동물원 **나들이** 을/를 간다.
집을 떠나 가까운 곳에 잠시 다녀오는 일

2 아기 오랑우탄이 엄마 **품** 에서 떨어지지 않았다.
두 팔을 벌려서 안을 때의 가슴

3 수업이 끝나고 친구들과 교실 **입구** 에서 만나기로 했다.
들어가는 통로

4~5 다음 낱말의 알맞은 뜻을 찾아 선으로 이어 보세요.

4 행동 • • ㉠ 몸을 움직여 동작을 하거나 어떤 일을 함.

5 설명 • • ㉡ 어떤 일이나 대상의 내용을 상대편이 잘 알 수 있도록 밝혀 말함.

6~7 다음 문장의 밑줄 친 말과 바꿔 쓸 수 있는 낱말에 ○표 해 보세요.

6 판다가 대나무잎을 질근질근 씹고 있다. (바삭바삭 / (잘근잘근))

7 동생의 모습이 꼭 움직이는 인형과 같다. ((비슷하다) / 다르다)

추석에는 무엇을 하나요?

핵심 내용 이해

Q. 다음 글자 카드를 활용하여 글쓴이가 이 글을 쓴 목적을 완성해 보자!

| 정 | 추 | 석 | 보 |

✎ 글쓴이는 독자에게 **추 석** 에 대한 **정 보** 를 전달하기 위해 이 글을 썼다.

새로 알게 된 사실

Q. 이 글을 읽고 새롭게 알게 된 내용을 적어 보자!

✎ 예 강강술래, 가마싸움이 추석에 즐기는 놀이이고, 추석에 토란국을 먹는다는 사실을 알게 되었다.

나의 생각 정리

Q. 다음 글을 읽고 '나'는 추석이 옛날 사람들에게 어떤 명절이라고 생각하는지 써 보자!

> "더도 말고 덜도 말고 늘 한가윗날만 같아라."라는 말은 추석에 대한 속담 중 하나예요. 옛날 사람들은 한가위 때 외에는 다양한 음식을 넉넉하게 먹기 어려웠어요. 반면에 한가위 때는 온갖 곡식이 익어 추수를 했기 때문에 먹을 것이 풍성했어요. 그래서 사람들은 음식을 넉넉하게 서로 나눠 먹고, 좋은 옷을 만들어 입고, 즐거운 놀이를 하며 한가위를 지냈어요.

✎ '나'는 예 추석은 옛날 사람들에게 먹을 것이 넉넉하고 풍요롭고 즐거운 명절이었다고 생각해요.

어휘력 확인

1~3 다음 낱말의 알맞은 뜻을 찾아 선으로 이어 보세요.

1 조상 • • ㉠ 돌아간 어버이 위로 대대의 어른

2 가마 • • ㉡ 농사가 다른 해에 비해 훨씬 많이 거둔 것

3 풍작 • • ㉢ 한 사람이 타고 여럿이 들거나 메던 작은 집 모양의 탈 것

4~6 다음 문장의 빈칸에 들어갈 알맞은 낱말을 보기 에서 찾아 써 보세요.

보기

| 지지다 | 합치다 | 앞세우다 |

4 친구와 나의 힘을 **합치다** .
여럿을 한데 모으다

5 엄마가 추석에 녹두전을 **지지다** .
전을 부쳐 익히다

6 밤길이 너무 무서워서 아빠를 **앞세우다** .
앞에 서게 하다

7 다음 문장과 어울리도록 틀린 글자를 바르게 고쳐 써 보세요.

> 전은 자료를 얇게 썰어 밀가루와 달걀을 묻힌 후 기름에 지진 음식이다.

| 재 | → | 로 |

23일차

공부한 날 월 일

물의 여행

핵심 내용 이해

Q. 다음 낱말 카드를 활용하여 물의 여행을 정리해 보자!

비와 눈 | 강이나 바다 | 작은 물방울 | 구름 | 수증기

물의 여행은 물이 돌고 도는 거예요. 강물이나 바닷물은 수증기 가 되고, 수증기가 모여 작은 물방울 이 되고, 작은 물방울이 모여 구름 이 되고, 구름은 다시 비와 눈 이 되어 땅에 떨어지고, 땅에 떨어진 물은 다시 강이나 바다 로 흘러요.

새로 알게 된 사실

Q. 이 글을 읽고 새롭게 알게 된 내용을 적어 보자!

예 강물과 바닷물이 다시 강물과 바닷물로 돌아온다는 사실을 알게 되었다. / 물이 돌고 도는 것이 물의 순환이라는 것을 알게 되었다.

나의 생각 정리

Q. 다음 글을 읽고 '나'는 어떤 모습이 물이라고 생각하는지 써 보자!

우리가 마시는 물은 흐르는 모습이에요. 이 물이 0℃ 이하의 낮은 온도에 있으면 단단한 얼음이 되어요. 그리고 100℃ 이상의 높은 온도에 있으면 수증기가 되어요. 물은 단단한 얼음이 되기도, 공기 중으로 퍼지는 수증기가 되기도 하는 거예요.

'나'는 예 흐르는 모습도, 단단한 얼음의 모습도, 공기 중으로 퍼지는 수증기의 모습도 모두 물의 모습이라고 생각한다.

정답과 해설 • 43쪽

어휘력 확인

1~3 다음 뜻에 알맞은 낱말을 찾아 ○표 해 보세요.

1 동물과 식물의 생물로서 살아 있게 하는 힘
(생명) / 생선

2 지구 어디에나 존재하며, 사람, 동물, 식물이 숨을 쉴 때 사용하는 기체
(공기) / 공구

3 큰 물방울들이 공중에서 갑자기 찬 기운을 만나 얼어 떨어지는 얼음 덩어리
우산 / (우박)

4~5 다음 빈칸에 모두 들어갈 수 있는 낱말을 뜻을 참고하여 써 보세요.

4 나라를 위해 이 한 [몸]을/를 다 바칠 것이다.

5 [몸]은/는 어른인데, 말하는 것은 아이 같다.

— 사람이나 동물의 모양을 이루는 전체

6~7 다음 빈칸에 알맞은 글자를 쓰고, 낱말의 알맞은 뜻을 찾아 선으로 이어 보세요.

6 달라 + 붙다 — ㉠ 끈기 있게 찰싹 붙는다.

7 흘러 + 가다 — ㉡ 높은 곳에서 낮은 곳으로 흐르면서 나아간다.

24일차

공부한 날 월 일

튼튼한 옷을 만들어요

핵심 내용 이해

Q. 다음 낱말 카드를 활용하여 옷을 만드는 과정을 정리해 보자!

크기 | 옷감 | 모양 | 바느질 | 옷본

먼저 옷의 모양 와/과 크기 을/를 정해요.

그런 뒤 어떤 옷감으로 만들지 정하고, 옷본을 그려요.

마지막으로 바느질을 하고 , 단추나 고무줄, 지퍼를 달아 완성해요.

새로 알게 된 사실

Q. 이 글을 읽고 새롭게 알게 된 내용을 적어 보자!

예 옷을 만들 때 옷본을 만들어야 한다는 것을 알게 되었다.

나의 생각 정리

Q. 다음 글을 읽고 '나'는 옷의 역할에 대해 어떻게 생각하는지 써 보자!

옷은 천이나 가죽 등으로 만들어 사람이 몸 위에 입는 물건으로, 추위나 더위를 막고 몸을 보호해요. 그리고 옷은 수영복, 경찰복, 소방복, 요리복 등 필요에 따라 다양한 기능을 갖추기도 해요. 또 자신의 개성을 표현하기 위해 다른 사람이 입지 않는 다양한 색의 옷이나 모양이 특이한 옷을 입기도 해요.

'나'는 예 추위나 더위를 막기 위해서, 몸을 보호하기 위해서, 필요에 따라서, 자신의 개성을 표현하기 위해서 등 옷을 입는 이유가 다양하다고 생각한다.

정답과 해설 • 43쪽

어휘력 확인

1~3 다음 낱말의 알맞은 뜻을 찾아 선으로 이어 보세요.

1 옷감 — ㉢ 옷을 만드는 데 쓰는 천

2 부위별 — ㉠ 어느 부분이 있는 위치별

3 등판 — ㉡ 등을 이룬 넓적한 부분

4~6 다음 문장의 빈칸에 들어갈 알맞은 낱말을 보기에서 찾아 써 보세요.

보기: 화려하다 | 평평하다 | 꿰매다

4 축제를 꾸민 장식이 [화려하다].
곱고 아름답다.

5 인형을 만들려고 천을 [꿰매다].
바늘로 깁거나 얽어매다.

6 마당을 넓히려고 땅을 다졌더니 [평평하다].
바닥이 고르고 판판하다.

7~8 다음 문장의 밑줄 친 말과 바꿔 쓸 수 있는 낱말에 ○표 해 보세요.

7 이 고양이의 생김새가 날씬해요. (차림새 / (모양새))

8 마지막으로 책을 책장에 넣었어요. ((끝) / 중간)

우리나라 전통 색깔

핵심 내용 이해

Q. 다음 글자 카드를 활용하여 글쓴이가 이 글을 쓴 목적을 완성해 보자!

| 색 | 전 | 오 | 방 | 통 |

글쓴이는 독자에게 우리나라 **전 통** 색깔인 **오 방 색** 에 대한 정보를 전하기 위해 이 글을 썼다.

새로 알게 된 사실

Q. 이 글을 읽고 새롭게 알게 된 내용을 적어 보자!

예 우리나라의 전통 색깔이 오방색이라는 것과 오방색이 검정, 빨강, 파랑, 노랑, 하양이라는 것을 알게 되었다.

나의 생각 정리

Q. 다음 글을 읽고 '나'는 오방색이 사용된 예를 보고 어떤 생각을 했는지 써 보자!

우리나라에서는 옛날부터 나쁜 기운을 막기 위해 오방색을 다양한 곳에 사용했어요. 혼례 때 신부가 연지 곤지를 바르는 것, 잔칫상에 올리는 국수에 파랑(녹색), 빨강, 노랑, 검정, 하양의 오색 고명을 올리는 것, 붉은 빛이 나는 황토로 집을 짓는 것, 새해에 붉은 부적을 그려 붙이는 것 등 오방색을 우리 생활에 사용한 예를 찾을 수 있어요.

'나'는 예 오방색이 특별한 날에 사용된 것으로 보아, 우리나라 사람들이 오방색을 사용해서 좋은 날에 나쁜 기운을 막고 싶어 했다고 생각한다.

어휘력 확인

1~3 다음 뜻에 알맞은 낱말을 찾아 ○표 해 보세요.

1 물체의 바닥 부분
천장 / **바탕**

2 물체의 모가 진 가장자리
모서리 / 모양

3 삶에서 누리는 좋고 만족할 만한 행운
복 / 삶

4~6 다음 문장의 빈칸에 들어갈 알맞은 낱말을 보기 에서 찾아 써 보세요.

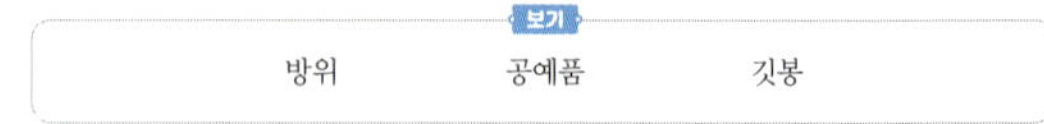

보기: 방위 공예품 깃봉

4 동서남북은 **방위** 이다.
(어떠한 쪽의 위치)

5 깃발을 달 때 사용하는 것은 **깃봉** 이다.
(깃대 끝에 만든 꽃봉오리 모양의 꾸밈새)

6 외국인들에게 선물하려고 우리나라 전통 **공예품** 을/를 샀다.
(쓸모 있으면서 예술적으로 만든 물건)

7 다음 문장과 어울리도록 틀린 글자를 바르게 고쳐 써 보세요.

오방색 중 노랑은 임금님의 옷을 만드는 **대** 사용되었어요. → **데**

우리집 고양이, 구름이

핵심 내용 이해

Q. 다음 낱말 카드를 활용하여 반려동물 구름이의 특징을 정리해 보자!

| 자동차 | 생선 | 풀 | 벌레 | 고양이 |

구름이는 예 우리 가족이 키우는 고양이이다.

구름이는 예 자동차 소리와 벌레를 무서워한다.

구름이는 예 생선과 마당에서 키우는 풀을 좋아한다.

새로 알게 된 사실

Q. 이 글을 읽고 새롭게 알게 된 내용을 적어 보자!

예 버려진 유기묘는 새 주인이 나타나지 않으면 보호소에서 죽을 수도 있다는 것을 알게 되었다.

나의 생각 정리

Q. 다음 글을 읽고 '나'는 구름이를 어떻게 생각하는지 써 보자!

구름이는 회색 털에 발만 하얘요. 회색 털은 반짝여서 바람이 불면 털이 물결치는 것처럼 보여요. 눈은 맑고 아름다운 녹색이어서 구름이의 눈을 바라보고 있으면 신비로운 느낌이 들어요. 구름이는 사료를 많이 먹는 편이 아니어서 몸은 가늘어요.

'나'는 예 반짝이는 회색 털에 발이 하얗고 가는 몸을 가진 구름이가 사랑스럽게 느껴진다.

어휘력 확인

1~3 다음 낱말에 알맞은 뜻을 찾아 선으로 이어 보세요.

1 반려 — ㉠ 짝이 되는 동무

2 사료 — ㉡ 주인에게 버려진 고양이

3 유기묘 — ㉢ 가축에게 주는 먹을거리

4~6 다음 문장의 빈칸에 들어갈 알맞은 낱말을 골라 색칠해 보세요.

4 물건을 숨길 만한 비밀 장소를 **발견** 했다.
발전 / **발견**

5 나는 **겁** 이 많아서 밤길에 혼자 못 다닌다.
겁 / 운

6 구름이는 자동차 소리를 **제일** 무서워한다.
제일 / 별로

7~8 다음 문장의 밑줄 친 말과 바꿔 쓸 수 있는 낱말에 ○표 해 보세요.

7 고양이가 쥐를 쫓다. (**뒤따르다** / 머무르다)

8 집을 수리하려고 벽지를 뜯다. (붙이다 / **떼다**)

대형 상점의 돈은 어디로 갈까요?

핵심 내용 이해

Q. 다음 글자 카드를 활용하여 글쓴이가 이 글을 쓴 목적을 완성해 보자!

| 용 | 점 | 돈 | 사 | 상 |

글쓴이는 독자에게 대형 **상점**에 낸 **돈**이 **사용**되는 곳을 알려 주기 위해 이 글을 썼다.

새로 알게 된 사실

Q. 이 글을 읽고 새롭게 알게 된 내용을 적어 보자!

예 상점에 낸 돈이 상점에 진열할 물건을 다시 사거나, 세금을 내거나, 청소하거나, 월급을 주는 데 쓴다는 사실을 알게 되었다.

나의 생각 정리

Q. 다음 글을 읽고 '나'는 돈의 역사에 대해 어떤 생각을 하는지 써 보자!

> 먼 옛날에는 필요한 물건이 있으면 그것을 가진 사람과 물건을 맞바꾸었어요. 하지만 여러 가지 불편한 점이 많았어요. 내게 필요한 물건을 가진 사람을 찾기도 힘들었고, 무겁거나 잘 상하는 물건은 가지고 다니기 불편했어요. 이런 불편함을 해결하기 위해 금이나 은으로 돈을 만들었어요. 나중에는 동전, 지폐, 수표, 신용카드, 전자 화폐 등 다양한 형태의 돈이 생겨났어요.

'나'는 예 돈이 옛날부터 있었다고 생각했었는데, 옛날에는 돈이 없었다는 사실이 놀라웠다. 그리고 물건을 맞바꾸는 것이 어려워서 돈을 만든 사람들이 현명하다고 생각한다.

어휘력 확인

1~3 다음 뜻에 알맞은 낱말을 찾아 ○표 해 보세요.

1 물건을 실어 나를 수 있도록 만든 작은 손수레

(카트) (주머니)

2 여러 사람에게 보이기 위하여 물건을 죽 벌여 놓음.

(진열) (진도)

3 나라를 운영하는 데 필요한 비용을 국민에게 거두어들이는 것

(세금) (기부금)

4~5 다음 빈칸에 모두 들어갈 수 있는 낱말을 뜻을 참고하여 써 보세요.

4 우리 아빠는 가게를 **운영** 한다.
— 그 일을 관리하고 경영함.

5 우체국의 **운영** 시간은 아침 9시부터 저녁 6시까지이다.

6~7 다음 문장의 밑줄 친 말과 바꿔 쓸 수 있는 낱말에 ○표 해 보세요.

6 장사가 잘 되어서 매장 크기를 늘리게 되었다. (가게 / 시장)

7 언니는 편의점에서 일하고 매달 월급을 받는다. (용돈 / 임금)

북극곰은 왜 하얄까요?

핵심 내용 이해

Q. 다음 낱말 카드를 활용하여 북극곰이 하얀 까닭을 정리해 보자!

| 북극 | 환경 | 눈 | 사냥 |

북극곰이 하얀 까닭은 예 북극의 환경이 눈으로 덮여 있어 하얗기 때문에 사냥할 때 다른 동물의 눈에 띄지 않기 위해서이다.

새로 알게 된 사실

Q. 이 글을 읽고 새롭게 알게 된 내용을 적어 보자!

예 동물들이 자신을 보호하기 위해 몸의 색깔을 주위 환경과 비슷하게 만든다는 것을 알게 되었다.

나의 생각 정리

Q. 다음 글을 읽고 '나'는 북극곰이 사냥하는 모습에 대해 어떻게 생각하는지 써 보자!

> 북극곰은 얼음 위에서도 미끄러지지 않아요. 거대한 발에 작고 단단한 돌기가 있기 때문이에요. 또한 다른 동물을 사냥할 때 특이한 습관이 있어요. 사냥할 동물을 발견하면 북극곰은 가다가 멈춰 서고, 다시 가고를 반복해요. 마치 놀이를 하는 것처럼 보이는데, 이것은 북극곰이 몸집이 큰 자신의 모습을 하얀 눈 사이에 숨기기 위해서예요.

'나'는 예 북극곰 발에 돌기가 있고, 몸의 색깔이 하얀 것, 놀이를 하는 것처럼 사냥하는 것이 눈이 많은 북극의 환경에서 살아남기 위해서라고 생각한다.

어휘력 확인

1~3 다음 낱말의 알맞은 뜻을 찾아 선으로 이어 보세요.

1 띄다 • • ㉠ 눈에 보이다.

2 살아남다 • • ㉡ 감추어 보이지 않게 하다.

3 숨기다 • • ㉢ 여럿 가운데 일부가 죽음을 피해 살아서 남아 있게 되다.

4~6 다음 문장의 빈칸에 들어갈 알맞은 낱말을 보기 에서 찾아 써 보세요.

보기

잡아먹히다   발견하다   도망가다

4 쥐가 고양이에게 **잡아먹히다** .
다른 동물에게 잡혀 먹이가 되다.

5 토끼가 호랑이를 피해 멀리 **도망가다** .
벗어나기 위하여 다른 곳으로 가다.

6 방구석에서 잃어버렸던 귀걸이를 **발견하다** .
찾아내지 못한 것을 찾아내다.

7~8 다음 문장의 밑줄 친 말과 반대되는 뜻의 낱말에 ○표 해 보세요.

7 북극여우와 북극곰의 공통점은 둘 다 하얗다는 것이다. (차이점 / 문제점)

8 카멜레온이 몸의 색깔을 나무색과 비슷하게 바꾸었다. (빠르게 / 다르게)

색이 없는 그림인 수묵화

핵심 내용 이해

Q. 다음 낱말 카드를 활용하여 색이 없는 그림에 대해 정리해 보자!

| 먹 | 동양 | 검정 | 자연 | 수묵화 |

✎ 색이 없는 그림은 <u>예 동양의 그림인 수묵화이다.</u>

✎ 색이 없는 그림은 <u>예 먹으로만 그리기 때문에 검정을 진하거나 옅게 표현한다.</u>

✎ 색이 없는 그림은 <u>예 주로 자연의 모습을 그린다.</u>

새로 알게 된 사실

Q. 이 글을 읽고 새롭게 알게 된 내용을 적어 보자!

✎ <u>예 수묵화는 서양에는 없고 동양에만 있는 그림이라는 사실을 알게 되었다.</u>

나의 생각 정리

Q. 다음 글을 읽고 '나는 수묵화 〈몽유도원도〉가 어떤 그림이라고 생각하는지 써 보자!

> 수묵화 〈몽유도원도〉는 비단에 먹으로만 그린 그림이에요. 그림의 오른쪽 중간에는 복숭아밭이 있는데, 그 주변을 가파른 바위와 계곡이 둘러싸고 있어요. 복숭아밭에는 안개가 자욱하게 끼어 있고, 복숭아꽃이 활짝 피어 있어요. 그리고 밭 주변에는 집이 옹기종기 모여 있어요. 절벽에는 환상적인 폭포수가 쏟아져 내리고 있고, 물가에는 빈 배도 떠 있어요.

✎ '나는 <u>예 〈몽유도원도〉가 복숭아밭과 바위, 계곡, 폭포수 등 크고 웅장한 자연의 모습을 그린 그림이라고 생각한다.</u>

어휘력 확인

1~3 다음 낱말의 알맞은 뜻을 찾아 선으로 이어 보세요.

1 표현 • • ㉠ 유럽과 아메리카의 여러 나라를 통틀어 이르는 말

2 서양 • • ㉡ 생각이나 느낌 따위를 언어나 몸짓 등으로 드러내어 나타냄.

3 동양 • • ㉢ 아시아의 동쪽 및 남쪽 지역의 여러 나라를 통틀어 이르는 말

4~6 다음 문장의 빈칸에 들어갈 알맞은 낱말을 보기 에서 찾아 써 보세요

| 보기 |
| 복잡하다 | 진하다 | 이용하다 |

4 퇴근 시간이라 길이 <u>복잡하다</u> .
복작거리어 혼잡스럽다.

5 배가 아파서 학원에 있는 화장실을 <u>이용하다</u> .
필요에 따라 이롭게 쓰다.

6 동해 바다는 물이 깊어서 바다색이 <u>진하다</u> .
액체의 농도가 짙다.

7 다음 문장과 어울리도록 틀린 글자를 바르게 고쳐 써 보세요.

> 수묵화를 그릴 때는 검정을 진하거나 옅게 해서 산의 신비로운 모습을 그린다.

<u>옅</u> <u>게</u>

시르릉 비쭉 할라뽕

핵심 내용 이해

Q. 다음 낱말 카드를 활용하여 〈시르릉 비쭉 할라뽕〉의 줄거리를 정리해 보자!

| 궁이 | 정승 | 깃털 | 활대 | 사위 |

✎ 궁이는 집에서 쫓거나 길을 가다 시르릉새, 비쭉새, 할라뽕새를 만나 소리 나는 깃털을 얻게 된다. <u>예 궁이는 그 깃털을 활대에 묶고 정승 집에 간다. 그리고 정승 딸의 치마에 깃털을 달아 소리가 나게 한 뒤에 병을 고쳐 줘서 정승 사위가 된다.</u>

새로 알게 된 사실

Q. 이 글을 읽고 새롭게 알게 된 내용을 적어 보자!

✎ <u>예 새 깃털에서 소리가 나는 것을 이용해서 자신이 원하는 것을 해 낸 궁이의 지혜가 놀라웠다.</u>

나의 생각 정리

Q. 다음 글을 읽고 '나가 궁이라면 집에서 쫓겨났을 때 어떻게 했을지 생각을 써 보자!

> 궁이는 밤낮 없이 활만 쏘러 다녔어요.
> 어느 날, 활을 쏘러 나가는 궁이에게 아버지가 버럭 화를 냈어요.
> "쌀 한 톨도 안 나오는 활을 또 쏘러 가는 게냐? 더 이상 못 참겠다. 나가라! 정승 사위라도 되면 그때나 들어와라!"
> 할 줄 아는 게 활 쏘는 것뿐인데 궁이가 어떻게 정승 사위가 되겠어요? 아버지는 정신 차리면 집에 돌아오라는 뜻으로 말한 거였을 거예요.

✎ '나는 <u>예 만약에 내가 궁이라면, 집에 다시 들어가서 활만 쏘고 다닌 것에 대해 아버지께 사과했을 것이다. 그리고 아버지를 도와 다른 집안일도 했을 것이다.</u>

어휘력 확인

1~3 다음 뜻에 알맞은 낱말을 찾아 ○표 해 보세요.

1 딸의 남편을 이르는 말
(사위) (며느리)

2 화살을 쏘아 보내는 기구의 몸체
(장대) (활대)

3 손을 놀려 무엇을 만들거나 어떤 일을 하는 재주
(솜씨) (말씨)

4~5 다음 빈칸에 모두 들어갈 수 있는 낱말을 뜻을 참고하여 써 보세요.

4 도대체 무슨 <u>소리</u> 을/를 하는 것인지 모르겠다.
귀청을 울리어 귀에 들리는 것

5 깃털을 붙이니 걸을 때마다 '시르릉' <u>소리</u> 이/가 났다.

6~8 다음 문장의 빈칸에 들어갈 알맞은 낱말을 보기 에서 찾아 써 보세요.

| 보기 |
| 매달다 | 엿보다 | 발휘하다 |

6 행사에서 숨겨진 능력을 <u>발휘하다</u> .
떨치어 나타내다.

7 학교 가방에 인형 열쇠고리를 <u>매달다</u> .
잡아매어서 달려 있게 하다.

8 친구에게 먼저 사과할 기회를 <u>엿보다</u> .
이루고자 온 마음을 쏟아서 눈여겨보다.

약점 유형 분석표

- 일차별로 채점 후, 본문의 틀린 문제 번호에 ○표 하세요.
- 자신이 잘 틀리는 문제 유형이 무엇인지 확인해 봅니다.
- 틀린 문제는 해설을 통해 왜 틀렸는지 정확히 이해할 수 있도록 합니다.

일차	화제 파악	주제 파악	내용 이해	구조 이해	내용 추론	비판과 평가	상황에 적용
Day 01			① ②		③		④
Day 02	①		②		③		④
Day 03		①	② ③				④
Day 04			① ②		③	④	
Day 05	①		②		③		④
Day 06	①		②		③		④
Day 07			① ②		③		④
Day 08	①		② ③				④
Day 09	①		②		③		④
Day 10		①		②	③		④
Day 11			① ②		③		④
Day 12	①		②		③	④	
Day 13	①		②		③	④	
Day 14	①		②		③		④
Day 15	①		②	③	④		

일차	화제 파악	주제 파악	내용 이해	구조 이해	내용 추론	비판과 평가	상황에 적용
Day 16		❶	❷ ❸				❹
Day 17	❶		❷		❸		❹
Day 18		❶	❷		❸		❹
Day 19		❶	❷ ❸				❹
Day 20	❶		❷		❸	❹	
Day 21	❶		❷	❸			❹
Day 22	❶		❷ ❸				❹
Day 23	❹	❶	❷		❸		
Day 24		❶	❷ ❸				❹
Day 25	❶		❸		❷		❹
Day 26		❶	❷		❸		❹
Day 27	❶		❷		❸		❹
Day 28		❶	❷		❸		❹
Day 29		❶	❷		❸	❹	
Day 30	❶		❷		❸		❹

워크북이 더 두꺼운
영단어장

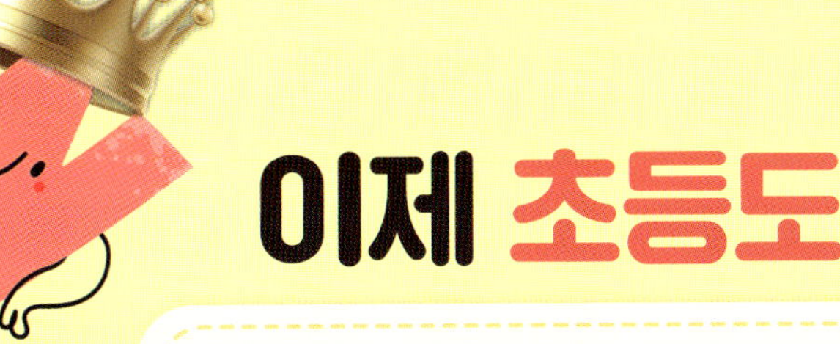

이제 초등도
워드마스터

BASIC | COMPLETE

엄마/아빠표 학습이 즐거워지는 알찬 구성

초등 교과서 및 교육과정
초등 필수 영단어 엄선

신나게 노래를 부르며 시작하는
사이트워드 챈트

직접 써보며 재미있게 공부하는
워크북 수록

언제 어디서나 학습 가능한
학습앱 제공

BASIC
주제별 초등 필수 300단어
+ 사이트워드 100단어

COMPLETE
주제별 초등 필수 600단어
+ 사이트워드 100단어